Transgresiones en las letras iberoamericanas:
visiones del lenguaje poético

Laura López Fernández (Coord.)
Luis Mora-Ballesteros (Coord.)

Transgresiones en las letras iberoamericanas:
visiones del lenguaje poético

Buenos Aires, Argentina - Los Ángeles, USA
2021

Transgresiones en las letras iberoamericanas:
visiones del lenguaje poético

ISBN 978-1-944508-40-1

Ilustración de tapa: Fotografía de Pawel Czerwinski, en dominio público unsplash.com

Diseño de tapa: Argus-*a*.

© 2021 Laura López Fernández y Luis Mora-Ballesteros.

All rights reserved. This book or any portion thereof may not be reproduced or used in any manner whatsoever without the express written permission of the publisher except for the use of brief quotations in a book review or scholarly journal.

Editorial Argus-*a*
1414 Countrywood Ave, # 90
Hacienda Heights, California 91745
U.S.A.

INDICE

Presentación: una "ventana" del mundo
Luis Mora-Ballesteros 1

I. Transgresiones y lenguajes poéticos   5

Transgresión y testimonio en la poesía experimental
Laura López Fernández 7

Lenguas, intimidad y rebeldía: la internalización
Desde/del entorno en Lupe Gómez y Hubert Matiúwàa
Alethia Alfonso-García 39

Hacia una poética dialógica y transgenérica:
bivocalidad, heteroglosia y sujetos encarnados
en la poesía de Itxaro Borda
Iratxe Retolaza Gutierrez 63

Posthumanismo y reescritura transnacional
en el poemario *Playstation* (2009) de Cristina Peri Rossi
Mariana Pérez 93

II. Voces indígenas y afrofemeninas   115

Afroidentidad y empoderamiento corporal en la poesía
digital de escritoras afrohispanas contemporáneas:
el caso de *Voces Afroféminas*
Edurne Beltrán de Heredia Carmona 117

Digi-poesía y ciberfeminismo: una aproximación teórica
a los hipertextos y poemas perfomáticos de Belén Gache
Rosita Scerbo 137

Poetas indígenas: pluri-versos y el quehacer
de sujetos femeninos
Gloria E. Chacón 163

III. Al norte del sur / la frontera más norte   187

El exilio, juego de la memoria, en *Una isla*,
de Rafael Cadenas
Adelso Yánez Leal   189

Fenómenos de la frontera norte de México:
Despolitización o procesos de resistencia
Judith Martínez   207

Las formas del país en *Cartas de renuncia*,
de Arturo Gutiérrez Plaza
Luis Mora-Ballesteros   227

Presentación: una "ventana" del mundo

> Todos nosotros soñamos y estos sueños son la poesía, no vivimos solo para ganar dinero o para cumplir deseos vulgares, todo aquello que es bello e ideal es poesía.
>
> Mircea Cărtărescu

Como el lector de las páginas siguientes podrá advertir, la presente compilación reúne una muestra heterogénea de investigaciones académicas que giran en torno al estudio del lenguaje poético contemporáneo. Bajo el título *Transgresiones en las letras iberoamericanas: visiones del lenguaje poético*, diez investigadores de distintas latitudes reflexionan sobre asuntos y temas disímiles. Gracias a estas contribuciones, el exilio, la memoria, el país, la despolitización, la resistencia, la internalización, la afroidentidad, el empoderamiento corporal, el posthumanismo, la re-escritura transnacional, la transgresión, el testimonio; el ciberfeminismo, la bivocalidad, y la heteroglosia, se constituyen en las categorías de análisis en un corpus poético transcontinental y plurilingüe. Uno que agrupa tanto a voces canónicas como a emergentes, e incluye —como sello distintivo—, a autores afrocaribeños e indígenas, así como también considera a escritores de diferentes generaciones y territorialidades que suman importantes reconocimientos en sus palmareses a escalas local, nacional y global.

Tanto la tipología textual de poemarios, como las antologías y divulgaciones evaluadas en cada una de las contribuciones que nos ofrece *Transgresiones*, obedecen a la clasificación del género estudiado: la poesía. En las colecciones artísticas que forman el objeto de pesquisa de este estudio, se manifiestan, de modo recurrente, aspectos comunes a la expresión poética que se prefiguran en zonas e intersticios en los que confluyen representaciones literarias alternas cuyos vehículos y estrategias compositivas son muy variados y operan a través de la prosa y la poesía experimentales. Para tales fines, se utilizan, entre otras estrategias, la transcodificación, la transliteración, y la proyección espacial gráfica.

Asimismo, la mayoría de las obras aquí estudiadas tiene como particularidad su diseño multiforme. Resulta oportuno señalar lo atractivo de estas incursiones, debido en parte a su presentación en formato multiplataforma para su difusión y alcance del público (audio libros, libros en formato electrónico y físico; acceso web para descargas y lecturas en pantallas). Añádase, además, el papel que juegan en este *corpus* las voces subalternas, marginales y periféricas, así como las voces femeninas y afrodescendientes que, en esta compilación, cobran protagonismo por la sugerente singularidad de sus estéticas; la apuesta de sus innovaciones y performances, y la versatilidad de sus propuestas. De ahí que sea legítimo mencionar que las producciones artísticas examinadas en este volumen de trabajos, atienden, en todo caso, a la idea de lo periférico, lo transitorio, lo transfronterizo, lo transgenérico y lo transtextual, como espacios y rasgos de la hibridez escritural que caracteriza a una parte de la poesía *hoy*.

En este sentido, es importante subrayar que este libro académico se constituye como una «novedad» necesaria. A propósito de que el mismo echa luces sobre estas y otras cuestiones por lo variado y diverso de sus aproximaciones, autores y estudios. De hecho, a través de la «ventana» que ofrece *Transgresiones* se espera que el lector o crítico de poesía establezca un diálogo con los trabajos y producciones artísticas de Lupe Gómez, Hubert Malina, Omar Pimienta, Yolanda Arroyo Pizarro, Lilit Lobos, Vania Monteiro y Gabriella Nuru; Joan Brossa, Belén Gche, Itxaro Borda, Carlos A. Aguilera, Francis Sánchez, J. M. Calleja y Fernando Millán; Cristina Peri Rossi, Rafael Cadenas o Arturo Gutiérrez Plaza, y, por ende, contraste la especificidad de estas obras con los subsecuentes exámenes hechos por los investigadores afiliados a centros de enseñanza e investigación universitarios en Nueva Zelanda, México, España y Estados Unidos.

Sobre la periodización de *Transgresiones en las letras iberoamericanas: visiones del lenguaje poético*, podría decirse que este compendio navega entre siglos. En este libro, hay tanto creaciones publicadas en el siglo XX como a inicios del siglo XXI. Se repara, con predilección, en aquellas obras que trasgreden, rompen o dislocan la normatividad del campo poético por sus temas, formatos y referentes.

Por otra parte, en torno al lenguaje, es preciso vindicar que, aunque los trabajos reunidos en este volumen están escritos en español, tanto los autores estudiados como los investigadores escriben también en una segunda o tercera lengua, y sus operaciones y ejecuciones perfilan la conjunción de los mundos materno, cultural, social y político de varios continentes. Todo lo cual les permite recorrer los ámbitos de las vastas culturas dentro y fuera del marcaje y la delimitación del enclave del territorio y las nacionalidades.

A este respecto, resulta lícito indicar que los poetas y poetisas de orígenes diversos: Puerto Rico, México, Estados Unidos, España, Cuba y Venezuela, se dan cita bajo un sello común que gira en torno a la producción poética en lenguas en contacto. Lo que facilita ilustrar algunos signos del *estado de la cuestión* en América y Europa, en términos de colaboraciones, elaboraciones, materiales, y subjetividades poéticas que conforman los campos cultural, artístico y literario, a inicios de la segunda década del Siglo XXI. Razones por las cuales es válido decir que *Transgresiones* es probable se considere —¿por qué no? —, un libro «perentorio», pues permite vislumbrar ciertas coordenadas y determinantes estético-ideológicas, así como apreciar determinadas lecturas que se desprenden de unos análisis que nos informan de la práctica crítica y la lectura de poesía en algunas universidades europeas, americanas e interoceánicas. Esta *práctica* es ejercida por los académicos Gloria Chacón, Laura López Fernández, Edurne Beltrán de Heredia Carmona, Judith Martínez, Mariana Ruiz-González, Iratxe Retolaza Gutiérrez, Rosita Scerbo, Alethia Alfonso y Adelso Yánez, en cuyos estudios resalta la originalidad y el rigor interpretativo, elementos indispensables para comprender la recepción de la poesía iberoamericana contemporánea en los circuitos universitarios.

Finalmente, resta acercarse e interrogar a cualesquiera de las diez propuestas de lectura e interpretación literarias aquí expuestas, para de esta manera tener noticia de los procedimientos, operaciones, materiales y estrategias poético-compositivas que conforman el articulado de los poemarios y colecciones desglosados a lo largo del presente libro. Se invita, pues, al lector de poesía, a descubrir los métodos de análisis comparativos mediante los cuales se lee e interpela a la poesía y a sus referentes constitutivos a ambos lados del océano.

Luis Mora-Ballesteros
Department of World Languages and Cultures
Monmouth University

I. Transgresiones y lenguajes poéticos

Transgresiones en las letras iberoamericanas

Transgresión y testimonio en la poesía experimental

Laura López Fernández
Univeristy of Waikato, NZ

Resumen

La producción poética experimental contemporánea en el ámbito hispánico registra una trayectoria formal muy heterogénea, lo cual dificulta una visión sistemática y unívoca del fenómeno interartístico en el que se ubican estas escrituras, que por naturaleza se resisten a cualquier ejercicio taxonómico. Su naturaleza compositiva híbrida admite múltiples acercamientos teóricos superando el enfoque de este estudio. Uno de los objetivos de este ensayo es analizar la transgresión y el testimonio como claves semióticas de la transmedialidad y la transcodificación. Si bien estos no son dos conceptos intrínsecamente vinculados entre sí, su coexistencia en un mismo poema sugiere que ambos participan del polisistema particular de sus autores generando un campo ideoestético individualizado que opera como base axiológica del sistema tecnocultural en el que se enmarcan las escrituras poéticas no líricas revelando nuevos horizontes interpretativos. Al tratarse de textualidades que se inscriben en varios procesos de ruptura y al fomentar relaciones de descentralización y desjerarquización lingüística y paralingüística, estas escrituras generan cambios procesuales de lectura que cuestionan viejos paradigmas. Aquí se analizan poemas de Carlos A. Aguilera, Francis Sánchez, Joan Brossa, J. M. Calleja y Fernando Millán, autores de diferentes países y épocas en los que convergen distintos modos de transgresión y testimonio, así como la remediación que simula la inmanencia que produce la impresión de ignorar los distintos procesos de mediación configurados detrás de lo visible.

Abstract

Contemporary experimental poetry from the Hispanic World registers a heterogeneous formal trajectory, which challenges a systematic and univocal reading of these writings located in an inter-artistic space, and that resist by nature, any type of taxonomic exercise. Its hybrid compositional nature admits multiple theoretical approaches surpassing the focus of this study. One of the objectives of this essay is to analyze transgression and testimony as semiotic keys of transmediality and transcodification. Although these are not intrinsically linked concepts, their coexistence in the same poem suggests that both participate in the particular polysystem of the authors, generating an individualized ideo-aesthetic field that operates as an axiological basis of the technocultural system in which the non-lyric poetic writings are conceptualized revealing new interpretive horizons. As these are textualities inscribed in various processes of rupture that promote relations of linguistic and paralinguistic decentralization and de-hierarchization, these writings generate procedural changes of reading that question old paradigms. Here we analyze poems by Carlos A. Aguilera, Francis Sánchez, Joan Brossa, J.M. Calleja and Fernando Millán, authors from different countries and times in which transgression and testimony converge as well as remediation, simulating an immanence that produces the impression of ignoring mediation processes behind the visible.

Transgresión y testimonio en la poesía experimental

> …every generation certainly needs a revolution of the word.
> Charles Bernstein and Tracie Morris[1]

> for we hear in it only the crossing of two lines, one of which, taken by itself, is completely mute, while the other abstracted from its prosodic transmutation, is totally devoid of significance and interest, and it is susceptible to paraphrasing, which, to my mind, is surely a find of non-poetry.
>
> Osip Mandelstam[2]

> Like other media since the Renaissance in particular, perspective painting, photography, film, and television- new digital media oscillate between immediacy and hypermediacy, between transparency and opacity.
>
> J. D. Bolter and R. Grusin[3]

La producción poética experimental en el ámbito hispánico registra una trayectoria formal —estilística, técnica y compositiva— muy variada, lo cual dificulta una visión comprensiva y unívoca del fenómeno literario-artístico en el que se ubican estas escrituras que se resisten a cualquier ejercicio taxonómico. La naturaleza compo-sitiva y estructural de estas escrituras tiene un carácter híbrido que admite múltiples acercamientos teóricos y lecturas críticas superando el enfoque de este estudio. Si nos acercamos a esta poesía desde el marco de una perspectiva semiótica de la cultura y el arte, descubrimos que la escritura experimental

---

[1] (Charles Bernstein y Tracie Morris 2017)
[2] (Osip Mandelstam 2002 40).
[3] (Bolter J. D. y D. Grusin. 2000 22). Este estudio fue escrito en los años 1933-1935 y no fue publicado hasta 1967.

en sus distintas modalidades –visual, sonora, cibernética, matemática, objetual, performativa, etc. –nos invita a reflexionar en torno a la dimensión dialógica del lenguaje, del código, del signo, (significante-significado), del poema, del autor, de frontera, etc. En el caso que aquí nos ocupa, la poesía experimental contemporánea —modo transgresor por naturaleza—, estos términos adquieren mayor relevancia que en otros géneros pues nos hallamos ante una escritura transtextual e intermedial que experimenta con rupturas textuales lingüísticas y modales. En esta escritura plural, disruptiva, heterogénea, híbrida y multiforme, los signos se multiplican, se condensan, se retuercen, se fragmentan, se metamorfosean, y son un punto de partida para múltiples interacciones generando procesos de significación en virtud del desplazamiento o trasvase de signos y fronteras lingüísticas, culturales y simbólicas.

La actividad semiótica que ocurre en un poema experimental implica una especie de traducción de un sistema de signos a varios sis-temas. Por lo tanto, el significado de un sistema de signos dentro del poema no debe ser identificado o reducido al significado primario de los signos utilizados en el mismo. La descodificación de un poema experimental se caracteriza por ser un proceso integrado, temporal, dinámico, indirecto e ilimitado. Los autores configuran sus propios códigos en virtud de un sistema secundario, integrado por diversos lenguajes primarios procedentes de distintos sistemas comunicativos y de significación.

El principal objetivo de este estudio es analizar la transgresión y el testimonio como claves semióticas para entender la transmedialidad y la transcodificación en la poesía experimental en el mundo hispánico. Si bien la transgresión y el testimonio no son fenómenos vinculados entre sí, su coexistencia en un mismo poema sugiere que ambos conceptos forman parte del polisistema particular de sus autores generando un campo ideoestético individualizado que opera como base axiológica del sistema tecnocultural en el que se enmarcan revelando nuevos horizontes interpretativos.

El poema experimental en sus distintas modalidades –visual, sonoro, performativo, cibernético, etc., –continúa la tradición de la ruptura propia del arte vanguardista al dislocar las relaciones convencionales del signo (significante y significado) para crear su propio lenguaje, protocolo de lectura y potencialidades estético-discursivas. Si bien estas peculiaridades compositivas no son un fenómeno nuevo, pues siempre ha habido una tendencia a la hibridez y a las desviaciones de la "norma", la maximización de la hibridación compositiva está generando una nueva estética, es decir, una escritura con nuevos paradigmas literarios y de lectura[4] que se materializan en virtud de la mediatización discursiva y que muchos poetas utilizan con un doble compromiso, ético y estético.

En este proceso de rupturas múltiples y de reinvención estilística, los autores entretejen su propia especificidad lingüística y material.[5] Comenzando con G. Apollinaire y sus *Calligrammes; poèmes de la paix et da la guerre, 1913-1916* (1918), la poesía experimental ha seguido una trayectoria plural y heterogénea que continúa hasta nuestros días. Existe, por tanto, una continuidad en esas rupturas, al tiempo que los estilos de cada época poseen su propia singularidad textual, contextual y cultural.

Cabe precisar que cuando se habla de lenguaje en la poesía experimental este no debe identificarse con el sistema estructurado de comunicación de signos lingüísticos y reglas prescritas por el lenguaje verbal, sino que se trata de un lenguaje secundario, de un sistema integrado formado por semas de lenguajes –autónomos o mediatizados–que, a su vez, activan diversos campos semánticos o redes conectivas. De este modo, cuando el poema incluye lenguaje verbal, en el título o en el texto, este suele formar parte de un campo combinatorio de semas de diversos lenguajes –visuales, cromáticos, matemáticos, geométricos, tipográficos, etc., – y aparece integrado en un nuevo orden de significación, generando nuevas relaciones semióticas. En el proceso de significación, la estética del autor puede, en algunos casos, activar un patrón recurrente que estimula y organiza el pensamiento visual, verbal, etc., de una determinada manera

---

[4] Véanse, al respecto, A. Fernández Vicente 2010; Lev Manovich 2005; Gibson S. B. y Oviedo O. (Eds.) 2000.

[5] Conviene recordar con A. Fowler (1988 100) que la cuestión del género está íntimamente relacionada con la creación del canon literario "De los muchos factores que determinan nuestro canon literario, el género se encuentra sin duda entre los más decisivos".

que puede diferir de nuestro sistema habitual de pensamiento y favorecer la creación de nuevos paradigmas estéticos y sistemas comunicativos.

En esta línea cabe citar a López Gradolí para quien la poesía experimental "al derruir los valores lógicos, morfológicos y sintácticos abre la posibilidad de que cada palabra, cada signo, tenga una carga nueva, transfigurada por sus relaciones asociativas y no limitada por el peso jerárquico de los valores lógico-sintácticos." (260)

El poema experimental en sus distintos estilos nos permite hablar de una nueva zona intermedia en la que los poemas, en calidad de artificio y artefacto estético y cultural, pueden ubicarse dentro y fuera del texto, dentro y fuera del libro impreso, dentro y fuera de lo digital, de lo objetual y de lo performativo, así como dentro y fuera de las formas tradicionales de la lírica, activando una suerte de situacionismo que activa múltiples interrelaciones sígnicas. En este contexto entendemos que el poema experimental no es solo una obra abierta e incompleta, semióticamente ilimitada, sino que además protagoniza un espacio intermedio, transmediático y de interfaces y que, en muchos casos, es un espacio evasivo. Es tarea del lector hacer la transición de un plano semiótico al otro. Nos hallamos ante una poesía que se deslinda de lo normativo y de los cauces convencionales del género lírico y que puede ser una poesía transgresora y testimonial. Los desvíos y rupturas, a varios niveles, se pueden analizar dentro del campo de lo transgresor. Y los patrones que configuran una estética particular de autor, así como el tratamiento de lo referencial externo, formarían parte de lo testimonial y de la experiencia intersubjetiva (autor-texto-lector).

Los signos superpuestos del poema suelen formar parte de una red discontinua de signos pertenecientes a distintos lenguajes que han sido desplazados de su entorno referencial habitual para ser recontextualizados y formar un lenguaje integrado con una función comunicativa que puede ser de carácter testimonial, de resistencia y de denuncia. Los poemas que se adaptan a estas premisas están configurados en un ámbito de polisistemas (sincrónicos, estáticos y diacrónicos, dinámicos).[6]

---

[6] (Itamar Even-Zohar 1990)

Ya Ciplijauskaité (1992), identificaba la transgresión en el futurismo y el surrealismo, con lo "trans-racional":

> El surrealismo se dirige a las emociones, sí, pero partiendo del intelecto y volviendo a él. La transgresión, que llega a lo trans-racional (recuérdese el zaum de los futuristas rusos), pide colaboración por parte del receptor. Tanto el artista como el público se elevan a la trans-realidad o descubren una realidad que existía soterrada sin que se enunciara claramente. El nuevo lenguaje de las vanguardias la vela y desvela a la vez. (61)

Al tratarse de textualidades que se inscriben en procesos de ruptura,[7] en la hibridez y en la transgresión y fomentar relaciones de descentralización y desjerarquización lingüística (morfológica, fonética, léxica, sintáctica y semántica) y paralingüística, se producen cambios procesuales de lectura que cuestionan viejos paradigmas. Los autores desactivan las expectativas tradicionales de lectura secuencial, causal, semánticamente cerrada, etc. En cambio la hibridez de técnicas, medios y formatos forma parte central de un *continuum* interartístico que surge en los movimientos internacionales de vanguardias del siglo XX y se ha ido consolidando a lo largo de la segunda mitad del siglo XX, configurando una escritura que es a la vez transgresora y testimonial, dos aspectos que han sido evaluados de manera independiente por la crítica. Otros factores relevantes de estudio son el carácter transdiscursivo y transmediático de estos textos que fomenta una experiencia comunicativa poliestética, conformada por redes y plataformas múltiples.

La lista de autores hispanos experimentales cuya andadura poética se enmarca en un contexto de transgresión y testimonio es excesivamente

---

[7] (Miguel Artigas Ferrando, 2008)

larga para abarcarla en su totalidad temporal y geográfica.[8] Aquí se van a analizar poemas representativos de Carlos A. Aguilera (Cuba), Francis Sánchez (Cuba), Joan Brossa, J.M. Calleja y Fernando Millán (España). A pesar de pertenecer a épocas, países y contextos diferentes, podemos constatar ciertas similitudes en la trayectoria experimental de estos autores. Los autores mencionados componen escrituras con una estética transgresora, transdiscursiva y transmedial en las que se entretejen distintos aspectos de lo testimonial. La hibridez interartística de estas escrituras privilegia la emancipación de las restricciones de género y de los formatos físicos tradicionales. Por otra parte, como señala Ciplijauskaité con respecto al arte de vanguardias, no se puede generalizar, ni conceptual ni estilísticamente, cuando nos referimos a un arte tan cambiante como el de las vanguardias, y yo añadiría, la escritura experimental actual: "Puesto que el arte de las vanguardias no es programático y que sus poéticas son efímeras y cambian en el transcurso de una vida, nos movemos sobre terreno resbaladizo al intentar definirlas".[9]

La transgresión, como se sabe, implica necesariamente desviación, sustitución o desplazamiento parcial o total en el plano formal, estilístico, lingüístico, estructural, discursivo y objetual o material. Y lo transgresivo unido a lo testimonial involucra una escritura crítica y de resistencia. Una modalidad testimonial característica es la escritura de denuncia. Esta admite un lenguaje simbólico, objetual, matemático, material, en código, etc.,

---

[8] Una selección parcial de poetas hispanos experimentales que han empleado conjuntamente la transgresión y lo testimonial en su escritura comprende autores de la talla de Francisco Pino, José Luis Castillejo, Guillem Viladot, J. M. Calleja, Fernando Millán, Gómez de Liaño, Bartolomé Ferrando, David Pérez, Antonio Gómez, Joan Brossa, César Reglero, Francisco Peralto, Eduardo Barbero, Corporación Semiótica Gallega, Xavier Sabater, Pere Sousa, Gustavo Fernández Alonso, Francisco Aliseda, Antoni Albalat Salanova, Mikel Jáuregui, Rafael Marín, Eugen Gomringer, José Juan Tablada, Oliverio Girondo, Ariel Gangi, Gustavo Romano, Eduardo Kac, Guillermo Deisler, Edgardo A. Vigo, Clemente Padín, Julio Campal, Guillermo Cabrera Infante, Severo Sarduy, Rafael Almanza Alonso, Francisco Garzón Céspedes, Pedro Juan Gutiérrez, Octavio Armand, Yornel Martínez, Carlos M. Luis, Pedro Marqués de Armas, Rolando Sánchez Mejías, Carlos A. Aguilera, Rogelio Saunders, Sinecio Verdecia Díaz, Francis Sánchez, Rafael Álvarez Rosales, etc.

[9] (Ciplijauskaite 1992 58).

formando una estética marginal y alterada en la que el distanciamiento con respecto a la norma implica un grado de resistencia.

Lo testimonial como género en la literatura latinoamericana comienza las crónicas y la historiografía en los tiempos de la conquista.[10] En el siglo XX, el género testimonial surge asociado a los movimientos de liberación nacional y de protesta como la narrativa cubana de los años 60 y la narrativa centroamericana en la década de los 70 y 80. Otro género testimonial característico del siglo XX es el que explota el carácter autobiográfico conformado por una voz de comunidad subalterna como en el caso de Rigoberta Menchú *Me llamo Rigoberta Menchu y así me nació la conciencia* (1983). Estas representaciones testimoniales se caracterizan por presentar un discurso de resistencia enfocado en la articulación de una identidad indígena.

Conviene resaltar que el género testimonial en el ámbito latinoamericano en la década de los noventa, ha sido interpretado de varios modos; como discurso de la verdad, como literatura de resistencia y como un género no literario. Según algunos críticos, el género testimonial ha dejado de ser considerado un modo marginal de literatura para adquirir un status de poder (Schwarz 1992; Said 1993; Gugelberger (ed.) 1996; Parry 2002).

Lo "testimonial" no es un modo exclusivo de la narrativa latinoamericana y española de ciertos periodos y contextos del siglo XX, sino que también se halla presente en otros géneros como la poesía verbal y la experimental. En la poesía experimental lo testimonial puede adquirir múltiples formas, puede enmascararse indistintamente en el plano visual, estructural, cromático, etc., y ejercer funciones distintivas, algunas con

---

[10] El *Diario de a bordo* de Cristóbal Colón; *Historia de las Indias* (1527) y *Brevísima relación de la destrucción de las Indias* (1552) de Bartolomé de las Casas; *Historia verdadera de la conquista de la Nueva España*, de Bernal Díaz del Castillo; *Historia General de las Indias*, (1553) de Francisco López de Gómara; *Historia general y natural de las Indias, islas y Tierra Firme del mar Océano* (1526-49) de Gonzalo Fernández de Oviedo; *Historia general de las cosas de la Nueva España* (1569) de Bernardino de Sahagún y muchas otras. En este periodo el testimonio viene asociado a la historiografía. Con respecto a la crítica y el género testimonial véase Noemí Acedo Alonso "El género testimonio en Latinoamérica: aproximaciones críticas en busca de su definición, genealogía y taxonomía" en *Latinoamérica. Revista de Estudios Latinoamericanos*, Vol. 64, (2017): 39-69.

efectos similares a otros géneros literarios, dependiendo del país, autor y época o contexto. Lo testimonial fluctúa constantemente.

Lo testimonial en la poesía visual de los poetas cubanos seleccionados: Francis Sánchez (Ciego de Ávila, Cuba, 1970), y Carlos A. Aguilera (La Habana, Cuba, 1970), ambos exiliados en España y en Checoslovaquia respectivamente, adquiere rasgos de estilo distintivos. En la obra de Carlos Aguilera lo testimonial se canaliza a través de la sátira, la ironía y el sarcasmo político, como en el poema "Mao".[11] En la poesía visual de Francis Sánchez lo testimonial adquiere un tono de denuncia, de urgencia y de resistencia.

Lo testimonial adquiere cargas ideoestéticas diferentes en el caso de los poetas españoles seleccionados para este estudio: Joan Brossa (Barcelona 1919-1998), Fernando Millán (Villa Rodrigo, Jaén 1944-) y J. M. Calleja (Mataró 1952-). En la poesía visual de Brossa, lo testimonial opera como eje discursivo de la nación (Cataluña como nación frente a España), vinculado a la defensa de la lengua catalana, y a un discurso polí-tico de resistencia y rechazo a la política franquista. En la obra experimental de Fernando Millán (Jaén 1944), lo testimonial aparece también como signo de rebelión política contra el franquismo, contra la violencia y la represión, pero también es un signo de reivindicación de la libertad de expresión artística, así la técnica de la tachadura se convierte en un discurso personal y artístico de lucha. También se constata que Millán quizás al no proceder de ninguna región bilingüe no reivindica las lenguas autonómicas en sus poemas. En la obra de J. M. Calleja (Mataró 1952), lo testimonial adquiere un tono particular en el que se combina la conciencia de identidad y la conciencia de libertad de expresión interartística.

En la poesía de Francis Sánchez y Carlos A. Aguilera lo testimonial se caracteriza por presentar un alto grado de resistencia con diversos grados de representatividad artística y se ubica en una zona de resistencia estético-ideológica. Este discurso de resistencia contrasta, por ejemplo, con la obra de Joan Brossa que compone poemas de propaganda al comunismo y al marxismo como "Elegía al Che". El discurso brossiano no

---

[11] Recordemos a este respecto a otros autores del grupo Diáspora(s), como Rolando Sánchez Mejías, *Mecánica celeste. Cálculo de lindes (1986-2015)*.

tiene cabida ni aceptación en la trayectoria ética y estético-política de los poetas cubanos mencionados si bien ambas escrituras utilizan lo testimonial y lo transgresor como ejes estético discursivos en su escritura.

La experimentación formal no es un mero ornato. El empleo de varios tipos de formatos, textos, medios y tipografía experimental forma parte de un complejo sistema semiótico que pasa por la desarticulación del lenguaje verbal y por una acción conjunta que se libera de las fronteras tradicionales de género. Estos textos no presentan un tipo de transgresión sino varios que operan simultáneamente a múltiples niveles a través de estrategias como la transdiscursividad, la transcodificación (conversión de medios y códigos) y la combinación de distintas materialidades añadiendo nuevas dimensiones al proceso semiótico.

Con respecto al concepto de materialidades es útil referirse a las seis materialidades estudiadas por Manuel Portela (2014) –planográficas, fonográficas, digitales, performativas, tridimensionales, videográficas y performativas–. Si empleamos la nomenclatura de las materialidades de Portela a los poemas seleccionados (textos impresos, visuales, videopoemas, video-performativos) vemos que dichos textos activan la materialidad planográfica, digital, videográfica y performativa y utilizan la remediación como estrategia discursiva revelando el principio de transgresión.[12]

Los poemas que veremos en la siguiente sección utilizan la integración, la interacción y la remediación para generar una lógica inmanente y aparentemente espontánea dando la impresión de que estos textos ignoran la presencia de los medios y el acto de mediación, conceptos estudiados por Bolter y Grusin (2000).

---

[12] Estos procesos artísticos no son nuevos, sino que han existido, en mayor o menor grado, en todas las épocas. Por ejemplo, en el Barroco había una predilección por usar el motivo del espejo, las ventanas, cuadros dentro de cuadros, ("Las Meninas" de Velázquez) mapas, etc.

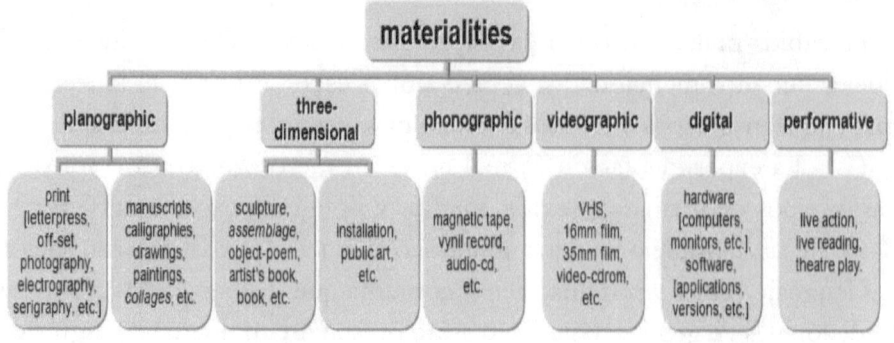

Manuel Portela. "Multimodal Editing..."[13]

Carlos A. Aguilera (La Habana, 1970)

La producción literaria de Carlos Aguilera comienza en los años noventa en Cuba, época caracterizada por la crisis del "Período especial", a consecuencia de la caída de la Unión Soviética y la carencia de fondos que estos les proporcionaban a los cubanos. La trayectoria artística de Aguilera no se limita exclusivamente a la poesía verbal o visual, sino que también es ensayista y crítico cultural, y en el campo de lo experimental, aunque no le guste mucho esta palabra para definir su poesía de carácter visual, ha creado obras híbridas, plásticas y performativas, como video-poesía, poesía visual, etc. Aguilera tiene en su haber múltiples premios literarios y una trayectoria creativa de tipo contestatario en grupos literarios como *Diáspora(s)*, nombre que también se refiere a la revista que cofundó en 1997 con otros artistas cubanos. En 2002 los administradores culturales de Cuba le prohibieron a él y a sus amigos artistas publicar. Desde hace ya varios años Aguilera vive exiliado en Europa, –aunque ya en Cuba se sentía un exiliado– primero como refugiado residente en Frankfurt, luego Bonn, Graz y Dresden y posteriormente Praga. Actualmente está trabajando en varios proyectos a la vez.

---

[13] (Manuel Portela 2014).

Transgresiones en las letras iberoamericanas

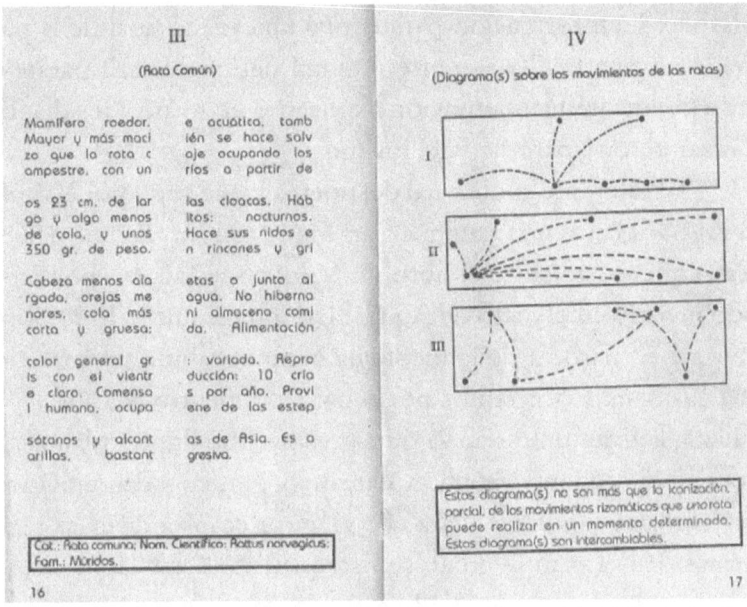

Carlos A. Aguilera "Tipologías" Das *Kapital* (1997): 16-17.

Estos dos poemas, "III (Rata común)" y IV "(Diagrama(s) sobre los movimientos de las ratas)" pertenecen a la sección "II" "Tipologías" del libro *Das Kapital* (1997). "Tipologías" constituye una sección de textos transdiscursivos construidos bajo el modelo de texto científico clasificatorio. El lenguaje verbal de estos textos es un lenguaje descriptivo en el que se tipifican distintos tipos de ratas, que en el contexto del libro parodian la ideología marxista, marco referencial en el que se encuadran los poemas y marco político cultural y educativo de la isla de Cuba.

En estos poemas se ha operado un desplazamiento semántico en dos pasos. El primer texto "Rata común" no obedece a las características del poema verbal tradicional ni al poema en prosa, ni se trata de un texto narrativo de ficción, ni de un ensayo, sino que sigue el modelo y formato científico de clasificación de datos, en este caso de la especie, del género y de la familia del roedor, con información de carácter objetivo y descriptivo en tercera persona, describiendo a la especie de rata común. El primer plano de lectura es el de un texto pedagógico de biología (zoografía). Y si atendemos a la forma de estos poemas, observamos que son textos transgresores de género pues no pertenecen a ningún género artístico, literario o plástico. La información paratextual ubicada al final de la página y encerrada en una casilla es parte integral del poema. El paratexto del segundo poema imita una función explicativa en torno a los diagramas, para enfatizar el tono paródico del mismo.

El referente contextual del poema viene dado por el título del libro *Das Kapital*, el cual nos remite a Carl Marx y su *Das Kapital* (1868). El paralelismo que existe entre el libro de Marx y su discurso político, opera de modo inverso en el texto de Aguilera, donde el nuevo libro homónimo se convierte en parodia de la ideología comunista que tuvo que sufrir en la Cuba castrista. Estos textos por separado y dentro del libro y estética de Aguilera, activan un discurso transgresor en múltiples planos: lingüístico, literario o de géneros -poético, narrativo, gráfico y diagramático-, ideológico, histórico y político. Para ello el autor emplea diversas técnicas y estrategias. En el plano verbal, se usa un texto a dos columnas, con márgenes justificados, es decir, alineado forzosamente al inicio y al final de cada línea. No hay fluidez. Además, en este texto con márgenes forzados también se rompe la división de las sílabas al final, creando un lenguaje fragmentado y roto que interrumpe el hilo de la lectura secuencial.

Los títulos de ambos poemas, III "Rata común" y IV "(Diagrama(s) sobre los movimientos de las ratas)", así como el título del libro *Das Kapital*, utilizan la intertextualidad para activar la interdiscursividad. Son textos que nos remiten a otros textos fuera del texto y a otros discursos y géneros, en este caso, aluden al marxismo y a la clasificación de una especie animal como las ratas. Se nos invita a hacer un desplazamiento semántico desde el plano denotativo constituido por dos discursos paralelos, a un plano connotativo. El plano referencial consta de dos discursos, el científico-zoográfico de carácter clasificatorio (distintas especies de ratas), y el discurso fundacional ideológico, *El Capital* –considerado un libro fundacional del marxismo ideológico– El referente de las ratas adquiere significación vinculado al marxismo al operar como sinécdoque. La asociación entre las ratas y el marxismo adquiere una connotación negativa que viene dada por el referente universal de estos animales con la peste, la muerte o la enfermedad. Las ratas connotan algo despreciable o negativo que en el poema es el marxismo.

El autor ha creado un discurso transgresor, estéticamente hablando, y un discurso de resistencia, caracterizado por la ridiculización y parodia al régimen totalitario comunista. En virtud del principio de trans-gresión y a través de la transdiscursividad estos textos generan un discurso de carácter testimonial. Además, el autor ha nacido y vivido en Cuba (régimen comunista) y experimentó directamente los efectos de dicho régimen (la crisis del periodo especial en los 90, etc.).

La hibridez textual de estos poemas constituye otro elemento de transgresión con respecto a la norma. La combinación de lenguaje verbal, visual y diagramas enfatiza el discurso transgresor de género y, en un segundo plano de lectura, opera como voz discursiva de denuncia. Se trata de un texto transgresor que opera en tono burlesco, deconstruyendo el aparato discursivo desde los cimientos de dicho sistema totalitario.

Estos poemas operan como una recreación burlesca del discurso científico del "materialismo histórico" para deconstruir la ideología del marxismo cultural y el comunismo. Las ratas, el lenguaje fragmentado, el formato de márgenes forzadas son signos que, en un segundo plano, representan un discurso cerrado e inalterable. El plano lingüístico, estilístico, referencial, pragmático, gráfico y discursivo de estos textos forman parte integral del sistema semiótico del libro.

De modo similar, el largo poema verbal "Diez mil gorriones muertos" del mismo libro, *Das Kapital*[14] presenta un tono testimonial y de denuncia. En el poema aparecen otros animales, en este caso los gorriones que evocan eventos protagonizados por Mao Zedong, otro líder comunista, en su campaña de exterminio de gorriones en 1958. La desaparición de los gorriones en China provocó numerosas plagas de insectos que acabaron con las cosechas y esto, a su vez, produjo una gran hambruna en China obligando al gobierno a importar posteriormente gorriones a la

---

[14] (Carlos A. Aguilera 2017). Estos poemas también se pueden ver en el blog de Efory Atocha (2008) http://eforyatochacopia.blogspot.com/2008/01/dos-poemas-de-carlos-aguilera.html

URSS. Recordemos además que los ancestros maternos del poeta eran chinos.

En los poemas visuales de Aguilera, son frecuentes las referencias a vacas, ratas, gorriones todos denotando muerte y exterminio. Como estudia Garbatzky "las vacas, las ratas, los insectos, son seres que pueblan la literatura de Aguilera, y la de *Diáspora(s)*, en general, como acontece en la obra de Pedro Marqués de Armas y Rolando Sánchez Mejías donde adviene una multitud de animales y referencias kafkianas." (113)

Los videopoemas "Retrato de A. Hooper y su esposa" (artista Aldo, 2014) y "Mao" (1997) son relevantes por su significación transdiscursiva y transmedial, especialmente por las funciones que ejerce la remediación y la materialidad videográfica del texto. La obra poética de Aguilera encarna también un aspecto lúdico, teatral y caricaturesco. En sus propias palabras el autor nos dice: "Creo que mis textos —igual el género en que finalmente hayan sido escritos— tienen detrás cierta *stimmung* del teatro, cierto devenir teatral; y por eso son a veces tan exagerados o lúdicos (o exagerados y caricaturescos)". Estos aspectos también se presentan en la obra de Joan Brossa, a pesar de que las intenciones discursivas se sitúen en el extremo ideológico opuesto.

Francis Sánchez (Ciego de Ávila, Cuba 1970)

Francis Sánchez es un artista multifacético, dentro de sus múltiples facetas sobresalen la de ser poeta discursivo y poeta visual, pero también como ensayista, editor y narrador. En 2009 creó *Producciones Árbol Invertido* y realizó los audiovisuales *Árbol invertido* y *Patria de mis ojos* (2009). Algunos de sus libros de poemas más recientes son *Extraño niño que dormía sobre un lobo* (Letras Cubanas, La Habana, 2006) y *Epitafios de nadie* (Oriente, Santiago de Cuba, 2008). Ha publicado varios libros de ensa-yo; *Dualidad de la penumbra* (Ávila, 2009) y *Liturgia de lo real* (Premio Fernandina de Jagua, Mecenas, 2011), y narrativa *Reserva federal* (Ávila, 2002) y *Cadena perfecta* (Premio Cirilo Villaverde 2002. Hermanos Loynaz, 2004). Es creador y director de la revista de *Tierra Adentro* y *Árbol Invertido* (2005). En conjunto, Sánchez es autor de más de veinte libros de poesía, narrativa y ensayo.

En palabras del artista, intelectual y crítico cubano Rafael Almanza, la obra de Sánchez posee cualidades como "el golpe de la síntesis, la economía de medios, la explotación de los sintagmas como discursos, el juego de resignificación de la tipografía, el fotograma incorporado o dominando al texto, los recursos intertextuales, la ironía hasta el sarcasmo, y desde luego la desenfadada intención política."[15] Y en palabras del propio autor leemos:

Me interesa la condición lúdica y pública del poema visual, las relaciones físicas que se pueden establecer con textos que son a la vez objetos y espacios, y tan abiertos que por lo general no caben en un ren-glón, incluso difícilmente en una página de un libro, aunque el poema esté hecho de una sola palabra.[16]

Francis Sánchez. Poema visual.[17]

El referente textual y contextual de este poema sin título viene dado por la letra mayúscula "C" que es el referente de Cuba. Este poema

---

[15] (R. Almanza 2015).
[16] Ileana Álvarez entrevista a Francis Sánchez: "Ser yo mismo es mi único tema" *Árbol Invertido* 2015. https://www.arbolinvertido.com/entrevistas/ser-yo-mismo-es-mi-unico-tema
[17] Francis Sánchez. https://www.ersilias.com/francis-sanchez-poeta-visual/

activa un proceso semiótico transdiscursivo que conecta unidades mínimas del lenguaje tipográfico, cromático, léxico, referencial geográfico y discursivo. Todos estos aspectos están presentes en un mismo plano, pero los distintos sentidos del poema no se producen de una sola vez, sino que exigen un análisis por separado que permite ver todas las dimensiones del mismo.

En el plano tipográfico el poema semantiza la discursividad del fonema "C" en mayúscula y casi cerrado. La C adquiere significación territorial, política y discursiva pues su referente es Cuba. Este referente se refuerza con las letras "UBA" contenidas en la mínima apertura de la "C" y mostrando una relación de subordinación y desequilibrio que nos remite al contexto político nacional de represión que se vive en la isla. Como se puede observar se maximiza el desequilibrio tipográfico y la descompensación en el tamaño de las letras "UBA" y la letra "C". Los fonemas "UBA" en posición de subordinación simbolizan al pueblo cubano tambaleándose ante la gran narrativa de los "C"astro. El mono-cromatismo simboliza un país reprimido, un país trágico con una realidad en blanco y negro, y en una isla que no puede llamarse por su nombre ya que está fragmentada.

El fonema central "C" es un signo sobresaturado de significación en virtud de los planos semióticos que intervienen en la construcción del discurso de la nación. Existe una máxima condensación de significados en múltiples planos: gráfico, icónico, verbal, cromático, de textura, tipográfico, fonológico y léxico. Usando el principio de la condensación (tipo)gráfica como centro de inmediatez y en virtud de la interacción entre un medio gráfico y un medio verbal y el desplazamiento de sentidos en ambos planos, se ha construido un discurso de denuncia y resistencia contra el totalitarismo en la isla. En un primer plano visual y verbal no conseguimos descodificar el sentido contextual de los signos superpuestos del poema. La aparente sencillez de la imagen central del poema esconde una riqueza de sentidos connotativos que requieren varias lecturas. La inmediatez visual-verbal condensa espacios socio-discursivos totalitarios. Usando el principio de condensación (tipo)gráfica verbo-visual como centro de gravedad del poema y, en virtud de la interacción entre el medio gráfico y verbal y el desplazamiento de sentidos en ambos planos, se ha construido un discurso de denuncia y resistencia contra el totalitarismo en la isla.

"La palabra Abedul" es un homenaje al poeta cubano Heberto Padilla, encarcelado en 1971, acusado de traición a la patria y obligado a auto inculparse. Padilla falleció en Alabama en el exilio.

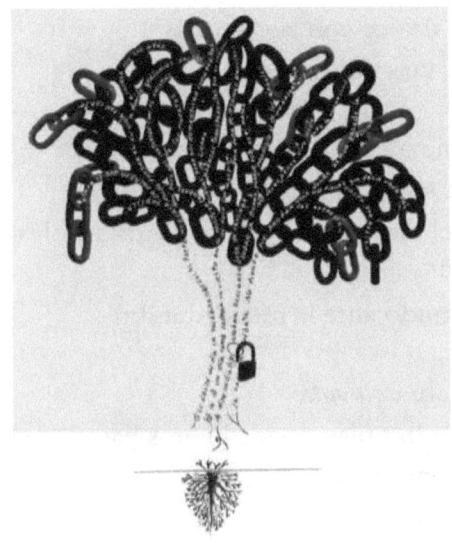

Francis Sánchez "La palabra Abedul" (2016)[18]

El modo compositivo de este poema combina tres materialidades, la verbal, la visual y la sonora (poema grabado en 2016). La grabación del poema constituye otro plano discursivo y otra materialidad.

En 2014 Sánchez publicó el poema verbal "La palabra abedul" que está incluido en su totalidad en el poema visual de 2016:

Yo le dibujé un día la palabra *abedul*
al poeta Heberto Padilla,
la palabra que él nunca pudo trepar en su vida tan corta,

---

[18] (Francis Sánchez 2019) http://francissanchez.net/la-palabra-abedul/

a donde habíamos salido a correr con los ojos,
qué poco nos cortamos con el cristal de los muertos.

Yo le di un día como ladrón envuelto en la tristeza
palabras nuevas pero sin domesticar
como *rodillas* de hierro,
abrazos transparentes
que se arquean al roce con la espiga,
boca dura de lejanas almendras.

Yo le dije un día la palabra *descansa*,
deja de caminar sobre la tierra
porque este es el mayor prodigio, el de los árboles,
no salgas solo al sueño,
no desesperes mudo ante la muchedumbre.

Y la palabra *quédate*,
no tienes que probar más dónde hemos pasado la noche,
no tienes que decir nada más
hasta que hablen las estrellas.

Francis Sánchez, "La palabra abedul" 2014.

Como vemos, la primera publicación (2014) es una versión exclusivamente verbal de la versión de 2016. El poema más reciente es un poema transdiscursivo, transmediático e intertextual que tiene como referente un poema previo. El medio digital no reemplaza el medio tradicional de la escritura ni el medio sonoro, sino que interactúa con ellos. El poema de 2016 combina cuatro materialidades: verbal, cromática, visual y sonora. El plano verbal, icónico y cromático es un árbol con fondo verde. La parte superior del árbol está formada por cadenas compuestas de palabras. Recordemos que Padilla fue encarcelado. El tronco del árbol lo forman cuatro versos verticales y uno de ellos tiene un candado cerrado aludiendo al estado de censura de sus libros en la isla. La imagen inferior del poema en blanco y negro es un árbol en miniatura resaltando las raíces de su identidad o los cimientos de ese árbol que es Padilla.

Los versos del poema están subordinados al plano visual y no se pueden leer bien debido al tamaño tan reducido, pero se pueden oír en la grabación. El plano visual del poema formado en dos partes (dos árboles), está relacionado con el plano verbal "La palabra Abedul". Ambos planos comparten el mismo campo semántico. Nos hallamos ante un poema multimedia, compuesto con cuatro lenguajes: verbal, sonoro, cromático y visual. El poema necesita de la activación de todos los medios para una lectura completa del mismo. Todos los lenguajes del texto responden al título del poema, y a su vez el título ejerce una relación simbólico-metafórica con respecto al referente histórico, cultural, político y literario de Heberto Padilla (1932-2000), eje temático del mismo. En este texto cada medio contribuye, con su especificidad propia, a crear un registro transgresor, un discurso de denuncia y a la vez a recrear una voz testimonial (Padilla), un referente omnipresente todavía hoy debido al contexto de represión que se vive en la isla.

Joan Brossa (Barcelona 1919-1998)

Joan Brossa fue un artista polifacético, multidisciplinario y muy prolífico, que trabajaba simultáneamente en distintos lenguajes artísticos creando obras únicas cargadas con un aspecto lúdico y plástico. Fue un pionero en poesía visual, pero también destacó como poeta discursivo (sonetos, sextetos, odas, etc.,), como dramaturgo, creador de carteles, performer, diseñador gráfico (juega un papel importante en la visualidad gráfica) para el PSUC, etc., y también practicaba otro tipo de artes como la magia y el circo. Brossa fue uno de los fundadores del grupo y de la publicación *Dau al Set* (1948) junto con Juan Eduardo Cirlot, Antoni Tàpies, Joan Ponç entre otros.

Las técnicas compositivas utilizadas por Brossa en su poesía visual, que aparece por primera vez, a finales de los años 60, suelen ser la apropiación, la tachadura, la elipsis visual y verbal, transformaciones tipográficas, y el collage, no tanto textual como visual e iconográfico, dentro de un contexto político y lingüístico, con respecto a la lengua castellana como vehículo ideológico contra la cual luchaba y, a favor del uso exclusivo del catalán, como vehículo identitario, ideológico y de una comunidad, Cataluña como nación. En los últimos años de la dictadura franquista, Brossa compone poemas visuales cargados de imágenes, gestos, tipografía expresiva, y cromatismo propio del nacionalismo catalán. Se trata de una poesía directa con elementos descontextualizados (signos, palabras, cifras, letras, grupos nominales, casi nunca oraciones o versos). En esa sintaxis visual denotativa, Brossa también utiliza la técnica de la tachadura y la elipsis de letras (por ejemplo, "Elegía al Che" en catalán "Elegía al Txe") con fines sociales reivindicativos. Es una poesía directa, "sin la mediación expresiva de la lengua escrita" (Audí 3) pero que habla visualmente de referentes sociales muy concretos. Afín a otras estéticas de la época, Brossa, como afirma Audí, comienza su poesía visual con un silencio verbal significativo y propio de la revolución estética que se encuentra en los cuadros del Tapies de aquellos años: "La poesia visual de Brossa començа amb un silenci verbal significatiu, matèric i proper a larevolució estètica que trobem a les pintures del Tàpies d'aquells anys". (Audí 5)

El siguiente poema visual sin título (1975-1979) destaca una estética visual, material (el juego de damas), teñida contextualmente de simbología sociopolítica y cargada de mucho dramatismo.

Es un poema visual sin título compuesto en dos materialidades icónicas simultáneas superpuestas. Un referente visual es el territorio de España y superpuesta al mapa o silueta de España tenemos otro referente visual —el tablero de las damas- con espacios y fichas blancas y negras. El poema se compuso y publicó a fines de los años 70 (época franquista). El referente visual, territorial y político es España. El tablero de damas deja de ser un referente lúdico para proyectar y evocar el campo de batalla entre republicanos y sublevados, la guerra civil española (1936-1939) y la época de la dictadura franquista (1939-1975).

Transgresiones en las letras iberoamericanas

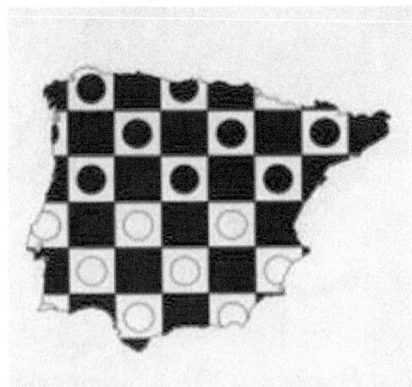

Joan Brossa. Poema visual (1975-1979) MACBA Collection [19]

La ausencia de cromatismo y el contraste blanquinegro refuerza el dramatismo, el sufrimiento y la muerte de miles de españoles en esa época histórica que marcó el destino de varias generaciones. El poema sin título, sin cromatismo y sin signos verbales comunica un discurso crítico, político, histórico y representativo del país. Tanto el silencio verbal como el acromatismo sugieren una voz testimonial de rechazo a la guerra y a la época franquista.

J. M. Calleja (Mataró 1952-)

J.M. Calleja es un artista polifacético español. Calleja trabaja por igual la imagen, el sonido, la fotografía y el lenguaje verbal. Ha hecho numerosas instalaciones poéticas, exposiciones individuales y colectivas y ha incurrido en el cine experimental (1976-1981), y también ha sido coordinador de muchos libros (objeto, visuales, etc.,). Algunos de sus libros son *Llibre de les hores* (1980), *Mixtures* (1993), *Transfusions* (1996), *Alfàbia* (2000), *Transbord* (2006), *Homenajes* (2007), *Pets* (2009), *Fragments* (2009), *ABCDario* (2015), *Dietari 015* (2018). También es cofundador de las revistas *CAPS.A.* (1982-85), *Traç* (1987-91) y *Vèrtex* (1990-96).

---

[19] Joan Brossa. https://www.macba.cat/en/poema-visual-4612

J.M. Calleja. *Homenajes* (2007) "homenaje a crisóstomo de ibaibe" (n/p)

Este poema visual con carácter objetual y plástico, forma parte del libro *Homenajes* (2007) y fue compuesto en 2001. El poema es como su título indica, un homenaje a Crisóstomo de Ibaibe, cofundador del taller "La galleta del Norte" en 1983. Como afirma J. Montero: "En 1983 se crea en Barakaldo el Taller Literario *La Galleta del Norte*; uno de sus creadores Crisóstomo de Ibaibe (Barakaldo, 1945) se marcha a vivir a África en el 85 dejando un amplio y desconocido trabajo poético experimental que sus compañeros de grupo recuperan y muestran."[20]

En este texto la visualidad se centra en el referente verbal, el "Taller literario de la galleta del Norte". La palabra "Ibaibe" en mayús-culas y en el centro de la galleta, así como el título del poema, hace referencia a Crisóstomo de Ibaibe (1945), artista autodidacta que era, entre otras cosas, poeta (*Caracol col; Paisaje con grúas...*), músico, dramaturgo, traductor y maestro. Ibaibe era un artista multifacético, un viajero, un poeta marginal y al margen de la sociedad que había colaborado en revistas literarias de la época como *El Viejo Topo, Revista de Literatura* y otras. Una parte de su prolífica obra todavía permanece inédita. Lo testimonial ejerce aquí una función referencial, biográfica y personal, en el sentido de que el autor homenajea a un artista. El componente verbal del poema es mínimo pero

---

[20] (J. Montero 2013 103).

clave para activar el aspecto referencial artístico y personal del texto. Tenemos la palabra Ibaibe en la galleta, la palabra S.O.S y el título en minúsculas. El componente visual semantiza la función referencial, pues tenemos una galleta en referencia al nombre del taller literario. El referente visual, la galleta es también el fonema "O" de S.O.S. Calleja muestra una hábil combinación de signos doblemente visuales y verbales que operan a modo referencial y como testimonio de una época artística fructífera e importante no solo en la región de Barakaldo sino en España.

Icónicamente[21] este poema esconde detrás de su aparente sencillez, un proceso compositivo complejo que se focaliza en la transcodificación o conversión de un código de signos en otro código de signos, al traspasar el sentido referencial icónico de la galleta como alimento, a un segundo plano semiótico cuyo referente es el taller literario "La galleta del Norte" y a un tercer plano tipográfico, completando con la letra "O" la palabra S.O.S que es una señal universal de alarma o peligro y cuyo referente no descansa en ninguna lengua concreta sino en el lenguaje morse. El poema utiliza la transcodificación y la condensación icónico-verbal para formar un lenguaje integrado caracterizado por una estética multiforme.

No olvidemos, por otra parte, que la clave de significación del poema es de índole paratextual, es decir, se ubica, casi en su totalidad, fuera del texto (a excepción de la palabra "Ibaibe") en el título del poema. Recordemos que para Gerard Genette[22] el paratexto eran todos los textos subordinados a un texto principal que lo acompañan en su estructuración general. El poeta activa una traslación directa de sentidos en virtud del lenguaje verbal al lenguaje icónico, pero también parcialmente del lenguaje icónico al verbal en el caso de la palabra SOS.

Los principios de analogía y contraste verbo-visual son una constante en la obra poética de Calleja que le sirven para dar profundidad conceptual al poema. Para lograr este resultado Calleja en sus poemas nunca

---

[21] Un icono en comunicación es una imagen o representación que sustituye a un objeto o a una idea por analogía o simbólicamente.
[22] (G. Genette 1989).

descarta la combinación integral de signos visuales, objetuales, plásticos, literarios, musicales, geométricos o matemáticos.

Fernando Millán (Villarrodrigo, Jaén 1944)

Fernando Millán es un artista polifacético y un referente en la historia de la poesía visual y experimental en España. Es poeta visual, experimental, autor de instalaciones, editor, crítico de arte, miembro de diversos grupos y movimientos experimentales de protesta y promotor del arte experimental en sus distintos estilos –videopoesía, libro objeto, poesía visual, iconopoesía, poesía textual, poesía acción, etc. Algunas de sus publicaciones son *La depresión en España* (2012), *Vanguardias y vanguardismos ante el siglo XXI* (1998), *Escritores Radicales. Obras In-completas* (2012), *Escritura experimental en España 1963-1983* (2014).

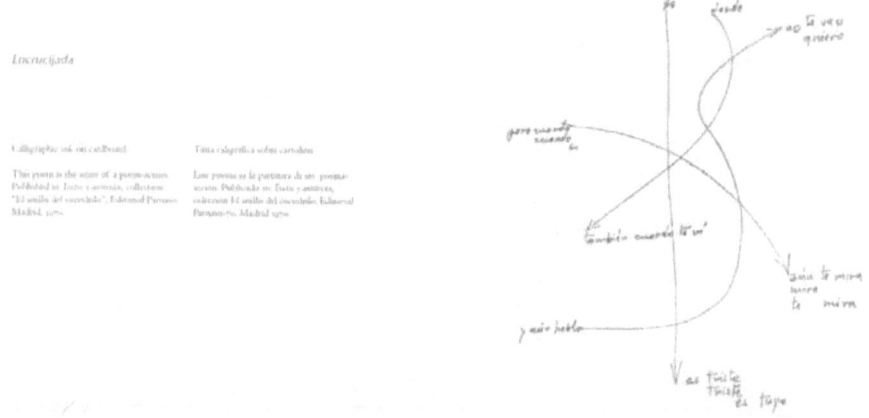

Poesía Expandida de Fernando Millán: "Encrucijada" [23]

Poesía Expandida (2018) es un libro bilingüe en DVD que contiene veinte video-acciones. "Encrucijada" es una videoacción.[24] El texto de

---

[23]Fernando Millán Poesía expandida. https://www.youtube.com/watch?v=IRqgbxY-dE8
[24]Para más detalle ver: galería-wl.eu/10_F_Millan/poesiaExpandidaEdiciones_catalog.php

"Encrucijada" incluye una nota bibliográfica en inglés y en español que dice: "Tinta caligráfica sobre cartulina. Este poema es la partitura de un poema-acción. Publicado en *Textos y Antitextos*, Colección El anillo del cocodrilo. Editorial Parnaso 70, Madrid, 1970" Se trata, en el conjunto del poema, de un paratexto.

En el poema destaca también el aspecto gráfico formado por ocho versos escritos a mano que salen de cuatro vectores delineados en ángulos diversos (arco, curva, recto) sugiriendo una direccionalidad de lectura no secuencial. El lector puede comenzar leyendo una frase y continuar con otra, aunque cada vector tiene una flecha indicando el orden de preferencia de dicho vector. La tinta del poema gráfico es roja simbolizando atención o riesgo. Otra materialidad del poema es la voz o recitado y movimientos del poeta en calidad de actor añadiendo otra dimensión semiótica.

"Encrucijada" constituye, en virtud de la remediación y la transcodificación, un nuevo poema en el que el autor ha incrementado el uso de lenguajes artísticos. El poema original se convierte en un pretexto del nuevo poema compuesto por la combinación de la voz y los movimientos del propio artista. La interpretación que hace Millán, –autor de ambos poemas– añade una nueva dimensión a la de autor que es la de actor e intérprete. Se trata de un texto compuesto por lenguajes media-tizados, digitalizados y transcodificados. Es un metatexto compuesto por lenguajes integrados que incorpora varias materialidades en el poema como son la materialidad planográfica (textual), la fonográfica (grabación), la performativa, (gestualidad y movimientos del autor-actor), la digital que se compone de un lenguaje de programación específico y además del medio impreso, textual y gráfico, ahora tenemos el medio videográfico, sonoro, teatral. La transcodificación es un agente semiótico del texto.

La poesía experimental en sus distintos estilos emana de varias tradiciones literarias y plásticas como la tradición verbal y la tradición interartística y rupturista de vanguardias que se nutre entre otros del lenguaje visual, sonoro y cinematográfico. Si a esto le añadimos las posibilidades de las nuevas tecnologías tenemos una escritura con signos (auto)referenciales que genera silencios e interferencias comunicativas, mensajes metapoéticos, políticos, personales, etc. En su reduccionismo verbal y en su mayor enfoque tecnológico, estos poemas buscan la atención del público general y también del lector especializado.

El carácter testimonial y transgresor de esta poesía también se puede interpretar como una forma de resistencia y subversión frente a la censura mediática y al control de otros poderes institucionalizados. Los poetas se sirven de motivos de la cultura popular y técnicas de los medios de comunicación como una forma virtual de activismo en el mundo de la cibercultura combatiendo la manipulación informativa de los medios de prensa, los regímenes totalitarios y la lógica económica de los intereses mega corporativos.

Vivimos en una época de intermediación que desafía lo que entendemos por subjetividad, literatura, arte y textualidad. Esta intermediación ocurre donde los medios digitales interactúan con medios tradicionales (Hayles, 2005). Las escrituras poéticas experimentales utilizan esta confluencia de medios para privilegiar la experimentación lingüística con fines no verbales, rompiendo con las convenciones de dicción y discursividad típicas de una cultura y pensamiento lineal y logocéntrico para enfatizar la simultaneidad de códigos y generar procesos semióticos contestatarios y autorreflexivos, a sabiendas de que los signos del poema no existen por sí solos, sino que forman parte de un constructo semiótico.

Nos hallamos ante unas escrituras poéticas transgresoras, irreverentes y creativas que utilizan la transmedialidad, la transdiscursividad, la transtextualidad y lo testimonial y que se resisten a cualquier intento de domesticación y clasificación. Se trata de tecnologías con funciones varias en las que se reduce, fragmenta o elimina el lenguaje verbal pero este procedimiento no implica necesariamente la eliminación de lo poético como principio estético sino una reactualización y una expansión del género.

Bibliografía

Almanza, Rafael. "De cómo y por qué convienen las cicatrices" *Catálogo Exposición "Cicatrices"*. Enero, 2015. https://www.arbolinvertido.com/sites/default/files/downloads/63_arbol_invertido_2015.pdf

Acedo Alonso, Noemí. "El género testimonio en Latinoamérica: aproximaciones críticas en busca de su definición, genealogía y taxonomía" *Latinoamérica. Revista de estudios latinoamericanos*. Vol. 64, 2017, pp. 39-69.

Aguilera, Carlos A. Grupo Diáspora(s). Poema: "Mao" https://www.youtube.com/watch?reload=9&v=ha8LN2a1I8M

---. "Diez mil gorriones muertos" Argentina: Fiesta E-diciones, 2017. https://incubadorista.files.wordpress.com/2017/05/diezmil.pdf.

---. "Tipologías" *Das Kapital*, La Habana, Ediciones Abril,1997. Asociación Hermanos Sáiz, 1996.

Artigas Ferrando, M. "La poesía y su posible sentido. Crítica de la poesía postmoderna". *Ibi Óculos* N.9 2008 http://www.edicionesencuentro.com/ibioculus/numero-09/frontera/la-poesia-posible-sentido-critica-la-poesia-posmoderna/

Audí, Marc. "Les imatges que parlen català a la poesia visual de Joan Brossa". Representacions de la identitat catalana en el món de les avantguardes, sous la direction de Denise Boyer, Catalonia n°3, 2010, Université Paris-Sorbonne.

Bernstein Charles and Tracie Morris "Poetry Needs a Revolution That Goes Beyond Style. From the Introduction to *Best American Experimental Writing 2016*" *Literary Hub*, Feb. 17, 2017. https://lithub.com/poetry-needs-a-revolution-that-goes-beyond-style/

Bolter, J. D. and R. Grusin. *The Double Logic of Remediation. Understanding New Media*. MIT Press, 2000. https://monoskop.org/images/a/ae/Bolter_Jay_David_Grusin_Richard_Remediation_Understanding_New_Media_low_quality.pdf

Brossa, J. "Poema visual (1975-1979)" MACBA Collection. https://www.macba.cat/en/poema-visual-4612

Ciplijauskaité, Biruté. "Velos, códigos, transgresiones en la poesía moderna" *AIH. Actas XI*. 1992, pp. 56-74.

Fernández Vicente, A. (coord.) *Nomadismos contemporáneos: formas tecnoculturales de la globalización*, Universidad de Murcia: Edit.Um, 2010.

Even-Zohar, I. "Polysystem Theory", *Poetics Today* 11: 1 Primavera 1990: 9-26.

Fowler, Alastair. "Género y canon literario", trad. de José Simón, en Miguel A. Garrido Gallardo [ed.], *Teoría de los géneros litera-rios,* Madrid: Arco/Libros, 1988, pp. 95-127.

Garbatzky, Irina. "Carlos A. Aguilera con sus paticas huecashuecas barruecas" prólogo de. *Diez mil gorriones muertos* por Carlos A. Aguilera, Fiesta E-diciones, (2017):1-6.

Genette, Gérard. *Palimpsestos: la literatura en segundo grado*. Madrid: Taurus, 1989.

Gibson S. B. y Oviedo O. (Eds.) *The emerging cyberculture: lyteracy, paradigm and paradox*, Michigan: Hamptom Press, 2000.

Gugelberger, Georg M. (Ed.) *The Real Thing. Testimonial Discourse and Latin America.* Duke University Press, 1996.

López Gradolí, Alfonso (Ed.) *Poesía Experimental Española (Antología incompleta)*. Madrid: Calambur, 2014.

Manovich, L. *El lenguaje de los nuevos medios de comunicación*: La imagen en la nueva era digital, Madrid: Paidós, 2005.

Pichel, Mar. "Creo que hay una gigantesca mentira alrededor del Che": Jacobo Machover, el escritor cubano que califica de asesino a Ernesto Guevara a 50 años de su muerte" *BBC Mundo*, 6, oct. 2017.https://www.bbc.com/mundo/noticias-america-latina-41513971

Parry, Benita. "Directions and Dead Ends in Postcolonial Studies." *Relocating Postcolonialism*. Eds. David Theo Goldberg and Ato Quayson. Oxford: Blackwell. 2002, pp. 66-81.

Portela, Manuel. "Multimodal Editing and Archival Performance: A Diagrammatic Essay on Transcoding Experimental Literature" *Digital Humanities Quarterly*. Vol. 8.1, 2014. http://www.digitalhumanities.org/dhq/vol/8/1/000175/000175.html

Said, Edward. *Culture and Imperialism*. London: Chatto and Windus, 1993.

Sánchez, Francis.https://www.ersilias.com/francis-sanchez-poeta-visual/

---. "Ser yo mismo es mi único tema" *Árbol Invertido*. Entrevista realizada por Ileana Álvarez. 28 octubre, 2015. https://www.arbolinvertido.com/entrevistas/ser-yo-mismo-es-mi-unico-tema

Scott, Weintraub. *Latin American Technopoetics: Scientific Explorations in New Media*. New York: Routledge, 2018.

Schwarz, Roberto. *Misplaced Ideas: Essays on Brazilian Culture. Critical Studies in Latin American Culture*. London: Verso, 1992.

Lenguas, intimidad y rebeldía: la internalización desde/del entorno en Lupe Gómez y Hubert Matiúwàa

Alethia Alfonso-García
Universidad Iberoamericana, Ciudad de México

Resumen

La convergencia entre medio ambiente y poéticas ha sido compleja en Guerrero, México y Galicia, España. Lupe Gómez (Fisteus 1972-) en *Camuflaxe* (2017) y Hubert Malina o Matiúwàa (Malinatepec 1986-) en *Xtámbaa/ Piel de tierra* (2016) dan cuenta de las relaciones entre humanos y no-humanos a través de sus poéticas gallegas y mè'phàà, respectivamente; dejan ver la internalización desde/del entorno; y corroboran que lengua y territorio se entrelazan ya sea para fines poéticos o de políticas autonómicas. Los contextos políticos y poéticos gallego y mè'phàà divergen, aunque ambos se sitúan en territorios hispanohablantes. Por esta razón, el capítulo tratará de sus respectivas interacciones con el entorno, sin afán comparatista.

Abstract

The relationship between the environment and poetry is complex in both, Guerrero, México and Galicia, Spain. Lupe Gómez' (Fisteus 1972-) poetry collection *Camuflaxe* (2017) and Hubert Malina or Matiúwàa's (Malinatepec 1986-) *Xtámbaa/ Piel de tierra* (2016) give account of the relationship between humans and non-humans throughout their respective poetics in Galician and Mè'phàà, contribute to the visibility of the internalization of / from the environment; and prove that languages and territories intertwine each other, for poetic or politics purposes. Both contexts differ, albeit both languages and culture are in Spanish speaking territories. Given their differences, this chapter will deal with their respective interactions with the environment with no comparatists aim.

Laura López Fernández y Luis Mora-Ballesteros

Lenguas, intimidad y rebeldía: la internalización desde/del entorno en Lupe Gómez y Hubert Matiúwàa

> A morte é un proxecto político
> Lupe Gómez

Una de las características de los lenguajes poéticos en el siglo XXI es la diversidad. En este sentido, nos alejamos poco a poco de la idea de unidad lingüística nacional. Por ello, en la investigación literaria, la pluralidad de voces, lenguas y sistemas de pensamiento enriquecen y contrastan nociones anteriormente pensadas como funda-mentales y compartidas por todos/as. El ejemplo para este capítulo es la relación entre humanos y no-humanos, en dos poéticas distintas entre sí. La primera se encuentra en *Camuflaxe* (2017) de Lupe Gómez; la segunda está en *Xtambáa/ Piel de Tierra* (2016) de Hubert Malina o Matiúwàa. Los contextos políticos y poéticos gallego y mè'phàà divergen, aunque ambos se sitúan en territorios hispanohablantes. Por esta razón, el capítulo tratará de sus respectivas interacciones con el entorno, sin afán comparatista.

Dos ejes fundamentales permiten analizar algunos poemas de *Camuflaxe* e *Xtámbaa/Piel de Tierra*: (1) comprender que lenguas y culturas son consecuencia de un pensamiento mayormente colectivo enraizado en territorios; y (2) comprender que algunas manifestaciones poéticas ejemplifican esfuerzos por escapar de la mercantilización que se hace de todo producto cultural. En los casos del gallego y mè'phàà a la mercantilización se le agrega, la exotización de culturas ajenas a la dominante.

Respecto al primer punto: lengua y territorio, Yásnaya Aguilar expresa que, en el contexto mexicano, "la lengua es también territorio" (Aguilar) porque una y otro se asocian a defensas territoriales y de autonomía política. El patrón sistemático de separación entre lengua y poesía entendidas como cultura estética ha producido armas de doble filo como el Premio Nezahualcóyotl en México, instaurado desde 1993 por el gobierno federal, el cual busca revitalizar las literaturas en lenguas indígenas. El concurso refuerza positivamente las literaturas no-hispanas, pero también divide las lenguas de sus manifestaciones culturales entre estéticas, como la poesía, y sociopolíticas, como las defensas contra la minería o las asambleas comunitarias en lenguas indígenas. Los resultados a la vista consisten en incentivar parcialmente la vida comunitaria (la de cultura estética), y por el otro continuar con el español como único vehículo comunicativo para efectos de diálogo entre el estado, compañías mineras y comunidades, por citar un caso.

Aceptar que la lengua va unida al territorio es asimismo un argumento que debe tomarse con cuidado. Por un lado, hay estudios co-mo el de Benedict Anderson, que relacionan territorio y lengua escrita con la creación de comunidades imaginarias. Por ejemplo, las naciones latinoamericanas en el siglo independentista y su manera de amalgamar territorio, poblaciones de etnias y orígenes diversos, y nación a partir de una lengua única fundamentalmente escrita (Anderson). Por otro lado, para el siglo XX y XXI, lengua y territorio constituyen el estandarte de nacionalismos periféricos para hacer valer derechos de autogestión y desarrollo. Los casos más representativos en México son Juan Gregorio Regino (mazateca), Mardonio Carballo (nahua), Irma Pineda (diidxazá), Yásnaya Aguilar (ayuujk), pero por supuesto hay más y la lista afortunadamente crece. Más atrás en el tiempo y guardando las diferencias de cada caso, en Galicia estuvieron las Irmandades da Fala, editores, poetas y el Estatuto de Autonomía de Galicia otorgado en 1981, entre los numerosos contribuidores.

En el contexto de poéticas relacionadas con el territorio, considerado este último como entorno rural (aunque no sea el único tipo), existe además el peligro de anquilosar las poéticas en otras lenguas, si sólo se les relaciona con lo bucólico y tópicos de *locus amoenus*. El peligro continúa latente porque algunas poéticas presentan imágenes rurales fácilmente aprehendidas por la industria cultural y turística dentro de rubros que subrayan la exotización o idilio, sólo para fines de mercan-tilización. Las poéticas que se detallan en este capítulo buscan escapar de semejante aprehensión. De hecho, la poética de Lupe Gómez es entendida por Ana Bela Simões de Almeida y Burghard Baltrusch como un "ruralismo crítico e antisentimentalista" (16). Hubert Matiúwàa también deslinda de lo idílico su poética, al señalar que "es un error pensar que nuestro pensamiento es bello porque está apegado a la naturaleza, el pueblo mè'phàà tiene mucho que aprender de sí mismo" (Matiúwàa 11). En ambos casos, críticos/as y poetas entienden que hay ideas preconcebidas que suelen acompañar las imágenes de poéticas rurales, y las hace presas de la mercantilización.

Dado que los contextos históricos del gallego y el mè'phàà y las poéticas tratadas en este capítulo son diferentes, el siguiente paso consiste en describirlos sucintamente. Presentaré primero el gallego y cómo entronca con la poética de Lupe Gómez. Posteriormente haré lo mismo con el mè'phàà y su relación con la poética de Hubert Matiúwàa.

Breve contextualización (incompleta) del gallego

Los inicios del gallego como lengua escrita se sitúan en la época medieval en territorio hispano-lusitano, con los *Cancioneiros* y las *Cantigas de Santa María* de Alfonso X. Sin embargo, el surgimiento del gallego como lengua nacional en igualdad de circunstancias respecto al castellano o español es más reciente. Hacia 1950, una editorial resultó particularmente importante: Editorial Galaxia, con Ramón Otero Pedrayo a la cabeza, se comprometió a rescatar la lengua y cultura gallegas en plena dictadura franquista. Entre los poetas que emplearon el gallego como lengua poética en ese momento histórico estuvieron Álvaro Cunqueiro, Uxío Novoneyra, Xohana Torres, Xavier Seoane. Poetas más recientes son Chus Pato, el grupo Ronseltz, la Xeración dos Noventa entre quienes destacan Olga Novo y Lupe Gómez. Entre los/ las poetas más jóvenes aún se encuentran Daniel Salgado, María do Cebreiro y Alba Cid. Dado que este capítulo no versa solamente sobre poética gallega, se sugiere revisar *Antoloxía consultada da poesía galega (1976-2000)* editada por Arturo Casa en 2003, y *Anthology of Galician Literature/ Antoloxía da literatura galega 1981-2011*, editada por Jonathan Dunne en 2012.

Breve contextualización (también incompleta) del mè'phàà

El mè'phàà constituye un caso más reciente que el gallego, en términos de autogestión y dignificación con resonancia internacional, en gran medida por la atención mediática que la era digital brinda a los/ las hablantes. Lengua y cultura representan una lucha doble: primero por la denominación propia, y en segundo lugar por el reconocimiento y la continuidad de lengua y cultura a fin de evitar su desaparición. Los xàbo mè'phàà fueron llamados tlapanecos o yopes (yopis en otros manuscritos), apelativo nahua designado probablemente por la lengua del primer conquistador, los mexicas. La batalla por la autodenominación comienza con dejar de usar el nombre de tlapaneco, porque entre sus significados se relaciona con algo sucio. Por el contrario, xàbo mè'phàà cambia el término de sucio, por almagrado, en referencia al teñido de ese tono que solían usar al momento de entrar en combate (Ramírez Cantú y van der Loo 68).

En el *Códice Azoyú 2*, la referencia a Tlapa contiene pies (Vega 19). Estos indican movimiento migratorio o descendencia. Al parecer, los pueblos tributarios a los mexicas contenidos en este códice convivieron con poblaciones que negaron tributo al pueblo conquistador e iniciaron procesos migratorios por este motivo, posiblemente hayan sido los mè'phàà. Estudios recientes sitúan la lengua como una rama del tronco otomangue, es decir, pertenece a un conjunto lingüístico que comprende geográficamente desde Querétaro e Hidalgo (centro de México), hasta Nicaragua (Centroamérica) ("Familia tlapaneca"). Los esfuerzos por autodenominarse mè'phàà datan, en registros, desde 1985 (Espinosa y Ake) y continuaron en 2007 ante el INALI (Instituto Nacional de Lenguas Indígenas).

La segunda lucha es contra la desaparición de lengua y cultura. Esfuerzos gubernamentales y digitales de las propias comunidades han colaborado para dar a conocer la lengua y evitar la desaparición. Entre los esfuerzos oficiales están las *Normas para la escritura de la lengua me'phaa/ Xtángoo xú mi'tháan ajnáa me'phaa*, coordinado por Abad Carrasco Zúñiga (2006). Entre los esfuerzos digitales comunitarios existen los canales de video: *Mephaa-Tlapaneco* y *Dx'a'gu Me'phaa Dian Flohuert*. Hubert Malina o Matiúwàa (Malinatepec 1986-) se suma a la revitalización de la lengua, a través de la poesía y la escritura periodística, para acercar a los no-hablantes a la cultura, problemáticas y lengua de la gente de la montaña de Guerrero. Matiúwàa no es el único hablante poeta. Zenaida Cantú, residente en Nueva York, también es célebre por sus textos y el activismo contra la desaparición lingüística y la discriminación de los migrantes indígenas.

Así como Galaxia fue la casa editora decisiva para el gallego, en los casos mexicanos, las lenguas originarias conocidas tienen Pluralia, fundada en 2001 bajo la dirección de Héctor Martínez Rojas y Álvaro Figueroa Gómez. Las ediciones son bilingües y se acompañan de un disco a fin de familiarizarse con las poéticas y los sonidos de las lenguas en México. El catálogo de Pluralia incluye a Matiúwàa, y a poetas en otras lenguas como tzotzil, zoque, ñuu savi, nahua y ch'ol. Igualmente relevantes han sido los proyectos de autogestión, fundamentalmente oaxaqueños y en tiempos recientes, guerrenses, que publican literatura en lenguas indígenas, así como los esfuerzos institucionales como el de las editoriales universitarias: la UDG, en Guadalajara, la UADY en Yucatán, y la UNAM, en la Ciudad de México.

La labor de rescate del gallego y el mè'phàà difiere. La primera es una lengua con un territorio y hablantes que conservan por oralidad y por escrito remanentes de sus inicios como lengua poética. Por otro lado, la lengua mè'phàà tiene testimonio histórico sobre su existencia fundamentalmente oral, las menciones en códices o lienzos, como el *Lienzo de Tlapa*, fueron hechas por personas ajenas a ellos. Los trabajos etnográficos que difunden su cultura suelen tener una lupa antropológica. Los testimonios escritos en códices o lienzos propios constituyen algo del patrimonio perdido con la conquista española. Los/ las hablantes recién empiezan a compartir textos poéticos con los/ las no-hablantes. Las iniciativas comunitarias en medios digitales e impresos también difunden y dignifican poéticas, lengua y territorio en la actualidad.

Lengua y entorno en Lupe Gómez y Hubert Matiúwàa

Se entiende entonces que lengua es también territorio por la defensa política, derecho a la tierra ancestral y autodeterminación en el uso o conservación de los recursos que llevan a cabo quienes viven en Galicia y en la montaña de Guerrero, respectivamente. Hay otro fundamento que entrelaza lenguas y terruños: a nivel lingüístico, las poéticas de Gómez y Matiúwàa renuevan lo simbólico a través de lo indexical, es decir, emplean referencias directas para renovar las abstracciones usuales en poesía. El término es relevante porque lo indexical en las poéticas destaca un sistema de pensamiento único, apegado a un contexto, a referencias cotidianas y modificado por ambos: contexto y cotidianeidad. Este argumento sostiene que Gómez y Matiúwàa van a contracorriente de otras poéticas que usan más lo simbólico que lo indexical. En estas últimas, el entorno parece distante, como el de una pintura de paisaje, cercano tal vez a la academia pero lejano de territorios concretos (un ejemplo está el artículo "Cuando las entrañas son paisaje").

Camuflaxe de Lupe Gómez hace eco a la muerte de la madre. A lo largo del poemario, el fallecimiento se acompaña de memorias propias de personas cercanas entre sí. Dicha proximidad no sólo se relaciona con sentimientos, también abarca hechos íntimos entre humanos, en algún punto los ancla a territorios, climas específicos, y mimetiza entorno y madre fallecida. Citaré los dos poemas a analizar, para dar continuidad a la lectura:

> Pola tarde facía os deberes,
> e ti dábasme queixo quentiño.
> Mapas dunha xeografía inédita.
> Un poema de amor que ningún editor
> querería publicar.
>
> -Os meus irmáns ían en autobús a Betanzos, ao instituto de Formación Profesional. Camiñaban por terribles camiños de lama cando aínda era noite e a xeada ladraba. Un can doente. A min gustábame ir ao colexio. Sentíame saír da escuridade

e petar con forza na fulxencia das nubes.
(Gómez 54)

Ti eras a caligrafía amada de Galicia (50)

La cotidianeidad en la primera imagen sobre tareas caseras al comer queso caliente y equiparar el recuerdo del alimento a una geografía inédita ejemplifica la indexicalidad como característica que renueva el lenguaje poético porque, a decir de Nathan Houser, la indexicalidad de Peirce requiere una referencia determinada, creada o real. En alusión al famoso ejemplo de Peirce "The chimney of the house is on fire [...] What house?" (287), Houser explica que: "unless a real connection is established between the sentence and some particular house it will be a failed sentence with no reference" (Houser 562). El modelo de Peirce necesita pronombres demostrativos para adquirir la conexión: "this house/ esta casa". En Gómez, si bien hay uso de pronombres, la indexicalidad se considera el anclaje en el texto poético de las memorias relacionadas con la vida cotidiana, sin adornos que refieran al bucolismo. Esto sucede en la imagen del primer poema: comer alimento caliente en un contexto de montaña con heladas que ladraban ("xeada ladraba").

La referencia directa de una experiencia concreta también es visible por el salto de un recuerdo a otro: la memoria se mueve de los deberes en casa al clima encontrado cuando se iba a la escuela. El verso que caracteriza las sensaciones en la imagen entronca con lo simbólico, pero se vale de lo indexical: "Sentíame/ saír da escuridade e petar con forza na fulxencia das nubes" (Gómez 54). Hay una referencia directa, verbalizada con una alegoría: salir de la oscuridad y romper el resplandor de las nubes. En las regiones montañosas con clima frío y lluvia constante, la luz de sol suele cambiar el color de las nubes a un blanco resplandeciente, y algunos días se acompañan de neblina, en ciertos meses del año.

La referencia al clima de montaña relacionada con el recuerdo de la madre y el alimento ejemplifica a través de la indexicalidad la relación lengua y entorno. Es cierto, en Gómez no hay una lucha por la defensa del territorio, como refiere Aguilar, pero sí una comprensión de la vida en la montaña que encierra una suerte de intimidad con los humanos cercanos, madre e hija por ejemplo, y sobre todo con la montaña y el clima como partícipes de dicha intimidad. Montaña, heladas, lodo, neblina se incorporan a la imagen de las geografías inéditas en un trozo de queso caliente.

Sobre esta imagen hay algo que también llama la atención: el recuerdo se convierte en un poema de amor que no interesa para fines comerciales. Hay una razón para eso: la mercantilización del bucolismo separa la imagen rural del contexto y la experiencia. En este poema: comer queso caliente y caminar con neblina durante una helada parecen cercanos al *locus amoenus*. Sin embargo, el paisaje idílico se trastoca con pequeñas precisiones: "facía os deberes/ e ti dábasme queixo [...]"; "camiñaban por terribles camiños de lama [...] a xeada ladraba. Un can doente" (54). El queso era una recompensa por cumplir con los deberes: la idealización se derrumba al toparse con lo cotidiano en un hogar sin mucamas o ayudantes: hay tareas escolares y faenas de casa. En el otro verso, los caminos con neblina están llenos de lodo ("lama") y la helada no sólo acontecía, sino que ladraba, como perro enfermo. Es decir, la perfección se esfuma ante el recuerdo de estar en un lodazal con un frío que calaba como si hundiese los dientes sobre la piel.

En este poema, sucede algo similar a lo observado por William Rowe en *Hospital británico* de Héctor Viel Temperley: Rowe argumenta "no es que el dolor se suprima, sino que se sustrae del escamoteo que hace la cultura del consumo y se re-incluye en la imagen [poética]" (215). En Gómez, el recuerdo de la madre trae consigo memoria de cotidianeidad y una relación específica que vincula lo anterior con/ desde el entorno, al grado de evitar la separación entre ellos. Diseccionar este conjunto es imposible, dado que separar el entorno del recuerdo y de la cotidianeidad mutila la experiencia del poema y acaba con aquello que confiere atractivo. Por esta razón la imagen poética no puede comercializarse.

La relación entre la madre fallecida y el territorio llega al grado de equiparar a la madre con Galicia, en el segundo poema: "ti eras a caligrafía amada de Galicia" (Gómez 50). La alusión a la grafía puede relacionarse con textos medievales, donde se enfatiza la caligrafía de cantigas y cancioneiros. En ese sentido, el verso vincularía a la madre con el queha-cer de los copistas cuya labor permitió la supervivencia del gallego como lengua escrita. Caligrafía también puede interpretarse como una alegoría a las líneas en el horizonte que dibuja la topografía y la hidrografía en la región. La segunda acepción transforma la metáfora en sinécdoque: la madre es parte del horizonte montañoso de Galicia; Galicia potencialmente es parte de la madre.

El vínculo con el entorno permite comprender que esta sinécdoque no es un tropo literario más, sino una expresión propia de un sistema de pensamiento que nace de la internalización con/ desde el entorno, "a conviction that nature cannot be the name of what is "out there" because there is neither outside nor inside" (Viveiros de Castro 166). A fin de argumentar de mejor manera, habrá que sustituir la idea de naturaleza en la cita por entorno, dada la dificultad que el primer término conlleva para los estudios de literatura y ecología. Basta mencionar que la naturaleza se presta a tautologías ecologista, en las cuales el lugar del humano es lejano y distinto al *natural*. Lo anterior ha llevado a una lógica de explotación industrial de recursos compartidos con no-humanos ecológicamente insostenible; y es de esperar que cambie (Bonneuil y Fressoz 33).

En Gómez, la cotidianeidad ejemplifica la referencia directa; mientras que en "Nigu'ndáa Xùwán/ Soñaron los perros" de Hubert Matiúwàa la indexicalidad traza una referencia directa con el entorno e incorpora no-humanos como copartícipes en las acciones. Para efectos de lectura, la versión mè'phàà acompaña a la traducción al español hecha por el mismo autor:

> Nìgu'ndàa mbro'o
> rí nìwuáxúún ló' mbá mbi'i,
> nìjtsía ló' màjiúun buànuun,
> khamí nejnè ló' ajmúú jùbà',
> nìgu'ndàa jambaà

rí nìndxàún a'ò nakhùa lò' nàthángáá´ná xuajiín,
nìgu'ndàa xùwàn
rí nìjú'wuán xtíñúún à'guàán
khamí nìdíí rí nànjda'ó rí nàmíñáán ló'.
Nìgu'ndáa itsúu ru'wa
mbì yá ná ñàwuan ló'
ikhaa mìkuíí rí gìdá' ná àkuíín ñàwuan,
nìgu'ndáa ixè
rí nàrudiáa' ló' mbámbá mi'chá
khamí nàgàjáá gùkú akhiáan ló' nágo'óò gòn'.

Soñó la noche
que nos levantamos un día,
bailamos entre los abuelos
e hicimos cantar la tierra,
soñó el camino
que escuchó nuestro pie regresando al pueblo,
soñaron los perros
que vestían de estrellas su piel
y sepultaban la sed de nuestro miedo.

Soñó la piedra de lluvia
tu nombre en nuestro brazo,
el cielo en la palma de tu mano,
soñó el árbol
que retoñamos cada mañana
y crecía nuestra rebeldía en la casa de luna
(Malina 22-23)

La acción de soñar involucra humanos, animales, fenómenos naturales, tierra y deidades, como la piedra de lluvia. La indexicalidad tiene como referencia directa la cotidianeidad compartida con no-humanos. En el caso mè'phàà aventuraría a decir que humanos y no-humanos son personas-agentes. Entiendo lo último, gracias a Eduardo Kohn, para quien algunos pueblos de la Amazonía configuran a los no-humanos como personas. Kohn explicaría que la "localización de self-hood" (94) permite interacciones, conscientes de que todos/ as transformamos el entorno y nos involucramos en la vida de los otros. Traduzco "selfhood" como persona-agente, no como individuo porque el mismo Kohn argumenta que no hay implicaciones individualizantes entre ciertas comunidades. La vida es colectividad. Me puedo equivocar, pero considero que el poema de Matiúwàa asume la colectividad como sinónimo de vida cotidiana. Humanos y no-humanos se acompañan; el poema citado culmina con el sueño de la piedra de luna, que es una representación de la deidad del rayo, la lluvia y la fertilidad, y el sueño del árbol, que alude a la fundación del pueblo y a un ritual posterior al parto.

Dos de las acciones llaman la atención, los perros soñaron que "sepultaban la sed de nuestro miedo" y el árbol soñó "que crecía nuestra rebeldía en la casa de luna" (Malina 23): los agentes no-humanos se involucran con los mè'phàà al punto de conocer miedos, ahuyentarlos; y fomentar la rebeldía. La prosopopeya o adquisición de cualidades humanas en personas-agentes se deriva de la internalización del entorno, debido a que el tropo en el poema asume el involucramiento de todas las personas-agentes. Al mismo tiempo enuncia la cualidad isomórfica, planteada por Jane Bennett, en relación al antropomorfismo. "In revealing similarities across categorical divides and lighting up structural parallels between material forms in "nature" and those in "culture," anthropomorphism can reveal isomorphisms" (Bennett 99). La habilidad para soñar ayuda a entender la internalización del entorno como isomórfica: esto es, la noche, los caminos, los perros, la piedra de lluvia, el árbol y los humanos poseen una estructura similar y puede seguir reglas de organización similares, pese a constituir categorías diferentes (Bennett 100). Por eso sueñan y sus sueños son colectivos. En el poema, los mè'phàà y los no-humanos que los acompañan co-configuran la internalización desde/ del entorno y la co-organización de los mè'phàà. Por eso resulta significativo que ahuyenten miedos y fomenten rebeldía.

La rebeldía tiene sustento exopoético en los esfuerzos de autodenominación mencionados en la introducción. De igual manera tienen soporte histórico: la sierra de Guerrero fue uno de los estados con intervención del ejército en los años del PRI de 1968 a 1974 (Oikión), por dos factores: el 5% de votos obtenido por el partido comunista y por cultivo de amapola en la zona de la montaña (Gaussens). En años más recientes, la intervención y el secuestro ante los cuales se rebelan provienen de grupos de traficantes ("La violencia en Guerrero"). La rebeldía y la supresión de miedo también se alimentan desde/ del entorno. Para muestra el final del poema que da nombre al libro: "Xtámbaa/ Piel de tierra" versa justamente sobre la desaparición de un normalista, y las consecuencias en/ desde el entorno:

> IX
> Mauricio,
> nàdxáa
> asndo xó ru'wa ná Júbáà,
> ndajá ra'áa awún',
> khamí ná wíí rigaan
> nagàjaa tsiòon xuajián ló'
> ìdo narma'áan akúiin ithane

> IX
> Mauricio,
> de la Montaña,
> vienes de lluvia,
> abrazas mi estómago
> y en silencio
> crece el fuego

de nuestra tierra en tu memoria. (Malina 88)

XI
Xtàa ixè,
ixè rè'è akhíu',
nàkhuà rí jùbà' nàyáxiin a'ó Mè'phàà,
àjmùù rumía'
ñàjúun ajmúú mbí'yu',
ná ñáwuán ríga ga'khuii awún
nùmúú ijián'tsi nànguán nitangíín,
tsí nì'gí idúú xuajín bró'on rí nìgàdii i'di.
ixè Iguala,
ná xtáyaa xtáa a'wá tsíngína
khamì xkámixùùn xì'ña ló' rì nàmbáñàa
ló' è'ne.

XI
Vives árbol,
árbol flor de corazón,
tu pie de tierra guarda mi voz *Mè'pháá*.
tu raíz de ombligo
la canción de mi nombre.
en tu brazo el pesar de mi vientre,
por tus hijos que no regresan,
los que sentaron el ojo del pueblo en la
noche de sangre,
árbol de Iguala,
en tu tallo el acento triste
y la sombra de abuelos que nos mueve.
(90-91)

El vocativo puede referirse al desaparecido y/ o a un árbol interlocutor para quienes lloran la pérdida. El binomio disyunción-conjunción (y/ o) es consecuencia del isomorfismo: no es que Mauricio se transfigure post-mórtem en lluvia o árbol, sino que su presencia, considerada similar a la de humanos y no-humanos, continúa. Así como los sueños se dan en colectividad, la presencia y la memoria permanecen en colectividad también. La continuidad permite a su vez organizar la rebeldía, a través de la memoria, la lluvia, el árbol flor de corazón o los ancestros (los abuelos), los xàbo mè'phàà por venir y la relación establecida previamente—con el nacimiento de Mauricio y la ceremonia Xtámbaa—. La internalización desde el entorno no forma un claustro cerrado. Esto es, no ubica los mè'phàà en un sitio prístino que conforma una totalidad. Todo lo contrario, la poética se abre a acontecimientos violentos y contemporáneos. Tangencialmente da cuenta de agentes extraños a la colectividad en "Nigu'ndáa Xùwán/ Soñaron los perros". La poética de Matiúwàa también se aleja del anquilosamiento del bucolismo porque quita la venda de la exotización del paisaje idílico. Como sucede con los poemas citados de Gómez, Matiúwàa escapa de la mercantilización, con poéticas crudas, cercanas a las experiencias contemporáneas. En ellas, hay muertes, desapariciones y sólo la colectividad amaina el sufrimiento.

Alcances exopoéticos de lengua e internalización desde/ del entorno

Tanto la poética de Gómez como la de Matiúwàa ayudan a entender la internalización desde/ del entorno y la complejidad de textos y autorías con las cuales compartimos territorios. La complejidad de cada ejemplo no se percibe a simple vista, debido a que, "whereas certain stories became naturalized to support the Europeans' colonizing project, other that did not fit their prejudices went unnoticed. These lesser-known documents revealed that invaders did not comprehend the vast and different indigenous literary practices" (Chacón 25). Quienes designaban qué eran textos, qué textos preservar, qué textos estudiar y traducir en los primeros años de la conquista fueron los españoles—los invasores, para Gloria Elizabeth Chacón—. La cosmovisión europeizante se filtró hasta nuestros días posiblemente con la necesidad nacionalista de tener una sola lengua y darle preferencia a la escritura, al grado que, "writing in ceremonial centers, ceramics, and textiles, among other mediums, remained largely obscured to literary critics, who simply didn't see it as writing" (Chacón 35). Los sistemas con los que hemos aprendido a pensar no logran traspasar la barrera de la materialidad, que para los pueblos indígenas fue costumbre ver, *leer* y usar en multiplicidad desde antes de la conquista. En otras palabras, la complejidad de las poéticas mencionadas y su carácter indexical no son obvias para quienes sólo hablamos español, dado que pocos nos hemos alejado de nociones como el libro, la fijación de grafías como únicos ejemplos de escritura o literacidad, y la representación sistematizada del pensamiento filosófico de acuerdo con postulados y argumentación concatenados. Las investigaciones de la misma Gloria Elizabeth Chacón, Denise Arnold y Juan de Dios Yapita son contraejemplos que vale la pena revisar. Por cuestiones de espacio no se tratarán en este capítulo.

Las poéticas de Gómez y Matiúwàa demuestran que los sistemas de pensamiento son tan complejos que sólo se explican si se asume que existe una unión indivisible entre lo colectivo, lo íntimo, el entorno, los humanos y no-humanos involucrados. En la poética de Gómez, el vínculo con/ desde el entorno se entrelaza con recuerdos y afectos, al grado de hacer girar la imagen poética en una espiral espacio-temporal que va de una merienda al camino del colegio y el clima durante el recorrido. El grado máximo se logra cuando geografía, grafía y madre se unen en "ti eras a caligrafía [...]" (Gómez 50). A esto se refiere la internalización con/ desde el entorno: humanos y no-humanos somos y estamos entrelazados en todos los actos de vida y muerte. En otras palabras: el poema demuestra que madre y *topos* donde habitó son la misma entidad. En este sentido, el lenguaje poético demuestra la pertenencia de las imágenes a territorios específicos. El argumento se acerca a la paridad lengua-territorio que menciona Aguilar. Sin embargo, los argumentos no van por el mismo camino. La idea de internalización va en un sentido de urgencia ambiental, que da por sentadas bases políticas, como la capacidad de una comunidad para gestionar su propio territorio, y del estado para garantizar que tal capacidad sea efectiva. En cambio, para Aguilar, y Víctor Naqill Gómez de quien toma la idea, lengua también es territorio, porque ambos constituyen "el fundamento de un movimiento nacional [...] [la lengua] sólo podrá sobrevivir y proyectarse si su revitalización se enmarca en un proyecto societal" (Naqill Gómez). Es entendible que para Aguilar, activista ayuujk, y Naqill, activista mapuche, lengua y territorio se unan a la denominación como nación y la consecuente lucha política, dadas las condiciones de marginación política y educativa sostenidas históricamente por los estados mexicano y chileno, respectivamente—con la excepción del fomento a la cultura y el turismo, que sólo incentiva una fracción de las comunidades: la relacionada con productos estéticos como premios de literatura y el etnoturismo, como ya se comentó—.

En la poética de Matiúwàa el argumento de Aguilar y Naqill Gómez es pertinente: la internalización desde/ del entorno conjuga a los xàbo mè'phàà y su entorno en la lucha política por la autodeterminación. Por eso los sueños de los agentes no-humanos involucran la continuidad de la rebeldía y por eso, la desaparición de Mauricio tiene como consecuencia, amén del sufrimiento, saber de su presencia a partir de pistas del entorno, "Mauricio,/ de la Montaña/ vienes de lluvia" (Malina 89), y reconocer las reacciones del entorno mismo ante la tragedia "árbol de Iguala, en tu tallo el acento triste/ y la sombra de abuelos que nos mueve" (91). La coparticipación de los agentes no-humanos es significativa. Lejos de una posible interpretación animista y esotérica, transmite un entendimiento distinto: la internalización desde/ del entorno involucra todos los aspectos de los mè'phàà, el refuerzo no-humano permite suponer que la lucha por lengua y territorio continuará porque la estructura que la sostiene es el entorno mismo.

Gómez y el gallego se sitúan en otra esfera, porque la lucha y la defensa de la lengua permitió la designación de Galicia como comunidad autónoma hace tiempo. Es decir, para los gallegos la paridad lengua y territorio existe, es política, y ha rendido (algunos) frutos, todavía pen-dientes en América Latina. La poética de Gómez se fundamenta en la consecuencia de la lucha previa: sus textos cosechan la historia política de defensa de la lengua, además de proponer una nueva relación ambiental. La internalización desde/ del entorno cambia la perspectiva de problemáticas ecológicas, fuera de la esfera poética. Gómez demostraría que lengua poética es también territorio, porque este se inscribe y escribe en/desde la poética.

Si humanos y no-humanos somos parte de lo mismo y algunas poéticas dan cuenta de ello, algo de solvencia aportaría su lectura. A decir de Christophe Bonneuil y Jean-Baptiste Fressoz: "to understand what is happening to us with the Anthropocene requires the mobilization of all forms of knowledge. If the natural sciences are essential to understanding the intrinsic dynamics of the Earth and its inhabitants, conceiving the Anthropocene also requires new environmental humanities" (44). La renovación para los estudios literarios y humanísticos con enfoque eco-logista, a los que se refieren Bonneuil y Fressoz, involucra entender poéticas donde humanos y no-humanos comparten regiones, y algunos poetas dan cuenta de un pensamiento y lengua que visibiliza el entrelazamiento existente.

Con lo anterior en mente, los incendios forestales en Galicia y la polémica entre comités y gobierno de 2018 sobre la limitación del eucalipto (benéfico para la industria de celulosa, como reportaron González y Biodiversa Galicia) refuerzan la idea de naturaleza como una tautología que permite la explotación, por citar un ejemplo conocido. Una entre múltiples soluciones consistiría en prestar atención a la poética de Gómez: el entorno está en y es lengua, lenguaje poético, recuerdo, intimidad y cotidianeidad. Dañar o beneficiarse en exceso de ciclos como los de sequía e incendios forestales (o incluso provocarlos, si fuera el caso), no tendría disculpa ni polémica, sería una sanción inmediata y expulsión de la colectividad formada por humanos y no-humanos. No habría eucalipto ni industria que valga si la consecuencia nos daña a todos/as por igual.

Lo exopoético en el caso de Matiúwàa expresa acontecimientos violentos y contemporáneos que tangencialmente visibilizan agentes extraños, como quienes desaparecieron a Mauricio. Los de fuera entendemos que aun esos agentes externos nocivos dañan el entorno desde el entorno mismo, aun cuando su presencia sea efímera. No pertenecen necesariamente a la colectividad desde donde enuncia Matiúwàa, pero interactúan con ella y en ese momento se configuran como agentes de los sitios y caminos que transitan. Lo anterior modifica el pensamiento que divide agentes humanos en amigos o enemigos. La internalización lleva a pensar que aun quienes desaparecieron a los normalistas actuaron en/ desde el entorno, a pesar las consecuencias funestas. Si esto se traslada al problema de violencia en Guerrero y en México: la internalización obliga a mirar las consecuencias desde otra perspectiva, similar a la del ejemplo de los incendios en Galicia: no hay enemigos distantes ni entorno ajeno, perjudicar a unos lastima a todos/as. La respuesta ante semejante violencia no nacería tampoco de comités ni polémicas en periódicos, sino desde la colectividad—incluso a partir de los sueños en conjunto, como bien se menciona en el poemario—.

Conclusiones

Las poéticas de Gómez y Matiúwàa ejemplifican la internalización desde/ del entorno. Corroboran que lengua y territorio se entrelazan, ya sea para un proyecto de autodeterminación de una colectividad, por ejemplo, la autonomía gallega y la autonomía en varios pueblos indígenas en América Latina, todavía por suceder; o para dar cuenta de la intimidad experimentada con/ desde el entorno. La cercanía de la madre fallecida en Gómez con Galicia y la presencia de Mauricio en/ desde fenómenos naturales como la lluvia en la montaña ejemplifican dicha intimidad.

Los poemas analizados presentan cómo se vive la muerte en algunas regiones. El epígrafe con el que inicia el capítulo cobra relevancia ante este descubrimiento: la muerte como proyecto político entronca en colectividades que han resistido y triunfado para vivir y morir bajo sus propios términos, como la madre en los poemas de Gómez. Asimismo, la muerte deviene un proyecto político cuando el cuerpo del fallecido no está presente para realizar los ritos habituales. La rebeldía que menciona Matiúwàa crece entre humanos y no-humanos, y las desapariciones úni-camente refuerzan los posibles actos de rebelión. Además, los textos poéticos incluidos en el capítulo son doblemente enérgicos porque presentan resistencia a la mercantilización de los entornos, las lenguas y las poéticas. En Gómez la crudeza desvanece el idilio con la montaña. En Matiúwàa, la violencia rompe el bucolismo de convivir desde un entorno que acepta la convivencia entre humanos y no-humanos.

Al mismo tiempo, la propuesta desde los estudios que relacionan literatura y ecología conduce a pensar que las poéticas de Gómez y Matiúwàa ayudarían a abordar problemáticas ecológicas en sus respectivos contextos. Sin embargo, la postura evidente en las poéticas, duda de la existencia de agentes foráneos en los desastres ecológicos y sociales: la quema de árboles, la desaparición de personas son actos de quienes también conforman el entorno, aunque sea una participación efímera o mercantilista. Así como la montaña se mimetiza con la madre y el árbol sueña con la rebeldía para ejemplificar la internalización, también los agentes exopoéticos dañinos deben asumirse como (lamentables) copar-tícipes desde/ del entorno, si se espera algún tipo de solución. Entiendo las diferencias entre poéticas y las otras derivaciones culturales lo suficiente como para no hacer de esto un deseo de pacificación ni de justicia pronta. Sin embargo, confío en que, así como algunos/as investigadores/as monolingües nos hemos acercado a poéticas en diversas lenguas, también (algún día) los comités y las autoridades se acerquen a estas y otras poéticas, para dimensionar que la internalización desde/ del entorno muestra que perjudicar algo o a alguien eventualmente nos menoscaba a todos/as.

Bibliografía

Aguilar, Yásnaya Elena. "Lengua no es cultura". *Blog Ayuujk. Este País.* 22 Junio 2020. Este País, estepais.com/blogs/la-lengua-no-es-cultura/

Alfonso, Alethia. "Cuando las entrañas son paisaje: diálogo entre la imagen poética de Alejandro Albarrán y el *mesh* de Timothy Morton". *Revista Laboratorio.* No. 23. 2021.

Almeida, Ana Bela Simões y Burghard Baltrusch. "Aproximación crítica á obra de Lupe Gómez. Atentado ao culturalismo". *Anuario Grial de Estudos Literarios Galegos.* No. 4. 2004. 7-29.

Anderson, Benedict. *Comunidades Imaginadas. Reflexiones sobre el origen y la difusión del nacionalismo.* Fondo de Cultura Económica, 1993.

Arnold, Denise y Juan de Dios Yapita. *The Metamorphosis of Heads: Textual Struggle, Education and Land in the Andes.* University of Pittsburgh Press, 2017.

Bennett, Jane. *Vibrant Matter: A Political Ecology of Things.* Duke University Press, 2010.

Biodiversa Galicia. "El eucalipto es «la raíz del problema de incendios» en Galicia, según experto". *La Voz de Galicia.* 23 Marzo 2018. La Voz de Galicia, lavozdegalicia.es/noticia/biodiversa/2018/03/22/eucalipto-raz-problema-incendios-galicia-segn-experto/00031521731729445192124.htm

Bonneuil Christophe y Jean-Baptiste Fressoz. *The Shock of The Anthropocene.* Verso, 2017.

Carrasco Zúñiga, Abad, coordinador. *Normas para la escritura de la lengua me'phaa/ Xtángoo xú mi'tháan ajnáa me'phaa.* INALI, 2006

Casas, Arturo, editor. *Antoloxía consultada da poesía galega (1976-2000).* Tristram, 2003.

Chacón, Gloria Elizabeth. *Indigenous Cosmolectics: Kab'awil and the Making of Maya and Zapotec Literatures.* The University of North Carolina Press, 2018.

Dunne, Jonathan, editor. *Anthology of Galician Literature/ Antoloxía da literatura galega 1981-2011*. I-II. Xunta de Galicia-Edicions Xerais de Galicia-Editorial Galaxia, 2012.

Dx'a'gu Me'phaa Dian Flohuert. 14/febrero/2013. YouTube, youtube.com/channel/UCyEay4wuehbPfV-WT38zKYQ/about

Espinosa, Rosa Aurora y Sofía Ake. "Tlapanecos". *Testimonio gráfico digital*. 2014.IIS UNAM, ru.iis.sociales.unam.mx/jspui/handle/IIS/4578

"Familia tlapaneca". *SIL México*. URL, mexico.sil.org/es/lengua_cultura/tlapaneca

Gaussens, Pierre. "La otra montaña roja: el cultivo de la amapola en Guerrero·. *Textual: análisis de medio rural latinoamericano*. 71. Chapingo. Enero-julio 2018. SciELO. scielo.org.mx/scielo.php?script=sci_arttext&pid=S2395-91772018000100033&lng=es&nrm=iso&tlng=es

Gómez, Lupe. *Camuflaxe*. Chan da pólvora, 2017.

González, Pablo. "Los eucaliptos «no» son invasores aunque sí se benefician de los incendios". *La Voz de Galicia*. 14 Septiembre 2018. La Voz de Galicia,lavozdegalicia.es/noticia/galicia/2018/09/14/eucaliptos-invasores-benefician-incendios/0003_201809G14P12994.htm

Houser, Nathan. "Being World". *Sign Systems Studies*. Vol. 43. No. 4. 2015. 560-575.

Kohn, Eduardo. *How Do Forest Think: Towards An Anthropology Beyond The Human*. The University of California Press, 2013. Epub.

Lienzo de Tlapa. Biblioteca Nacional de Antropología e Historia.13 Septiembre2020. Mediateca INAH, mediateca.inah.gob.mx/islandora_74/islandora/object/codice%3A659

Malina [también firma como Matiúwàa], Hubert. *Xtámbaa/ Piel de tierra*. Pluralia, 2016.

Matiúwàa, Hubert. *Mañuwìin/ Cordel torcido*. Editorial Universitaria, 2018.

Mephaa-Tlapaneco. 6 Julio 2014. YouTube, youtube.com/channel/UCQWHeUrYMTdCKpJqR0UkXJg/about

Naqill Gómez, Víctor. "Lengua y emancipación nacional". *Mapuexpress: Colectivo de comunicación Mapuche*. 17 Febrero 2016. URL, mapuexpress.org/2016/02/17/lengua-y-emancipacion-nacional-por-viktor-naqill-gomez/#_ftn1

Oikión, Verónica. "El Estado mexicano frente a los levantamientos armados en Guerrero: el caso del plan Telaraña". *Tzintzun: Revista de estudios históricos*. 45. Morelia, MUSNH. Enero-junio 2007. Redalyc, redalyc.org/pdf/898/89804504.pdf.

Peirce, Charles S., "Chapter 3: The Icon, The Index, The Symbol". *Collected Papers of Charles Sanders Peirce*. Harvard University Press, 1994. II. 287.

Ramírez Cantú, Félix y van der Loo, Peter L. "Dos mitos tlapanecos de Malinaltepec". *Tlalocan: Revista de fuentes para el conocimiento de las culturas indígenas de México*. Vo. 17. 2011. 61-82. DOI: dx.doi.org/10.19130/iifl.tlalocan.2011.211 UNAM, revistas-filologicas.unam.mx/tlalocan/index.php/tl/article/view/211

Rodríguez Alonso, Manuel. "Los Juegos Florales en la literatura gallega". *Revista de lenguas y literaturas catalana, gallega y vasca*. Vol. 2. 1992. DOI: doi.org/10.5944/rllcgv.vol.2.1992.5688

Rowe, William. "Mercancía y la imagen como incisión: lectura de Héctor Viel Temperley". *Poéticas del presente*. Editado por Ottmar Ette y Julio Prieto. Iberoamericana-Verveurt, 2016. 211-221.

Salgado, Daniel. "A parte de nós que non gusta". *El País: Galicia*. 24 Mayo 2012. El País, elpais.com/ccaa/2012/05/24/galicia/1337882811_762371.html

Vega Sosa, Constanza. *Códice Azoyú. Parte 2*. Fondo de Cultura Económica, 2011.

'La violencia en Guerrero ha aumentado': Hubert Matiúwàa, poeta ganador del PLIA". *Kiosko*. 31 Agosto 2017. Aristegui Noticias, aristeguinoticias.com/3108/kiosko/la-violencia-en-guerrero-ha-aumentado-hubert-matiuwaa-poeta-ganador-del-plia/

Viveiros de Castro, Eduardo. "Economic Development, Anthropomorphism, and the Principle of Reasonable Sufficiency". *Protecting Nature, Saving Creation: Ecological Conflicts, Religious Passions and Political Quandaries*. Editado por Pasquale Gagliardi, Anne Marie Reijnmen y Philipp Valentini. Palgrave MacMillan, 2013. 161-180.

Hacia una poética dialógica y transgenérica: bivocalidad, heteroglosia y sujetos encarnados en la poesía de Itxaro Borda

Iratxe Retolaza Gutierrez
Euskal Herriko Unibertsitatea / Universidad del País Vasco

Resumen

En la obra poética de Itxaro Borda se revisita, (de)construye y reformula constantemente el imaginario colectivo vasco, desde diferentes perspectivas (el laicismo, el anticapitalismo, el feminismo, el ecologismo, etcétera), construyendo una poética que da voz a las personas desposeídas, excluídas y oprimidas. Para ello, su poética cada vez es más híbrida lingüísticamente, estéticamente, genéricamente e incluso temáticamente. En este trabajo analizaremos cómo esa reapropiación y rescritura del imaginario colectivo se cimenta en voces poéticas bivocales, en formas lingüísticas ambivalentes y en la alternancia de lenguas.

Abstract

In Itxaro Borda's poetic work, the Basque collective imagination is constantly revisited, deconstructed and reformulated, from different perspec-tives (secularism, anti-capitalism, feminism, environmentalism, etc.), building a poetic that gives voice building a poetic that gives voice to the dispossessed, excluded and oppressed, and for this, his poetics is increasingly hybrid linguistically, aesthetically, generically and even thematically. In this work we will analyze how this reappropriation and rewriting of the collective imagination is based on bivocal poetic voices, ambivalent linguistic forms and the alternation of languages.

Laura López Fernández y Luis Mora-Ballesteros

Hacia una poética dialógica y transgenérica: bivocalidad, heteroglosia y sujetos encarnados en la poesía de Itxaro Borda

1. Introducción

Itxaro Borda es la escritora más prolífica y versátil de la literatura escrita en lengua vasca: desde 1984, año en el que publicó su primer libro de poemas, es una escritora asidua en diversos géneros literarios: ha publicado doce libros de poemas, catorce novelas, dos libros de narraciones, un ensayo, una crónica y una obra teatral, y ha escrito decenas de letras de canciones para grupos de rock y pop, o para cantautoras.[25] También ha participado regularmente en prensa, con artículos de temática sociocultural o sociopolítica, e incluso es destacable su labor como traductora, sobre todo en lo que a la traducción de poesía se refiere (Jaka 385-402). Aun siendo su producción extensa, diversa y subversiva (o por ser agitadora y provocadora), es una escritora marginal en el ámbito de la literatura vasca: por un lado, es del País Vasco conti-nental, y se mueve lejos de circuitos literarios del País Vasco peninsular, donde se articulan tanto las dinámicas editoriales más influyentes, como las dinámicas literarias más visibles; por otro lado, tiene un pequeño número de lectoras y

---

[25] Bibliografía artística de Itxaro Borda. Obras poéticas: *Bizitza nola badoan* [Tal y como va la vida] (Maiatz, 1984); *Krokodil bat daukat bihotzaren ordez* [Tengo un cocodrilo por corazón] (Susa, 1986); *Just Love* (Maiatz, 1988); *Bestaldean* [Al otro lado] (Susa, 1991); *Orain* [Ahora] (Susa, 1998); *Hautsak errautsa bezain* [Polvo tal como la ceniza] (Maiatz, 2002); *Noiztenka* [De cuando en vez] (Maiatz, 2007); *Ogella line* (La Malle d'Aurore, 2009); *Medearen iratzartzea* [El despertar de Medea] (Maiatz, 2012); *Zure hatzaren ez galtzeko* [Para no perder tu rastro] (Elkar, 2014); *Hots bete ahots* (Tabakalera, 2018); *Abaro* [Refugio] (Balea Zuria, 2020). Obras narrativas: *Basilika* [Basílica] (Susa, 1984); *Udaran betaurreko beltzekin* [En verano con anteojos negros] (Txertoa, 1987); *Bakean ützi arte* [Hasta que nos dejen en paz] (Susa, 1994); *Amorezko pena baño* [Más que la pena amorosa] (Susa, 1996); *Bizi nizano munduan* [En el mundo en que vivía] (Susa, 1996); *% 100 basque* (Susa, 2001); *Zeruetako erresuma* [El reino de los cielos] (Susa, 2005); *Jalgi hadi plazara* [Sale a la plaza] (Susa, 2007); *Ezer gabe hobe* [Mejor sin nada] (Susa, 2009); *Post mortem scripta volant* (Maiatz, 2011); *Boga boga* (Susa, 2012); *Ultimes déchets* (Maiatz, 2015); *Kripton 85* (Maiatz, 2019); *Susmaezinak* [Insospechadas/-os] (Alberdania, 2019). Obra de narrativa breve: *Entre les loups cruels* (Maiatz, 2001); *Hiruko* [Tríada] (Alberdania, 2003). Ensayo: *Emakumeak idazle* [Mujeres escritoras] (Txertoa, 1984). Crónica: *Urtemuga lehorraren kronika* [Crónica de un año seco] (Maiatz, 1989). Obra dramática: *Odolak su gabe diraki* [La sangre hierve sin fuego] (Maiatz, 2017).

lectores en el País Vasco continental (Dolhare 131); y por último, trata en sus obras temáticas sociopolíticas controvertidas, y sobre todo construye una voz literario-estética propia cuya arquitectura lingüística dista de la lengua literaria canonizada, de la lengua estándar y normalizada, y de las normas lingüísticas imperantes.[26] En esa línea, en su obra literaria se acentúa en todo momento la posición solitaria, *outsider* y/o marginal tanto de los sujetos poéticos (Izagirre 3; Dolhare 126-141) como de los personajes novelescos (Gabilondo 306-308; "Amaia Ezpeldoi" 55). No es de extrañar, por tanto, que se la asocie a una poética de resistencia (Escaja 111-123), o a una poética rebelde (Atutxa 2019, 22-26).

No obstante, los giros críticos y socioculturales que han acontecido en la última década en la cultura y comunidad vasca han favorecido el interés por sus aportaciones literarias y culturales. En lo que a la crítica literaria se refiere, el auge de aproximaciones postestructuralistas ha generado un contexto propicio para analizar su obra, al ser Itxaro Borda una de las pioneras en encarnar el homoerotismo en la literatura vasca (Egaña Etxeberria). En ese contexto, las aproximaciones críticas realizadas desde los Estudios culturales han analizado las articulaciones entre nacionalidad, comunidad y subjetividades lésbicas y/o queer (Gabilondo; Atutxa 2011; Escaja). En lo que al contexto social se refiere, en la última década se han consolidado los movimientos feministas y los movimientos LGTB en el País Vasco. En 2002 se creó Euskal Herriko Bilgune Feminista, un colectivo feminista euskaldún que además de articular sus dinámicas y prácticas en euskera, desde sus inicios ha abogado por articular una red feminista en el ámbito de la cultura vasca (Epelde, Aranguren y Retolaza 416-420). Ese colectivo feminista se afianzó para la década de 2010, y eso posibilitó la producción de documentales y plataformas para difundir referentes feministas euskaldunes, en los que ha participado la escritora Itxaro Borda.

---

[26] La denominación País Vasco continental se refiere al conjunto de las tres provincias vascas que están bajo dominio estatal francés: Lapurdi (Labourd), Behe Nafarroa (Basse-Navarre) y Zuberoa (Soule). La denominación País Vasco peninsular, sin embargo, se refiere al conjunto de las cuatro provincias vascas que están bajo dominio estatal español: Araba (Álava), Bizkaia (Vizcaya), Gipuzkoa (Gipúzcoa) y Nafarroa (Navarra).

Asimismo, a partir de 2009, año en el que en las Jornadas Feministas Estatales de Granada se emplazó el debate sobre el transfeminismo, esa perspectiva cobró cada vez más dimensión en el movimiento feminista del País Vasco (Epelde, Aranguren y Retolaza 429-438). Por consiguiente, esas sinergias (trans)feministas han confluido con la visión literaria de Borda que se ha inclinado hacia esas posiciones transgenéricas e interseccionales, como expondremos en este texto. Ciertamente, en los últimos años se han generado entre estos dos ámbitos (la crítica literaria y los movimientos sociales) espacios de diálogo y encuentro que han favorecido la visibilidad y difusión de la obra literaria bordiana.

Con todo, el análisis de su obra poética prácticamente se ha situado en los aspectos temáticos o referenciales, pero son pocas las aproximaciones que se han centrado en aspectos formales o/y enunciativos. En este artículo, aunque retomaremos las reflexiones sobre las posiciones poético-políticas de Itxaro Borda, incidiremos en la conciencia nómade que se desprende de su trayectoria poética, puesto que ha encarnado sujetos poéticos dinámicos y en continuo desplazamiento (desde el territorio nacional al espacio fronterizo, desde lo femenino a lo feminista, desde lo feminista a lo queer, etcétera) (Retolaza 2021, 9-15).[27] Esa con-ciencia nómade se materializa en las formas de textualizar y en las posiciones enunciativas de sus piezas poéticas que cada vez son más híbridas lingüísticamente, estéticamente, genéricamente y enunciativamente, como expondremos a continuación.

Cabe señalar que en este recorrido nos detendremos en los poemas más sociales y políticos, puesto que estos poemas más contestatarios cohabitan con poemas amorosos y melancólicos en los que se evocan tanto el sentimiento de añoranza o soledad que produce el desamor (Dolhare 126-141), como la nostalgia de pertenecer a una comunidad que

---

[27] "La conciencia nómade es una forma de resistencia política a toda visión hegemónica y excluyente de la subjetividad [...]: una forma de resistirse a la asimilación y la homologación con las maneras dominantes de representación del yo. Las feministas – u otros intelectuales críticos que adoptan la posición de sujetos nómades– son aquellos que poseen una conciencia periférica; no se permiten olvidar la injusticia y la pobreza simbólica, pues su memoria se activa contra la corriente; representan la rebelión de los saberes sojuzgados" (Braidotti 216).

está desapareciendo (Escaja 114), posición que Joseba Gabilondo ha definido como una migración *melancólica*, como el sentimiento de pérdida de la casa original. Es concretamente en los poemas en los que se (pre)ocupa de conflictos sociopolíticos más explícitamente en los que las formas de textualizar y las posiciones enunciativas se bifurcan y diver-sifican.

2. La parodia como estrategia de descentramiento y subversión

En la obra poética de Itxaro Borda se aprecia una gran conciencia de las implicaciones ideológicas que origina la configuración de un canon literario, en consonancia con la perspectiva de Iris M. Zavala.[28] Para deconstruir esas ideologías hegemónicas articuladas en el canon literario vasco, en la simbología identitaria vasca, Itxaro Borda revisita, reformula y resignifica constantemente el imaginario colectivo vasco, y de esa manera visibiliza las tensiones y opresiones que subyacen a esa construcción identitaria monológica. Para ello, desde su primer poemario recurre a la parodia, la recontextualización y la reescritura como principal recurso. En *Bizitza nola badoan* (1984) resignifica el imaginario vinculado a la tradición literario-religiosa vasca, que en aquella década de 1980 todavía estaba vigente en la tradición cultural del País Vasco continental.[29] Como en la mayoría de sus obras, se aprecia una tensión y una doble posición en este poemario: por un lado, se aproxima a la poesía tradicional vasca, tanto en

---

[28] "El canon asegura así las identidades e identificaciones de los sujetos nacionales; forma parte de los discursos que interpelan a posiciones de sujetos nacionales: podríamos decir que el canon es epistémico, y proyecta e intenta fijar imaginarios compartidos sobre qué sea un sujeto nacional en el horizonte del presente y del futuro" (Zavala 39).

[29] Cabe señalar que durante los siglos XVIII y XIX era muy difícil publicar en euskera, y que la institución que mayor labor realizó para la promoción del euskera fue la Iglesia católica, que promovió la publicación en esta lengua con el objetivo de divulgar su doctrina, labor en la que destacaron los jesuitas hasta su expulsión de la península en 1767. Por ello, como ha señalado Joan Mari Torrealdai (93), hasta el siglo XX la mayoría de los libros en euskera estaban vinculados al catecismo católico, y en la década de los 1970 y comienzos de los años 1980, en el País Vasco continental las instituciones o agentes religiosos todavía tenían gran poder e influencia. En 1985 Itxaro Borda afirmó que en el País Vasco continental todavía no se había desarrollado una producción literaria en sentido moderno (Borda 1985, 36).

lo temático (al rememorar su niñez, al evocar con melancolía su caserío natal, al describir el paisaje rural, en las resonancias a la renovación musical de la década de los 60, etcétera), como en lo formal, puesto que se aproxima a formas métricas y rítmicas del versolarismo; por otro lado, quiebra la visión católica que se había transmitido en algunas tradiciones literarias, para encarnar una posición anticlerical que reacentúa los dis-cursos católicos y ensalza los cuerpos grotescos. En este primer poemario se hace uso de la carnavalización como estrategia para visibilizar la violencia simbólica que se inscribe en esos imaginarios vascos católicos. Como muestra Mary S. Pollock, la carnavalización puede considerarse "como una estrategia emancipatoria puesto que le permite a la escritura femenina ridiculizar los signos y símbolos patriarcales" (Gutiérrez Estupiñán 114). De esa manera, al parodiar los discursos de textos clásicos literarios, fundamentalmente el *Gero* (1643) de Axular — una pieza angular del canon literario promovido en las primeras historiografías literarias—, introduce una orientación de sentido opuesta a la orientación primera de ese discurso ajeno, y en consecuencia, esa bivocalidad evidencia un conflicto, puesto que "la segunda voz, al anidar en la palabra ajena, entra en hostilidades con su dueño primitivo y lo obliga a servir a propósitos totalmente opuestos" (Bajtín 270).[30]

En el poemario *Bizitza nola badoan* (1984) Itxaro Borda parodia ese estilo directo del *Gero*, y materializa un giro significativo no únicamente en lo temático, también en lo lingüístico, puesto que desplaza esa segunda persona al *hitano* femenino, una forma alocutiva informal que se usa entre amistades y expresa cierta complicidad (véase el próximo apartado). De

---

[30] Koldo Mitxelena, uno de los historiadores más influyentes, presentó de la siguiente manera el contenido la aportación de *Gero*: "Se trata de un libro ascético, nada místico y nada especulativo. Con una preocupación muy vasca, la atención se centra exclusivamente en la conducta. Va dirigido no a las personas adelantadas en el camino de la virtud, sino al pecador común, aunque no precisamente a los hombres de fe débil, porque en todo momento se supone tácitamente que la verdad del dogma es algo que está fuera de toda posibilidad de duda. La argumentación es siempre clara y directa, los argumentos *ad hominem* están seleccionados y presentados con rara habilidad y el lenguaje es de una franqueza que ya no vuelve a encontrarse en los libros vascos de piedad" (Mitxelena 70). E incluso otros autores que consideraron los aspectos sociales al estructurar la historiografía ensalzaron estilística y retóricamente la obra de Axular (Sarasola 17-20), e incluso en el siglo XXI se sigue elogiando su prosa (Salaberri 85).

esa manera, cuestiona la orientación masculina de los textos literarios canonizados que se dirigen en muchas ocasiones a lectores expresamente masculinos, e incluso parodia esa forma masculina de autoridad basada en la unidireccionalidad y en la jerarquía.

En ese proceso de parodización, en varios poemas se reescriben y resignifican las sentencias sobre la prudencia, una de las principales virtudes del ascetismo, como se reitera en *Gero*.[31] En el poema "Zuhur, zuhur t'erdi" [Prudente, prudente y media] (Borda 1984, 12) deconstruye lo prudente en sentido axulariano y ascético, entendido como búsqueda de actitudes virtuosas que permiten acceder a la gloria del cielo o al paraíso, y reconstruye su sentido afirmando que lo prudente es no alejarse de lo material y de la vida cotidiana, como se aprecia en estos versos:

> Nahi badun biziak / egintzak, / maitasunak edo / herioak / lasaiki / iraun dezan, (…) balizkako zeru baten esperantzak, eta/ betiko bake solasak / bazterturik, / hobe dun hobe, / ekaitik / sustrailurretik, / materia huts eta froga errezetik / ez urruntzea (…) Bestela / pentsatzen, asmatzen, plantatzen / negarrez eta «gero»-ka etsipenez / nekatuko, / errendatuko

---

[31] He aquí un breve fragmento como ejemplo del tipo de estilo y discurso: "Haur batek, edo sukharrarekin nahasirik dagoen batek, edozein gauza erranagatik, etzara bat ere asaldatzen eta ez zeure sosegutik kantitzen. Zeren baitakizu ezen hek eztakitela zer mintzo diren, eta ez zer hari diren (…). Zeren zu baitzara argi, eta hura itsu: zu zuhur, eta hura erho: zu zeure tentuan eta zentzuan, eta hura handik athean, eta kanpoan. Beraz paira beza zuhurrak erhoa, argiak itsua, eta kolerarik eztuenak, koleran dagoena. Haur da erremedio ona, etsaiari barkhatzeko eta pairatzeko, haren egin-erranez konturik ez egiteko: nola, eta zer moldez dagoen koleran dagoenean konsideratzea" [Aunque un niño o uno que está alterado por la fiebre te diga cualquier cosa, no por eso te incomodas ni te inmutas lo más mínimo. Porque ya sabes que éstos no saben lo que dicen ni qué es lo que hacen (…). Porque tú tienes vista, pero él está ciego; tú estás en tus cabales y él está loco; tú estás en tu juicio y razón, y él está fuera de ella. Por lo tanto, sufra el sensato al loco, el vidente al invidente, el que está libre de cólera al que sufre de ella. Este es buen remedio para perdonar y sufrir al enemigo, para no hacer caso de lo que hace y dice, o sea, el considerar cuál es su estado cuando es presa de la cólera] (*Gero*, capítulo XXV) [Traducción de Luis Villasante editada por Juan Flors en 1964].

haizelakoan / eta denbora joanen zaunalakoan / soil soilik onhar ezan: / bizia bere egunerakoan, / egintza bere ahalezkoan, / maitasuna bere biluztasun osoan, / herioa bere halabehar askatzale zoroan.... (12)[32]

Esta última apelación a la locura, dista de la perspectiva axulariana que construye el binarismo sensatez *vs* locura, y concretamente ése es el binomio que se problematiza en este poemario, generando un espacio fronterizo entre ambas categorías. En ese sentido, el mismo sujeto poético explicita en el poema "Erran bezate" [Déjalos decir] (Borda 1984, 23) cómo el discurso ascético construye una alteridad, los sujetos locos o insensatos, sujetos que se simbolizan como enemigos e incluso como animalidad. Como se aprecia en el verso, "Erranen dute berriz naizela zoroa" [Dirán de nuevo que soy una loca], la voz poética visibiliza la violencia simbólica que está latente en tales designaciones, y esa voz contestataria se apropia de esa denominación para subvertir esa posición subalterna, y para resistir "a las presiones ideológicas que la interpelan" (Zavala 70).[33]

En los versos presentados anteriormente, el sujeto poético alienta a no alejarse de la pura materialidad y de la tierra, generando un espacio dialógico que tiene resonancias del discurso ascético que promueve un

---

[32] "Si quieres / que la vida, / los actos, / el amor o / la muerte / perdure / sosegadamente (…) desvincúlate / de las esperanzas de un hipotético cielo / de una paz eternal / es preferible / no distanciarse / de la sustancia / de las raíces-tierra / de la materia pura y de fáciles indicios. (…) Al contrario, / te fatigarás / pensando, imaginando, trabajando / llorando y "postergando" con resignación / como si te rindieras / y porque se te va a esfumar el tiempo / únicamente acepta: / la vida en su cotidianeidad / los actos en su potencialidad / el amor en toda su desnudez / la muerte en su inevitable condición, como locamente liberadora" [Traducción de la autora del artículo].

[33] Como afirma Jorge Arditi en el prólogo a la obra *Ciencia, ciborgs y mujeres*, y siguiendo la estela de Foucault, la locura es una construcción histórica: "En Historia de la locura en la época clásica, Foucault muestra, por ejemplo, cómo la línea que separa la razón de la sinrazón es realmente una construcción histórica, una función del poder de la razón y, sin embargo, el instrumento por el que esta razón puede a la vez definirse a sí misma y labrar su propia identidad. Al definir la sinrazón como lo 'otro', también puede establecerse a sí misma como la esencia de la verdad y la bondad. Toda una tecnología del cuerpo (…) despliega y perpetúa esos límites, un tipo específico de límites que vinieron a constituir el individuo moderno y racional: 'el Hombre'" (Haraway 11).

distanciamiento de lo material y de lo terrenal. Esa materialidad también se aprecia en la abundancia de cuerpos grotescos que se presentan en este poemario. Si en el ascetismo la penitencia corporal es un tema recurrente, ante el sufrimiento corporal que simboliza la penitencia este poemario confronta el goce corporal del comer, beber, bailar, acariciar, etcétera. Por ejemplo, en el poema "Festa da festa" [La fiesta es fiesta] describe la danza como un placer enloquecedor y liberador.[34] A su vez, en el poema "Kaskezur" (Cráneo) describe con todo detalle cómo se descompone y se pudre un cuerpo humano tras la muerte, cómo los gusanos se comen el cuerpo, etcétera.

Por lo tanto, al resignificar esa tradición literario-religiosa, construye una voz poética laica que focaliza aspectos materiales y terre-nales, y en la que los y las desposeídas (agricultores, comunidades populares, rameras...) emergen como sujetos silenciados por el imaginario hegemónico. Es el caso del poema "Dedal ilunetan" [En oscuros dedales] donde la voz poética encarna a la ramera babilónica, subvirtiendo el imaginario católico y patriarcal: "Mila gizon neretzat hartu zintuztedan; / Eztiaren gozoa bilatuz denetan / Zuen piztitasuna nahi nuen edan / udaren beroan...".[35] En esta pieza poética se conjugan dos recursos habituales en los poemas bordianos: integra en sus poemas personajes mitológicos femeninos o personajes literarios femeninos, e incluso, en muchas ocasiones, esos personajes son partícipes directos en el acto enunciativo, bien dirigiéndose el sujeto poético en segunda persona a esos personajes, bien

---

[34] Para comprender a qué tradición responde este poema, es necesario tener en cuenta que la Iglesia católica reguló las coreografías de la danza tradicional vasca de tal manera, que por ejemplo, para que los y las jóvenes bailarines no se dieran la mano decretaron que algunas danzas tradicionales se debían de bailar con pañuelos, para evitar el contacto físico. En ese sentido, todas las prohibiciones, discursos y regulaciones de la Iglesia católica en los siglos XVIII y XIX promovieron unas prácticas coreográficas que carecían de contacto físico, y de cualquier connotación erótica (Bidador 13-86).

[35] "Para mí, como a mil hombres, os tomé / en todos buscaba el dulzor de la miel / deseaba beber vuestra bestialidad / en el calor del verano..." [Traducción de la autora del artículo].

siendo ese mismo personaje el que encarna la voz poética.[36] Estos recursos, junto a otros tantos, nos indica que en muchos de los poemas de Itxaro Borda el sujeto dista mucho de ser un sujeto lírico, puesto que el discurso poético no se puede interpretar como una autorrepresentación del sujeto discursivo, ni como una voz experiencial y finita vinculada al presente (Casas 23). De hecho, en este tipo de poemas se aprecia un cierto juego de ficcionalización, mediante el que da voz o dialoga con personajes femeninos para desplazar o tensionar el punto de vista de mitologías y símbolos arraigados. E incluso en el poema "Delirio handienak" [Los delirios más grandes] (57) de su segundo poemario visibiliza qué violencia le ha supuesto personalmente cuestionar tales mitos populares establecidos. Para comprender ese poema es necesario tener en cuenta el siguiente contexto: en su primera novela *Basilika* [Basílica] (1984) también hizo uso de la parodización para crear una radiografía irónica de la élite cultural y religiosa del País Vasco continental, publicación por la que la autora sufrió un gran acoso, y decidió dejar su tierra natal por casi una década. Así da testimonio de ello en el poema mencionado: "Delirio handienak / pentsakera razionalenak / zaizkit, / eta / ikasi dut bortxaren bortxaz / herriaren mito eraginkorrak / apurtzea / zein landerosa den / norberarentzat".[37] Este tipo de poemas responden a la estrategia de la polémica oculta, puesto que aunque no explicita directamente quién y qué discurso ha fraguado esa emplazamiento contra ella, "se sobreentiende" (Bajtín 273) que es una respuesta al conjunto de juicios que han posibilitado esas agresiones simbólicas y físicas.

3. Sujetos corporeizados, hacia una poética situada

---

[36] Destaca especialmente la encarnación poética de Milia Lastur, puesto que son varios los poemas y las reescrituras que ha realizado. Milia Lastur es un personaje femenino que se ha transmitido gracias al canto fúnebre medieval homónimo, en el que la hermana de Milia Lastur y su cuñada mantienen un duelo verbal sobre el derecho de luto. Esas piezas medievales son los primeros textos vascos de autoría femenina que se conservan.

[37] "Los delirios más grandes / se me hacen / los pensamientos más racionales / y / he aprendido a base de violencias / cómo de peligroso es / para una misma / quebrar los mitos populares más eficaces" [Traducción de la autora del artículo].

En los poemas que hemos citado, y en algunos otros poemas del primer poemario se aprecia otra de las características recurrentes en la poética de Itxaro Borda: la construcción de sujetos corporeizados (Csordas 1-25). Si en este primer poemario esa corporeización del sujeto poético se puede interpretar como una posición contestataria tanto ante el binarismo católico *cuerpo vs alma*, como ante el binarismo cartesiano cuerpo *vs* razón, la exploración de posiciones corporeizadas posibilita que en su trayectoria poética cuestione otras visiones dicotómicas como pueden ser el binarismo patriarcal hombre *vs* mujer, como el binarismo colonial sujeto blanco *vs* sujeto racializado, etcétera. Así, en el segundo poemario, *Krokodil bat daukat bihotzaren ordez*, sigue ahondando en el imaginario de diversas voces femeninas, e incluso constituye sus primeras genealogías femeninas (Retolaza 2021, 5-15), visibilizando la violencia patriarcal subyacente en los imaginarios nacionalistas y comunitarios vascos. A su vez, también se aproxima al imaginario de sujetos proletarios, sujetos colonizados y sujetos racializados, poniendo de manifiesto las opresiones que subyacen a los imaginarios coloniales e imperialistas. De hecho, en el poema que abre el libro "Banintz Afrikan sortu" [Si hubiese nacido en África] se pregunta sobre qué hubiese sido nacer en África, qué hubiese sido ser una persona racializada (en unos poemas en los que se apilan imágenes en las que resuenan tanto la esclavitud como el blues). En esta ocasión apela al cuerpo ajeno para construir un espacio dialógico inscrito en la relación entre dos posiciones corporeizadas en conflicto (el sujeto blanco y el sujeto racializado), enfatizando en la concepción bajtiniana de cuerpo, "como lugar de interacción de los discursos ideológicos" (Sanchez-Mesa 297).

Esta denuncia poética de la violencia racista se articula también en otros poemas en los que utiliza un discurso que se aleja de lo lírico y lo simbólico, y se aproxima al discurso más explícitamente político:

> douce France / cher pays de mon enfance /
> bercé de tendres insouciances! / magrebinoak

azala beltzeegi dutelako / safarietako lehoi salbaiak iduri / tirokatzen dituzte. / europear errefuxiatu politikoak / demokrazia sainduaren izenean / estraditzen dituzte. / mertzenarioek baionako ostatuetan / askatasunaren umezurtzak / erahiltzen dituzte. / eskun muturreko buruzagi okerrek / odolaren eta fedearen garbitasunaz / mintzaldi kartsuak datxizkate. / noiz arte? / egun batez 1789eko iraultzaren / semeak konturako dira / kontzientzi onez / marmutzeri kakiak kolokatu dituztela... / made in France!. (Borda 1986a, 15-16)[38]

En este poemario, por tanto, se construye un discurso que denuncia la visión colonialista e imperialista en la que se basa la república francesa, y para ello, se incorporan en este y otros poemas eslóganes, fórmulas discursivas y registros lingüísticos propios del ámbito político, un tipo de estilización que también se aprecia en su próximo poemario *Just Love* (1986), al tratar la represión policial o la violencia del grupo armado GAL.

Es concretamente en estos dos poemarios (*Krokodil bat daukat bihotzaren ordez* y *Just Love*) donde instaura un recurso que será habitual en los próximos poemarios de Borda: varios poemas se localizan en espacios geográficos concretos que se tematizan, e incluso se recrean itinerarios discursivos y geográficos que se asemejan al estilo de una *road movie*. En consonancia a la conciencia nómade que se aprecia en su trayectoria poética, en sus piezas poéticas también se representa un sujeto nómade que configura un itinerario territorial, un desplazamiento mediante el que ex-

---

[38] "¡Dulce Francia / querida patria de mi infancia / acunada de tierno descuido! / Por tener la piel demasiado negra a los magrebíes / como si fueran leones salvajes / los tirotean. / A los refugiados europeos / en nombre de la santa democracia / los extraditan. / Los mercenarios en las calles de Baiona / a los huérfanos de libertad / los asesinan. / Los dirigentes tuertos de la extrema derecha / se pronuncian fervorosamente / a favor de la pureza de sangre y fe / ¿hasta cuándo? / Un día los hijos de / la revolución de 1789 / se percatarán / con buena conciencia / de que han colocado a alimañas / ¡Made in France!" [Traducción de la autora del artículo].

plora sus posiciones, sus creencias, sus conocimientos. Ese tipo de itinerarios se configuran por primera vez en los poemas "Suparrobiren tranzendentzia" [La transcendencia de Suparrobi] (25-29) y "Beste ibilaldia" [Otro paseo] (30-42), poemas en los que el sujeto poético se traslada por los pueblos del País Vasco. Cada pieza poética expresa alguna quiebra que se ha generado en ese lugar, como se aprecia en esta pieza: "Ondarrun / nere kotxearen matrikula frantsesari / begiratuz / jende batzuek / haserrez kargatu gestu bitxiak / egin zituzten"[39] (37). Concretamente, en esta pieza expresa cómo el sujeto poético siente una mirada que la sitúa en una posición de alteridad, como sujeto ajeno a la comunidad vasca peninsular. Mediante sus itinerarios territoriales y corporales explora esos espacios y experiencias fronterizas donde residen las contradicciones y las fisuras. Itxaro Borda explora especialmente en este tipo de *road poem* o localización itinerante en *Noiztenka* (2007), en el que destacan estos dos poemas: "Milia Lasturko on the road", poema en el que viaja por el País Vasco junto a Milia Lastur, y "Kreutzer Sonate", poema en el que viaja por Alemania junto a la sombra de Hanna Arendt).[40]

Por consiguiente, muchas de las piezas poéticas se sitúan simbólicamente en un espacio geográfico concreto, e incluso a veces en una fecha concreta. La mayoría de las veces sitúa el poema en una fecha histórica que se ha cargado de sentidos y de discursos hegemónicos, y de esa manera, resignifica esa fecha histórica dialogando con esas resonancias co-

---

[39] "En Ondarroa / a la matrícula francesa de mi coche / miraba / alguna gente / e hicieron / gestos extraños cargados de enfado" [Traducción de la autora del artículo].

[40] Por ejemplo, sitúa el poema "Loving Angela" en Biarritz, lugar que recorre rememorando a Angela Davis, y reflexionando sobre la opresión racial: "Angela Davisek Miarritzen ikasi zuen Birminghameko / Eliza baptistaren zartaketan ezagutzen zituen lau neska / Zendu zirela: / Itsasoari begira geratu zen / Zapalkuntzaren harri zuriaz / Hausnarrean / Uhin beltza amets. / Miarritzera hirekin noanean / Angela Davisen urratsetarik / Ibiltzen bide naun / Hausnarrean / Uhin beltza amets" [Angela Davis aprendió en Miarritz que en la explosión / De la iglesia baptista de Birmingham murieron cuatro chicas / Que conocía: / Se quedó mirando al mar / Reflexionando / Sobre la piedra blanca de la opresión / Sueño de olas negras. / Cuando voy contigo a Miarritz / Parece que recorro / Las huellas de Angela Davis / Reflexionando / Sueño de olas negras] [Traducción de la autora del artículo] (Borda 2007, 54).

lectivizadas. Ese tipo de resonancias se aprecian ya en el poema X de "Banintz Afrikan sortu" (19-20), adscrito al 20 de julio de 1969, día en el que la misión norteamericana Apolo 11 alcanzó la Luna.[41] En otros poemas, aunque no se menciona explícitamente la fecha histórica, el discurso nos remite a un acontecimiento histórico concreto. Es el caso del poema "Luisa Villalta llorando" (Borda 2007, 32):

> Ez duzu Madrile ikusi. / Lanerako orduan Hiriaren / Bihotzeko sarraskia, zartagailuek / Zitzikatu gorputz eta altzeiru / Zirtzilkeria. / Ez duzu Madrile ikusi. / Gernika berria. / Leize hegiko arriskuaren menpe, / Zure ele poetikoaren umezurtz / Uzten gaituzu: / Ez duzu Madrile ikusi. / Nunca Mais oihukatuko zenuen. / Hitzak, aditz trinkoak / Eta espazioa zein denbora / Egiaztatzen dizkidaten / Deklinabideak / Ukatzear geratu naiz. / Neure herria eta bere –ismoak oro / Gorrotatu ditut. / Ez duzu Madrile ikusi, / Odolez estali arpegio haien / Izua eta etsia, / Hilotzak burdinbideetan. / Milaka errugabe sabelak airean, / Lurrean hedailo. / Nunca mais oihukatuko zenuen / Madrile ikusi bazenu / Ostegun beltz hartan terrorez / Purtzilikatua. / Goya negarrez zegoen / Eta Atotxan Quixote auhenka, / Manchako eiherak baino / Zailagoa dela gaurko intolerantzia / Borrokatzen marmara. / Ez duzu madrile ikusi. / Gernika bat gehiago. / Nunca mais oihukatuko zenuen".[42]

---

[41] He aquí otro ejemplo: el poema "Luisa Villalta llorando" (Borda 2012, 130-141) se sitúa tras el 11 de marzo de 2004, el día de los atentados en contra de cuatro trenes de la red de Cercanía de Madrid, tras el que asesinaron a 190 personas, e hirieron a cerca de 2.000 persona.

[42] "No has visto Madrid / de camino al trabajo / masacre en el corazón de la ciudad, obscenidad / de acero y de cuerpos por las bombas / despedazados. / No has visto Madrid. / La nueva Gernika. / Ante el peligro en el borde del abismo, / nos dejas huérfanas / de tu voz poética. / No has visto Madrid. / Clamarías Nunca Máis / Palabras,

En esta pieza conmemorativa se dirige en segunda persona a la poeta gallega Luisa Villalta, y recurre a la referencia simbólica de Gernika, para referirse a los atentados realizados por una célula yihadista el 11 de marzo del 2004 en Madrid, atentados en los que asesinaron a 190 personas, e hirieron a cerca de 2.000 personas. Luisa Villalta falleció el 6 de marzo del 2004, unos días antes de los atentados, dato clave para la comprensión del poema. Junto a la alusión directa a los atentados, en el poema se integra y recontextualiza el eslogan político "nunca máis", un lema que nos conecta con el activismo poético-político de la poeta homenajeada.[43] Asimismo, no únicamente dialoga con la posición poético-política de Villalta, sino que dialoga con los discursos políticos que se difundieron tras los atentados, en los que también se sopesó la posible participación de la organización armada ETA en los atentados. Las resonancias de esa hipótesis se aprecian en este verso: "He odiado / a mi pueblo y a todos sus −ismos". En este poema, por tanto, hace una lectura del atentado del 11 de marzo, empleando como espejo el bombardeo de Gernika, convertido en símbolo, y no en acontecimiento histórico local, en símbolo de la tragedia humana, del ataque contra la población civil. En esta visión personal de la poeta, el sujeto oprimido con quien se solidariza es el sujeto civil atacado en conflictos bélicos, históricos o políticos.

Como afirma Ibai Atutxa (2011, 213), en la poesía de Itxaro Borda no hay biopolítica sin geopolítica. Esta (re)territorizalización e incluso cronotopización conecta con la estrategia política de (re)situar la enunciación

---

verbos sintéticos, / Y estoy a punto de negar / Las declinaciones que / me confirman el espacio / y el tiempo. / He odiado / a mi pueblo y a todos sus −ismos. / No has visto Madrid, / terror y desesperación / de rostros cubiertos de / sangre, / cadáveres en los ferrocarriles. / Vientres al viento de miles de inocentes, / tendidos de bruces en el suelo. / Clamarías Nunca Máis / Si hubieses visto Madrid / ese jueves negro roto / por el terror. / Goya lloraba / y el Quijote lamentándose en Atotxa / murmurando que es más difícil luchar / contra la intolerancia / que contra los molinos de la Mancha. / No has visto Madrid. / Una Gernika más. / Clamarías Nunca Máis" [Traducción de la autora del artículo].

[43] Recuérdese que Luisa Villalta participó en la antología poética-política *Negra sombra. Intervención poética contra a marea negra* (Espiral Maior/Xerais, 2003).

poética, que en la práctica de Borda tiene implicaciones tanto en lo corporal como en el espacio físico y sociopolítico.

Esa enunciación situada, efectivamente, es una vía de subversión del pensamiento occidental universalista y no situado que naturaliza las violencias simbólicas y las jerarquías, y es una estrategia para encarnar experiencias y exploraciones situadas que se asocian a la perspectiva de los conocimientos situados (Haraway 313-346).[44] Esa localización poético-política desmantela el imaginario universalista que basado en una arquitectura epistémica binarista (mujer *vs* hombre, naturaleza *vs* cultura, locura *vs* razón, etcétera). A su vez, ha instituido el binarismo de cultura civilizada *vs* cultura incivilizada, (cosmo)visión que ha favorecido la asimilación de culturas y lenguas minorizadas. Para materializar en la enunciación poética esa asimilación cultural o lingüística, se desliga de una posición puramente monolingüe, e inserta por primera vez versos en francés, inglés, español y portugués, recurso en el que ahondará de poemario a poemario.[45]

En consecuencia, en estos dos poemarios se presentan por primera vez en su poética diferentes ejes de opresión (clase, raza, género/sexo, lengua/cultura), y aunque en estos poemarios todavía no se articulan la interseccionalidad entre los diferentes ejes de dominación, poemario tras poemario se van entrecruzando esos ejes, y se va problematizando la (co)rrelación entre ellos.

4. Alteridades poéticas, hacia una sororidad dialógica

Si en su primer poemario el sujeto poético dialoga con el canon literario vasco y las autoridades literarias vascas, bien para desestabilizar-

---

[44] Donna Haraway acuñó la noción de conocimiento situado, para afirmar que una ciencia objetiva no era posible, porque "solo una visión parcial promete una visión objetiva" (326). Concretamente en el poema "University rock..." (53-58) cuestiona la formas elitistas e institucionalizadas de conocimiento en el pensamiento occidental.

[45] El francés y el inglés se insertan por primera vez en los poemas X y XI de "Banintz Afrikan sortu" del poemario *Krokodil bat daukat bihotzaren ordez* (1986). El español por primera vez en el poema "Mundu osoak eguzki" [Todo el mundo sol] del poemario *Just Love* (1986). El portugués se inserta por primera vez en el poema "O saudade" del poemario *Just Love* (1986).

las, bien para (re)posicionarse en ese canon, a partir de su segundo poemario teje nuevas redes relacionales femeninas y (trans)feministas. De hecho, en cada poemario Itxaro Borda enfatiza en algún aspecto de esa conciencia feminista que ya se atisbaba en el primer poemario —pero sin dejar de lado su relación con otros ejes de opresión—.[46] En ese rastreo de diversas aristas de la conciencia feminista, al explorar en territorios y tradiciones vascas, concluye lo siguiente: "no womans' land erraldoia" [Un enorme no woman's land" (Borda 1986b, 4). No obstante, tras rastrear en la tradición, localiza voces silenciadas y marginalizadas a las que da voz en sus piezas poéticas construyendo los cimientos de una genealogía femenina y feminista. Para ello, en algunos poemas articula un sujeto colectivo femenino (por ejemplo, en el poema "Frustrazioaren eta kulpabilitatearen alabak gara" [Somos hijas de la frustración y la culpa] (Borda 1986a, 11), y en otras ocasiones esa posición comunitaria se materializa en un diálogo con otros sujetos femeninos (personajes literarios femeninos, amigas, autoras femeninas...), generando un espacio dialógico que recrea una relación de sororidad. Para construir ese espacio de sororidad en muchos poemas hace uso del *hitano* femenino, un recurso muy recurrente en su poética. Concretamente esa forma alocutiva femenina y afectiva es una de las pocas marcas gramaticales en el euskera donde hay diferencia genérica, pero no es una forma lingüística de uso general, únicamente se usa en algunos dialectos. Itxaro Borda fue una de las primeras poetas en utilizar ese tratamiento en la poesía, y efectivamente, esa decisión responde a una posición poético-política, puesto que mediante ese tu femenino informal ha desestabilizado códigos poéticos, y ha generado la representación de una interlocutora femenina, y de un espacio de complicidad femenino. En sus primeros poemas más explícitamente homoeróticos ("Milia Lasturko revisited" en *Krokodil bat daukat bihotzaren ordez*) también materializa ese deseo homoerótico mediante la forma alocutiva femenina, de tal manera

---

[46] Ese proceso de concienciación feminista que en cada poemario se aborda desde diferentes perspectivas y posiciones, se hace visible en el poemario *Medearen iratzartzea* [El despertar de Medea] (2012) en el que Itxaro Borda publica una antología de poemas, reuniendo aquellos en los que había generado fisuras feministas.

que resignifica esa proximidad y complicidad habitual del *hitano* incorporando nuevas connotaciones eróticas a una fórmula lingüística más vinculada a connotaciones de amistad, de proximidad familiar o de posiciones sociales. Asimismo, se aprecia un desplazamiento en el deseo homoerótico: en sus primeros poemas, era un deseo reprimido y no encarnado, y en poemas más recientes el sujeto poético encarna prácticas sexuales lésbicas donde el placer homoerótico desplaza al puro melancólico deseo.[47] Se aprecia, por tanto, un descentramiento hacia prácticas sexuales antinormativas. He aquí un ejemplo:

> *A ma belle inconnue…* / Eskuen ederraz / Gorputzaren ñabarraz / Soaren zilarraz / Ahotsaren sakonaz / Guztiaz oroitzen naiz / Baina ez / Zure izenaz / Ezpainen samurraz / Ipurdiaren errondaz / Ile motzen ilunaz / Lepondoaren nagiaz / Guztiaz oroitzen naiz / Baina ez / Zure izenaz / Oin hatzen luzeraz / Bularren balantzaz / Irriaren ozenaz / Mihiaren hezeaz / Guztiaz oroitzen naiz / Baina ez / Zure izenaz. (Borda 2016, 89)[48]

Sin embargo, no todas las relaciones que se encarnan mediante esa interlocución femenina son homoeróticas, a veces se encarnan relaciones

---

[47] En el poema "Milia Lasturko revisited" (Borda 1986a, 64-71) el sujeto poético tiene sueños afectivos y eróticos con Milia Lastur, pero practica sexo con hombres: "Gauez / hire musa bigunen ausikiaz / gogoratzen naun / eta / egunez / gizonen batekin oheratzen nauken / noizbait / maiteko haut Milia!" [De noche / me acuerdo / del desasosiego de tus tiernas musas / y / de día / me acuesto con algún hombre / algún día / te amaré, Milia] (68) [Traducción de la autora del artículo]. En otros versos del poema expresa que no se atreve a cruzar esa línea del deseo al placer, del sueño a la materialización corporal.

[48] "De la belleza de las manos / De los diversos colores del cuerpo /De la plata de la mirada / De la profundidad de la voz / Me acuerdo de todo / Pero no / De tu nombre / De la dulzura de los labios. / De la redondez del culo / De la oscuridad del pelo corto / De la pereza de la nuca / Me acuerdo de todo / Pero no / De tu nombre / De la longitud de los dedos del pie / Del balanceo del pecho / De la sonoridad de la risa / De la / humedad de la lengua / Me acuerdo de todo / Pero no / De tu nombre" [Traducción de Pello Otxoteko y Aritz Gorrotxategi, publicada en la revista Ancia 12, 2019, páginas 116-117].

de amistad, de complicidad afectiva, e incluso relaciones meramente intelectuales. Aunque es preciso remarcar que al representar las compli-cidades intelectuales creadas por actos de lectura sugiere que la lectura se aproxima a la fusión física, a la fusión erótica, al deseo (Retolaza 2021, 14-15).

Como se ha mencionado, en la poética de Borda es constante la inquietud por construir genealogías femeninas y feministas, tanto en lo afectivo y familiar, como en lo literario e intelectual. De hecho, Itxaro Borda ha sido la pionera en construir teórica y prácticamente una genealogía literaria femenina, para lo que ha articulado las siguientes estrategias: por un lado, ha integrado en sus poemas tanto personajes literarios o mitológicos (Milia, Ezpeldoi, Medea, Antígona, Pandora, Penélope…) como nombres de autoras; por otro lado, ha reescrito versos de poetas (Amaia Lasa, Gloria Anzaldúa, Maria-Mercè Marçal, Sylvia Plath…); y por último, ha introducido múltiples paratextos con citas de textos de autoría femenina (Tere Irastortza, Chus Pato, Tina Escaja, Maria-Mercè Marçal…).[49] Esa red de solidaridad y complicidad se aprecia sobre todo en sus poemas conmemorativos. Aunque escribió poemas conmemorativos a figuras femeninas a partir de su segundo poemario, esa tendencia conmemorativa fue en aumento, y en su poemario *Zure hatzaren ez galtzeko* [Para no perder tu rastro] (2016) prácticamente todos los poemas responden a esa modalidad: algunas piezas conmemoran a poetas o autora reconocidas, y otras conmemoran a personas anónimas, o a sus amistades y amantes. En consecuencia, sus versos han construido un escenario en el que visibilizar a poetas que la historiografía literaria había obviado, o autoras e intelectua-

---

[49] En 1984 publicó *Emakumeak idazle* [Mujeres escritoras], una antología que reúne desde baladas de tradición oral escritas por mujeres, hasta poetas de la década de 1980, con el objetivo de trazar una genealogía literaria femenina vasca, y así poder enmarcar su creación poética en esa tradición literaria. Por ejemplo, en el poema "Arratsaldeko seiretatik aurrera" [A partir de las seis de la tarde] ("Krokodil bat" 59-63) dialoga explícitamente con Amaia Lasa (Getaria, 1948), la primera poeta moderna vasca que articula en su poética la conciencia femenina; en ese mismo poemario también dialogo, aunque de manera más implícita, Arantxa Urretabizkaia (Donostia, 1947) y Laura Mintegi (Lizarra, 1955), dos de las autoras que en la década de 1980 más publicaron y más participaron en el espacio público de la cultura vasca.

les (trans)feministas que la cultura vasca no había atendido hasta ese momento (como, por ejemplo, Virginia Woolf, Angela Davis, Gloria Anzaldúa, Adrienne Rich y Monique Wittig), e incluso a todas esas personas anónimas cómplices que facilitan redes de afecto y cuidado feministas. Estas redes que activa Borda en sus piezas poéticas nos recuerdan que toda "identidad es relacional, esto es, se constituye en el juego de la semejanza y la diferencia entre personas y grupos sociales, por lo que es inherentemente cambiante y contradictoria" (Golubov 58). En la poética de Itxaro Borda se explora no solamente en ese carácter relacional y dialógico de todo sujeto, sino que al renegociar en todos sus poemarios su(s) genealogía(s), su(s) posición(es) enun-ciativa(s) y su(s) emplazamiento(s) ideológico(s) aflora la conciencia de que toda identidad, tanto personal como colectiva, es cambiante, está en continua transformación. En concordancia con la perspectiva de Iris M. Zavala, "la importancia del sujeto en la teoría feminista radica, justamente, en poner de relieve la movilidad de nuestras posiciones en el mundo, la posibilidad de las identidades e identificaciones antinormativas" (Zavala 71). Al visibilizar "la subjetividad como algo abierto, relacional, sin concluir, en fluctuación" (Zavala 71) se generan fisuras y contradicciones en las formas identitarias dominantes.

En el poema de conmemoración colectiva "Euskal literaturaren faborez" [A favor de la literatura vasca] se aprecian algunas de las estrategias expuestas hasta el momento. Por un lado, el título nos remite al poema erótico "Emazten fabore" de Bernard Etxepare, poema publicado en *Linguae Vasconum Primitiae* (1545) —primera obra impresa en lengua vasca—, y poema censurado por las élites culturales religiosas en las reediciones de la primera mitad del siglo XX. Por otro lado, el sujeto poético se dirige a una persona querida y deseada, rememorándola en los ecos de obras literarias de escritoras vascas, como se aprecia en estos primeros versos: "Zugaz akordatzen naizenean, gustatzen zait / Miren Agur Meaberen poeman bezala / *Egun on maitea* urrumatuz / Jeikitzea / Lanera joateko, / Eta oroitzen naiz / Ana Urkizaren olerki liburuaren tituluaz / Ditiak mihiaz setiatzen dizkidazunean, / *Desira izoztuak*" (Borda 2007,

118).⁵⁰ En este poema se corporeiza un deseo lésbico que resuena en palabras literarias ajenas, y de esa manera, no únicamente se conmemoran y visibilizan las obras de esas escritoras, sino que se recontextualizan y resignifican desde una perspectiva homoerótica y corporeizada, construyendo un cuerpo colectivo literario y político que quiebra las lógicas canónicas de la cultura vasca.

5. Poéticas heteroglósicas, una posición interseccional

Como hemos mencionado, a partir del segundo poemario Itxaro Borda ha integrado palabras o breves frases en diferentes lenguas en todos sus poemarios, pero lo que más destaca en su poética son las constantes posiciones heteroglósicas, que responden a una posición poético-política: "Si el patriarcado ha creado la ilusión del enunciado fonológico monopolizado por los hombre, el feminismo debe deshacer tal ilusión apropiándose de la noción de heteroglosia y subrayando la na-turaleza dialógica de todo discurso, para insistir en que todas las voces sean escuchadas" (Gutiérrez Estupiñán 113). Itxaro Borda se inclina hacia la heteroglosia no únicamente para dar voz a voces femeninas silenciadas, sino para dar voz a diversos colectivos oprimidos (indígenas, mujeres racializadas, pobres, desahuciadas, agricultoras, transexuales, proletarias…).

En efecto, en su trayectoria poética se han multiplicado y diversificado esas posiciones heteroglósicas de tal manera, que en su obra *Hots bete ahots* (2017) el plurilingüismo se erigió en el eje estructurante principal, tanto temáticamente como formalmente. En esta pieza, como en otros poemas bordianos, las posiciones heteroglósicas se construyen de diversas

---

⁵⁰ "Al acordarme de ti, me gusta / como en el poema de Miren Agur Meabe / despertarme / canturreando *Buenos días, amor* / para ir a trabajar, / Y rememoro / el título del libro de poemas de Ana Urkiza / cuando asedias mis pechos con tus labios / *Deseos helados*" [Traducción de la autora del artículo].

maneras: se yuxtaponen ideas contrapuestas; se expresan en diversas lenguas enunciados semejantes, pero que en cada lengua adquieren connotaciones diferentes; se cruzan voces de la vida social y política; etcétera.[51]

En su obra más plurilingüe, *Hots bete ahots* (2017), Borda se desplaza tanto por lenguas vinculadas a sus experiencias vitales territoriales (euskera y sus diversas variedades —labortano-navarro, vizcaíno, suletino, variedad estándar del euskera, etcétera—, francés, español), como lenguas vinculadas a sus experiencias literarias o de lectura (inglés, catalán, gallego, náhuatl). Como es destacable, en sus experiencias literarias se aprecia una aproximación a culturas minorizadas, generando vínculos de solidaridad con lenguas y culturas oprimidas o marginalizadas. Concretamente en esa obra deconstruye los discursos de dominación que ha generado la visión civilizadora-colonialista occidental, generando fisuras en la dicotomía civilizado *vs* salvaje, fisuras que explora desde una perspectiva feminista. Ahonda, por tanto, en cómo los discursos tanto civilizatorios como capitalistas producen una identidad infantilizada de los sujetos indígenas (y que atraviesan de manera especial a las mujeres indígenas), y de cómo la expansión del neoliberalismo privilegia una única identidad, el sujeto consumidor (y que atraviesa de manera especial a las mujeres consumidoras). Desde esa perspectiva reconfigura los discursos sobre los y las incivilizadas, los y las desposeídas, los y las desahuciadas, los y las marginalizadas: "Nire hizkuntza salbaia da. / Egia da. Ez dut dominatzen. Lehertzen nau. Ez dut dominatzen. Lehertzen nau".[52] Ironiza sobre el carácter salvaje de su lengua, sugiriendo que es indomable, que la atraviesa y la quiebra; pero, al mismo tiempo, la disposición y la repetición de las palabras en el texto, tanto su musicalidad como su esteticidad, demuestran su destreza lingüística, y su dominio de la textualidad y de lo lingüístico.

---

[51] Por ejemplo, en *Hots bete ahots* (2017), se repite varias veces tanto "ez nago bakarrik" [No estoy sola], como "Estoy sola"; o se expresa "estoy sola" en diversas lenguas: en catalán ("Estic sola"), en inglés ("I am alone"), en francés ("Je suis seule"), etcétera. Concretamente no se menciona "bakarrik nago" ["estoy sola"] en lengua vasca, generando connotaciones identitarias y afectivas diversas según la lengua de expresión, y sugiriendo que en euskera no se siente aislado, no se siente sola.

[52] "Mi lengua es salvaje. / Es cierto. No la domino. Me revienta. No la domino. Me revienta" [Traducción de la autora del artículo].

En consonancia con la perspectiva de Gloria Anzaldúa, escritora con la que dialoga Borda explícitamente en *Hots bete ahots* (2017), en esta obra el plurilingüismo y la heteroglosia es también una temática recurrente, y se aproxima al fenómeno del *code-switching* desde diferentes perspectivas. Itxaro Borda, a semejanza de Gloria Anzaldúa, crea un espacio híbrido, no únicamente como dispositivo literario sino como representación de una experiencia cultural híbrida y fronteriza (Scanlon 6). Por un lado, expresa que la estandarización lingüística homogeneiza tanto la lengua como las identidades transmitiendo una ideología lingüística concreta que privilegia ciertos usos de la lengua, y por consiguiente, privilegia a las clases sociales que tienen acceso y que se expresan en esas variedades lingüísticas: es decir, se refiere a las jerarquías sociolingüísticas que produce todo proceso de estandarización (Hall y Nilep 298), y desde esa perspectiva, critica la ideología del monolingüismo que han promovido los modelos occidentales de nacionalismo (Hall y Nilep 301).[53] En algunos pasajes de *Hots bete ahots* alterna palabras de la lengua vasca unificada (la variedad lingüística normativizada) con palabras de su habla nativa (dialecto de Oragarre), para expresar tanto la duda constante por el dialecto y el registro lingüístico, como la continua sustitución y asimilación de las formas lingüísticas marginales por formas lingüísticas hegemónicas. Por ejemplo, alterna "Jadanik. Engoitik. Jadanik. Engoitik" (Borda 2017, 8). Esta serie la encabeza *jadanik* [ya, en este momento, desde ahora en adelante], la forma lingüística hegemónica, que va desbancando a *engoitik* forma lingüística de los márgenes. En esa alternancia, aunque se denuncia esa tendencia al reemplazo, se reivindican los márgenes lingüísticos, y se deja rastro de esa identidad lingüística.

Por otro lado, también se aprecian ideas o emociones que se refieren a la dominación simbólica, al depreciar tanto intelectualmente como laboralmente el uso de ciertas lenguas o subvariedades lingüísticas (Hall y

---

[53] Esta perspectiva se desarrolla desde su segundo poemario, *Krokodil bat daukat bihotzaren ordez*, y de manera muy explícita en el poema "Gaizki menderatzen ditugun" [Que no dominamos bien], concretamente en este verso de doble significado: "euskara nolako kartzela mentala" [el euskara, gran cárcel mental].

Nilep 303). Por último, enfatiza el carácter discursivo y performativo de la identidad, que está en continua negociación y se genera en la intersección de diferentes matrices (género, clase, raza, cultura…), matrices que se expresan y se materializan lingüísticamente. En poemas anteriores también había tratado estas temáticas, aunque de una manera más aislada. Por ejemplo, en el poema "Amaren irria" [La sonrisa de mamá] (Borda 2007, 95) se construye en la intersección en la que se entrecruzan género, cultura/lengua y clase:

> Oroitu niz haurreko udaren beroaz, / Etxe peko errekan zagon uharteaz, / Arratsalde lainotik amak generoaz / Eztiki eman zaukun irakats arteaz. / 'Mahaina femenino, hatsa maskulino: / Frantsesa jakin behar duzie lehenik, / Euskaraz egin dugu beti oraindino, / Ez dut nahi eskolan jasaitea penik!' / Anaiak eta biok, mintzairaren zama, / Erdaraz deus ere ez ginuen ulertzen; / 'Nola euntsiko gira eskoletan ama?' / Isla higatu dela dena dut edertzen / Baina ama zenaren irriak narama / Generoen kontua dudala uhertzen.[54]

Este poema está escrito con ecos y giros lingüísticos cercanos al dialecto de Oragarre, pueblo natal de Itxaro Borda, un pueblo rural y fronterizo, cuyas especificidades lingüísticas se inscriben en los márgenes de la lengua estándar y literaria. En este poema el sujeto poético inserta en estilo directo la voz materna, describe cómo viven unos niños de ámbito rural la escolarización en una lengua que no es la materna, y cómo en este caso concreto, el aprendizaje de una lengua se vincula a la comprensión del género gramatical, que en sí conlleva una visión de género (puesto que

---

[54] "Recuerdo el letargo del verano,/ la isla y el río pasando junto a la casa,/ la sencilla lección de género/ que mamá nos dio en una tarde tranquila./ 'Mesa, femenina; aliento, masculino:/ principalmente tenéis que aprender francés,/ hemos hablado en euskera hasta ahora,/ no quiero que sufráis en la escuela'./ Mi hermano y yo, sintiendo el peso de la lengua,/ no entendíamos nada en ese idioma: 'mamá, ¿qué haremos para entendernos con los demás?'/ Embellezco todo mientras la isla ha desaparecido/ pero la risa de mi difunta madre me arrastra / cada vez que perturbo los géneros" [Traducción de la autora del artículo].

la lengua vasca no tiene género gramatical). La voz materna, en forma oral y dialectal, representa una voz ajena socialmente determinada, vinculada a un relato social "que pertenece a los estratos sociales más bajos, al pueblo" (Bajtín 266-267). A su vez, el sujeto poético afirma que rememora la sonrisa de su madre cada vez que desobedece alguna norma de género, estableciendo así una cadena simbólica y afectiva que crea un vínculo entre ambos gestos, ambas prácticas de resistencia ante imposiciones lingüísticas y genéricas.

En efecto, en todas estas piezas en las que prevalece la heteroglosia esa alternancia lingüística crea e invoca un espacio ambiguo (y a veces incluso conflictivo y contradictorio) entre diversas comunidades identitario-lingüísticas (Hall y Nilep 300).[55]

Esa ambigüedad se percibe también en la indefinición del género literario. Si en poemarios anteriores resonaban en el discurso poético estilizaciones de diversos géneros literarios (libros ascéticos, manifiestos políticos, discursos novelescos...), la pieza *Hots bete ahots* (2017) es explícitamente un texto híbrido. Aunque predominan la musicalidad y poeticidad propias de Itxaro Borda, en algunos fragmentos lo narrativo se cruza con lo poético, lo biográfico se cruza con lo ficcional, la memoria se cruza con la ensoñación, etcétera. Desestabiliza aún más los códigos textuales y genéricos, construyendo un espacio transgenérico, en múltiples estratos (en lo que se refiere tanto al género literario, como a la sexualidad, a lo lingüístico, a lo cultural).

6. Hacia una poética dialógica, transgénerica y heteroglósica

---

[55] Por ejemplo, al ir fusionando frases o cadenas verbales de diferentes lenguas y registros, presenta formas bivalentes (Hall y Nilep 305): la bivalencia se materializa al encadenar expresiones que se usan en ambas lenguas y registros en una misma posición fraseológica, de tal manera que la expresión se puede interpretar desde dos perspectivas lingüísticas, generando una indeterminación: por consiguiente, la bivalencia presenta formas repletas de múltiples connotaciones que conviven en esa concatenación.

Como se ha expuesto, Itxaro Borda en muchas piezas poéticas recrea un escenario de múltiples acentos y voces, articulando un espacio dialógico en sentido bajtiniano.[56] En muchos poemas se articulan ecos socioculturales y susurros corporales que generan posiciones dialógicas que recodifican los discursos, y que generan lugares donde se citan y se representan las palabras ajenas (Sánchez-Mesa Martínez 66). Con esta enunciación poética nómade Itxaro Borda traza una trayectoria dinámica que se asocia tanto al feminismo dialógico (Zavala 27) como a las poéticas dialógicas (Sánchez-Mesa Martínez 325).[57] Como hemos ido matizando en cada apartado, los desplazamientos enunciativos, ideológicos y lingüísticos en la trayectoria poética de Itxaro Borda son continuos, y cuanto más colectivos oprimidos o voces subalternas ha insertado en sus poemas (y más binarismos ha procurado cuestionar), ha construido espacios poéticos más heteroglósicos, más transgenéricos, más fronterizos. Es decir, esa presencia de la palabra ajena en el discurso poético va multiplicándose y diversificándose: parodización, estilización, relatos orales, polémica oculta, etcétera (Bajtín 264-276). De esa manera, los desplazamientos enunciativos de Borda encarnan una conciencia dialógica en la que las alteridades y las voces ajenas están cada vez más presentes, como se aprecia en la orientación bivocal de muchas de sus piezas poéticas, que cada vez recobran más ecos de posiciones sociales conflictivas.

En consecuencia, la trayectoria de Borda refrenda la perspectiva que afirma que el dialogismo es una estrategia de resistencia eficaz para

---

[56] Como bien define Olga Pampa Arán "el dialogismo es una relación interpersonal, intersubjetiva, entre un 'yo' y 'otro que no soy yo', que crea un vínculo que no es solo comunicativo y significativo, sino expresivo, productor de sentido, siendo ese sentido producido un acontecimiento discursivo que lleva marcas sociales e históricas" (Arán 85). Todas esas características dialógicas que se aprecian en los desplazamientos enunciativos de piezas poéticas de Itxaro Borda "possibilita(n) la discussió sobre la veu o les veus que habiten el poema, i qüestiona la seua caracterització com a discurs monològic" (Cabanilles 59).

[57] "La poesía, cuyos rasgos formales y de contenido se han ido haciendo cada vez más elásticos, considerada también como un tipo discursivo literario (el poema como enunciado), es un espacio que acoge los fenómenos dialógicos que Bajtín consideraba propios de la prosa: el bivocalismo, la objetivación irónica o paródica de distintos lenguajes sociales, la evaluación social de los mismos, el desdoblamiento del sujeto enunciador, etc." (Sánchez Mesa Martínez 325).

deconstruir diversos discursos monológicos en los que se reproducen las matrices de opresión de género, raza, clase, ectétera (Scanlon 9). Arturo Casas formula esa hipótesis de la siguiente manera:

> la poesía contemporánea en su orientación a lo político o lo público ha cuestionado (está cuestionando), y acaso ha tendido a relegar, textos de voz, sujeto y (cosmo)visión, doxa o ideología únicos. En sentido divergente, esta poesía estaría optando, más bien, por inspeccionar espacios en los que se muestran de modo heteroglósico, dialógico –y, si acaso, expresamente heterológico y polifónico– posiciones, percepciones y lenguajes diversos y divergentes. (Casas 341)

La práctica poética de Itxaro Borda ratifica esa hipótesis, puesto que sus poemas amorosos más líricos y menos políticos son formalmente los más monológicos y unidireccionales, y sin embargo, en los poemas con cierta orientación social o política explora formalmente en la búsqueda de múltiples voces, de posiciones ajenas y de espacios fronterizos, tanto en lo lingüístico, como en lo modal, e incluso genérico.

Bibliografía

Arán, Pampa Olga. "Dialogismo y producción de sentido." En *La herencia de Bajtín. Reflexiones y migraciones* editado por Pampa Olga Arán, 83–91. Córdoba: Universidad Nacional de Córdoba, 2016.

Atutxa, Ibai. "Hacia una *Queer Basque Nation* desde la poesía de Itxaro Borda." *Lectora* 17: 199–219, 2011.

---. "78ko Erregimen kanibala eta 90eko Poetika Errebeldeak." *Egan* 2019-1/2: 9-28, 2019.

Bajtín, Mijaíl. *Problemas de la poética de Dostoievsky*. México: Fondo de Cultura Económica, 1986.

Bidador, Joxe. *Dantzaren erreforma Euskal Herrian*. Bilbao: Ayuntamiento de Bilbao, 2005.

Borda, Itxaro. *Bizitza nola badoan*. Baiona: Maiatz, 1984.

---. "Eredu literarioen transmizioa Ipar Euskal Herrian." *Maiatz* 10: 34-36, 1985.

---. *Krokodil bat daukat bihotzaren ordez*. Baiona: Maiatz, 1986a.

---. *Just Love*. Baiona: Maiatz, 1986b.

---. *Noiztenka*. Baiona: Maiatz, 2007.

---. *Medearen iratzartzea*. Baiona: Maiatz, 2012.

---. *Zure hatzaren ez galtzeko*. Donostia: Elkar, 2014.

---. *Hots bete ahots*. San Sebastián: Tabakalera, 2017.

Braidotti, Rosi. *Feminismo, diferencia sexual y subjetividad nómade*. Barcelona: Gedisa, 2004.

Cabanilles, Antònia. "L'espai del poema." En *La poesía actual en el espacio público* editado por Alba Cid e Isaac Lourido, 59–82. Bélgica: Orbis Tertius, 2015.

Casas, Arturo. "A Non-Lyric Poetry in Current System of Genres." En *Non Lyrical Discourses in Contemporary Poetry* editado por Burghard Baltrusch e Isaac Lourido, 29–44.München: Verlagsbuchhandlung, 2012.

---. "Conflicto social, heteroglosia y poema dialógico: situación para su análisis discursivo (Un regreso crítico a Bajtín y Volóshinov)." Tropelías. Revista de Teoría de la Literatura y Comparada, número extraordinario 7: 336-349, 2020.

Csordas, Thomas (ed.). *Embodiment and experience. The existential ground of cultura and self.* Cambridge: Cambridge University Press, 1994.

Dolhare, Katixa. "La soledad en la obra de Itxaro Borda." *452ºF. Revista electrónica de teoría de la literatura y literatura comparada* 9: 126–141, 2013.

Egaña Etxeberria, Ibon. "Crítica gay-lesbiana de la literatura vasca." En *Enciclopedia Auñamendi*, 2014 [en línea] [Fecha de consulta: 5 de septiembre de 2020]. Disponible en: http://aunamendi.eusko-ikaskuntza.eus/es/critica-gay-lesbiana-de-la-literatura-vasca/ar-154048/

Epelde, Edurne; Aranguren, Miren y Retolaza, Iratxe. *Gure Genealogia Feministak. Euskal Herriko Mugimendu Feministaren kronika bat*, Espartza Galar: Emagin, 2015.

Escaja, Tina. "Poética de resistencia en Itxaro Borda." *452ºF. Revista electrónica de teoría de la literatura y literatura comparada* 9: 111–125, 2013.

Gabilondo, Joseba. "Itxaro Borda: Melancholic Migrancy and the Writing of a National Lesbian Self." *ASJU* 34(2): 291–314, 2000.

Golubov, Nattie. *La crítica literaria feminista. Una introducción práctica.* México: UNAM, 2012.

Gutiérrez Estupiñán, Raquel. *Una introducción a la teoría literaria feminista.* México: Benemérita Universidad Autónoma de Puebla, 2004.

Hall, Kira y Nilep, Chad. "Code Switching, Identity, and Globalization." En *Handbook of Discourse Analysis*, editado por Deborah Tannen, Heidi Hamilton y Deborah Schiffrin, 597–619. Malden: Blackwell, 2015.

Haraway, Donna. *Ciencia, cyborgs y mujeres. La reinvención de la naturaleza.* Madrid: Cátedra, 1995.

Izagirre, Koldo. "Hitzaurrea [Prólogo]." En *XX. mendeko poesia kaierak. Itxaro Borda.* Zarautz, Susa, 2000.

Jaka, Aiora. "Itxaro Borda, bortxaz itzultzaile." En Beatriz Fernandez y Pello Salaburu (ed.), *Ibon Sarasola, gorazarre*, editado por Beatriz Fernandez y Pello Salaburu, 385-402, Bilbao: UPV/EHU.

Retolaza, Iratxe. "Begirada lesbiarrak Itxaro Bordaren nobelagintzan." En *Desira desordenatuak. Queer irakurketak (euskal) literaturaz*, editado por Ibon Egaña, Donostia: Utriusque Vasconiae, 125-137, 2010.

---. "Amaia Ezpeldoi detektibea: kode-urratzailea eta ibiltari sinbolikoa." En *% 100 basque. Forum hitzaldiak*, Bilbo: Bilbo Zaharra Liburuak, 53-65, 2018.

---. "Xenealoxías poético-políticas na poesía de Itxaro Borda." En *Poesia actual e política: as relações contemporâneas entre produção cultural e contexto sócio-político*, editado por Ana Chouciño *et al.*, Oporto: Afrontamento [en imprenta], 2020.

Salaberri Muñoa, Patxi. *Iraupena eta lekukotasuna. Euskal Literatura idatzia 1900 arte*. Donostia: Elkar, 2002.

Sanchez-Mesa Martínez, Domingo. *Literatura y cultura de la responsabilidad. El pensamiento dialógico de Mijaíl Bajtín*. Granada: Editorial Comares, 1999.

Sarasola, Ibon. *Euskal literaturaren historia*. Donostia: Lur, 1971.

Scanlon, Mara. "Introduction: Hearing Over." En *Poetry and Dialogism. Hearing over*, editado por Mara Scanlon y Chad Engbers, Londres: Palgrave, 1-19, 2014.

Toda Iglesia, María Ángeles. "Lesbianismo y literatura chicana: la construcción de una identidad." *Anuario de Estudios Americanos* 67(1): 77–105, 2010.

Torrealdai, Joan Mari. *Euskal kultura, gaur*, San Sebastián: Jakin-Elkar-Caja Laboral,1997.

Zavala, Iris M. "Las formas y funciones de una teoría crítica feminista. Feminismo dialógico." En *Breve historia feminista de la literatura española (en lengua castellana). I. Teoría feminista: discursos y diferencia*, editado por Myriam Díaz-Diocaretz y Iris M. Zavala, Madrid: Anthropos, 27-76, 1993.

Posthumanismo y reescritura transnacional en el poemario *Playstation* (2009) de Cristina Peri Rossi

Mariana Pérez
Whitman College

Resumen

Cristina Peri Rossi en *Playstation* (2009) critica el concepto de historia occidental a partir de diferentes artefactos como la playstation. Su poética muestra a una sociedad tecnológica que está creando nuevas relaciones, al menos desde la mirada de la poeta. Mi análisis estará enfocado en la teoría posthumanista de Rosi Braidotti, en específico, la subjetividad posthumanista (2013) que rompe con la idea binaria de lo natural y lo construido y cómo la tecnología ha influido en la desaparición de la frontera humanista; al igual que el concepto del cyborg de Haraway (1985). Asimismo, la influencia de la poeta como individuo transnacional tras su exilio en los 70s por la dictadura uruguaya y el énfasis en la re-escritura de la realidad heteronormativa que la rodea, herencia evidente del humanismo cartesiano, y del cual busca desligarse.

Abstract

Cristina Peri Rossi in *Playstation* (2009) criticizes the concept of Western history based on different artifacts such as the playstation. Her poetics shows a technological society that is creating new relationships, at least from the point of view of the poet. My analysis will be focused on the posthumanist theory of Rosi Braidotti, specifically, the posthumanist subjectivity (2013) that breaks with the binary idea of the natural and the artifact, and how technology has influenced the disappearance of the humanist frontier; as well as Haraway's (1985) concept of the cyborg. Likewise, the influence of the poet as a transnational individual after her exile in the 70s by the Uruguayan dictatorship and the emphasis on the rewriting of the heteronormative reality that surrounds her, an evident inheritance of Cartesian humanism, and from which she seeks to detach herself.

Laura López Fernández y Luis Mora-Ballesteros

Posthumanismo y reescritura transnacional en el poemario *Playstation* (2009) de Cristina Peri Rossi

> *Quince días de mar e incertidumbre [...]*
> *Nadie te despidió en el puerto de partida*
> *nadie te esperaba en el puerto de llegada.*
>
> Peri Rossi (*Exilio*, 320-329)

Introducción

Cuando hacemos memoria, algunas postales familiares de infancia las vivimos en domingo, ya sea en una comida, el partido de fútbol o la misa. Para la escritora uruguaya Cristina Peri Rossi, esta experiencia era el recuerdo del paseo con sus tíos al puerto. "El puerto de Montevideo es de gran calado, y allí estaban grandes, silenciosos, inmóviles, ellos, los barcos. No hablábamos. No decíamos nada. Nadie pronunciaba una palabra. Sólo mirábamos. ¿Qué miraríamos? ¿Qué pensaríamos? Era como un ritual, como ir a misa." (Entrevista con Montagut). Ahora, como adulta, la poeta se cuestiona si el paseo se debía a la falta de dinero para ir al cine o a la inexistencia de la televisión en esa época. Aunque recuerda con claridad que aquellos domingos eran nostálgicos y "muy grises", y considera que se debía a que sus tíos eran hijos de inmigrantes, desde entonces, la figura del barco quedó anclada a la nostalgia, al silencio y a la memoria. Una temática que posteriormente sería un motivo recurrente a lo largo de su obra, tan solo su novela más estudiada por la crítica, *La nave de los locos* (1984), usa al barco como alegoría del extranjero. Y en su poemario *Estado de exilio*[58] (2003), se le une también el mar y el puerto como motivos. Incluso, en el prólogo de esta colección de poemas, Peri Rossi menciona que "si el exilio no fuera una terrible experiencia humana, sería un género literario" (*Exilio* 7).

---

[58] Este poemario fue escrito en 1973, y como confirma Peri Rossi tardó 30 años en pu-blicarlo, "cuando obtuvo el premio internacional de poesía Rafael Alberti, otro exiliado" (Montagut).

Si bien en esa postal de infancia, la poeta no vivía aún el exilio, ya se iba generando cierta consciencia sobre el desarraigo a través de la experiencia de sus tíos. No obstante, no sería sino hasta el 04 de octubre de 1972 que usaría un barco como puente hacia su propia extranjería. La escritora lo recuerda del siguiente modo: "Yo me exilié en un hermosísimo transatlántico italiano, llamado *Giulio Cesare,* que durante quince días hizo la travesía de Montevideo a Barcelona" (Montagut). De esta manera, su exilio autoimpuesto estaría marcado por el miedo y la inseguridad del régimen dictatorial del Uruguay que se extendería por doce años[59].

Aunque pudiera pensarse que las razones del exilio de Cristina Pérez Rossi fueron de índole político, la investigadora Gema Pérez-Sánchez en su libro *Queer Transitions in Contemporary Spanish Culture,* aclara que la poeta nunca fue militante oficial de ninguno de los partidos de izquierda en Uruguay, y que únicamente perteneció como miembro independiente a Frente Amplio, coalición política progresista y de izquierda desde 1971. Asimismo, Pérez-Sánchez también destaca que Pérez Rossi escribió para *Marcha,* un semanario político fundado por Carlos Quijano en 1939, que fue clausurado por la dictadura el mismo año en que la poeta se exiliaba.

En palabras de Pérez-Sánchez, cuando la poeta sintió que "*her life was in danger because of her political allegiances*" (117) tuvo menos de 24 horas para escapar. Sobre esta experiencia la propia Pérez Rossi ha dicho que, "a fines de 1972 mis libros, en Uruguay, país en el que nací, fueron prohibidos, así como la mención de mi nombre en cualquier medio de comunicación y fui despojada de mi cátedra de Literatura Comparada; también se me prohibió escribir en cualquier órgano de difusión" (*Exilio* 8). En ese tiempo la poeta no sólo perdería su pertenencia a un espacio geográfico, sino que posteriormente le sería denegada la renovación de su pasaporte, y con ello su nacionalidad uruguaya, la cual recuperaría luego de la caída de la dictadura en 1985. En 1993, ya como residente permanente en Barcelona, Peri Rossi hablaría sobre su propio exilio como "una experiencia

---

[59] Dictadura cívico-militar uruguaya (1973-1985).

larga, dolorosa, totalizadora, que no cambiaría por ninguna otra" (Peri Rossi en Aventín Fontana 46).

De hecho, la poeta ha confirmado, repetidamente, la importancia del exilio en su obra. En efecto, se estima que este es uno de los motivos poéticos más constantes, junto con la expresividad de una sexualidad *queer*, en los que la crítica literaria ha centrado su análisis. A tal punto que ha clasificado a la poeta como posmoderna por su transgresora escritura —tanto por sus temáticas como su estilo—. En este capítulo, sin embargo, no busco repetir esta postura de la crítica, sino que me enfoco en una lectura posthumanista para analizar el poemario *Playstation* (2009) —con este libro Peri Rossi fue la primer mujer en obtener el XXI Premio Internacional de Poesía de la Fundación Loewe— y procuro analizar el énfasis de la poeta en la re-escritura de la realidad heteronormativa que la rodea, herencia evidente del humanismo cartesiano.

La etiqueta incómoda y la mirada de la crítica

Jahan Ramazani, en su estudio sobre poesía transnacional, critica la persistencia actual por la genealogía de una nación única en la crítica literaria y el mundo editorial, "an army of anthologies, job descriptions, library catalogs, books, articles, and annotations reterritorializes the cross-national mobility of modern and contemporary poetry under the single-nation banner" (23). Reclamar a un escritor con una etiqueta nacional fija ayuda, bajo el lente ideológico y pedagógico, a la unificación nacional. Cuando Benedict Anderson habla sobre la nación imaginada confirma la importancia política de los "languages-of-power" (42) y el libro como herramienta de difusión para crear una consciencia nacionalista. "The fixing of print-languages and the differentiation of status between them were largely unselfconscious processes resulting from the explosive interaction between capitalism, technology and human linguistic diversity" (Anderson 45). En este sentido, somos de la idea de que Cristina Peri Rossi se ha enfrentado tanto al proceso de reterritorialización del que habla Ramazani y a la jerarquía lingüística.

Cabe resaltar que, en 2007 la poeta declaró ser víctima de "persecución lingüística" porque tras dos años de participar en un programa en

Transgresiones en las letras iberoamericanas

Catalunya Radio fue despedida por no hablar en catalán. "Creo haber sufrido un claro caso de persecución lingüística, como otras veces, he sufrido persecución política, bajo la dictadura uruguaya o franquista. Los fascismos tienen algo en común: siempre son excluyentes. Excluyen por motivos ideológicos, de raza, de sexo...o de lengua" (*Persecución*). Una situación que en el caso de la poeta es por demás contradictoria, ya que en 1992 recibió el Premio Ciudad de Barcelona de Poesía por *Babel Bárbara*, un poemario que se enfoca en la diversidad lingüística y el erotismo. En *Playstation*, Peri Rossi reitera la problemática lingüística al hacer referencia al proceso de traducción. Por ejemplo, en "Anna" comenta sobre las limitaciones del español respecto a la precisión del alemán:

> El dibujo se llamaba (en castellano)
> Aquí todavía todo está flotando
> Y ella quería saber si flotaba en el mar
> O flotaba en el aire (*Playstation* 36).

Algo distinto a lo antes expuesto, está presente en "Estado de exilio", donde hace alusión a su poemario del mismo nombre. En "Estado de Exilio" Peri Rossi describe como la traducción es un acto poético en sí mismo al ser traducido por una "presa blanca del penal de Texas" que aprendió español en la cárcel (38). Creemos que no solo la cuestión lingüística puede ser determinante para la postura política de Peri Rossi como escritora en España, sino que su doble nacionalidad también podría afectarle. Nótese que, por ejemplo, Sánchez-Blake y Kanost consideran a la poeta dentro de su antología sobre mujeres y literatura latinoamericana, y dividen su carrera literaria en dos periodos demarcados por la pertenencia geográfica: "work preceding exile and work following her life in Spain" (31). Mientras que, Pérez-Sánchez especifica en su antología sobre escritores españoles que Peri Rossi "is the only writer discussed in this book who is not a Spaniard by birth" (114), y resalta además su postura como "outsider" de la cultura española, aunque no lo hace desde una visión negativa sino provechosa, ya que la poeta "dialogues comfortably with both the Latin American and the Peninsular canon, and it needs to be studied with both contexts in mind" (120).

Considerar esto último, nos acercaría a una crítica literaria transnacional. Una que Ramazani estima imprescindible para evitar la reterritorialización de la poesía. Ya que al catalogar a la poeta bajo una nacionalidad específica y cuestionar esa pertenencia se reitera el "mononational paradigm" (Ramazani 48). Sin embargo, se estima que la poeta tiene en cuenta estas etiquetas nacionales y las usa en su discurso para impulsar su carrera. Pérez-Sánchez cuestiona esta maleabilidad ideológica: "Peri Rossi's technique of giving strategic answers depending on whether she is conducting an interview for a Latin American newspaper or a Spanish news outlet" (123), sobre todo porque parece contradecirse públicamente cuando defiende su pertenencia a un canon nacional o no. Esto lo comenta a propósito de la declaración de Peri Rossi en Uruguay al desacreditar a la revista madrileña *La Luna*, por catalogarla como posmoderna, para después colaborar con esta publicación a su regreso a España.

Justamente, esta cuestión sobre su estilística posmoderna se torna en una etiqueta incómoda para Peri Rossi. La escritora comenta de la clasificación literaria como típica de una jerarquización del canon español y señala "he observado en España que a los críticos, en general, los turba mucho que una poeta sea también novelista y ensayista, o que un novelista sea también poeta" (Montagut). Ergo, su producción y estilo literario es tan variado que resulta complicado clasificarlo. Tanto su poesía como su narrativa se nutren entre sí, tal y como sucede con su transnacionalismo. Sin embargo, el uso de la fragmentación, el pastiche, el espacio urbano y los elementos populares—así como su participación en el círculo intelectual español desde su llegada a Barcelona—han obligado a la crítica a clasificarla como una escritora posmoderna.

De acuerdo con Ramazani, la crítica poética constantemente define a los poetas desde el esencialismo y en concordancia a un específico modelo cultural antropológico. En este particular, considero que la etiqueta posmoderna en Peri Rossi es parte de una insistencia académica de fijar la producción cultural a un orden progresivo histórico. Más adelante mostraré cómo su estilo poético transnacional ayuda a construir una visión posthumanista de la realidad. De hecho, tan sólo la idea de que la poeta sienta mayor afinidad con los escritores modernos que con sus contemporáneos implicaría, desde una perspectiva humanista de progreso, un retroceso ideológico. Además, la escritora considera que su activismo político la aleja de la posmodernidad. Si consideramos que "The modernists translated their frequent geographic displacement and transcultural alienation into a poetics of dissonance and defamiliarization" (Ramazani 25). Entonces, al leer a Peri Rossi, distinguiríamos que ideológicamente hace lo mismo porque no solo comparte la movilidad geográfica como estos poetas sino que hay un malestar personal que los hace cuestionar el espacio que los rodea. Ella misma confirma que se debe estar incómodo donde se vive para poder escribir. Como sabemos, el transnacionalismo durante la modernidad se acentuó por el progreso tecnológico en las comunicaciones como el teléfono, el radio o el transporte con motor, y por consiguiente, las olas migratorias masivas. Para Peri Rossi, fue la dictadura y su exilio; aunque se destaca el ascenso y uso de la tecnología como motivo poético para re-escribir su realidad.

Como se había mencionado, *La nave de los locos* es considerada como un exponente canónico del posmodernismo y del feminismo en Latinoamérica (Sánchez-Blake y Kanost 50), mientras que, en España, la novela es parte del movimiento posmodernista iniciado por La Movida tras el fin de la dictadura franquista. Al menos ambos cánones coinciden en que existe una deconstrucción ideológica dentro de esta obra, pero solo como síntoma posmoderno. No obstante, la autora no acepta dicha etiqueta y defiende su postura desde su identidad uruguaya, "especially in Madrid, postmodernity has been a youth movement with features that are clearly narcissistic, individualist, and contrary to modernity's values. (…) [In contrast] we Uruguayans continue to place morality as an ethical value, something that indicates that we are not postmodernists" (Peri Rossi en Pérez-Sánchez 122). De allí que me interese distinguir la cuestión sobre el valor ético como rasgo que la desfamiliariza del posmodernismo. Estimo que Peri Rossi siempre se ha caracterizado por su activismo polí-tico y social, y considero que su constante ansiedad respecto al orden de las cosas la acercan al posthumanismo, tal y como Rosi Braidotti comenta: "the common denominator for the posthuman condition is an assumption about the vital, self-organizing and yet non-naturalistic structure of living matter itself" (2). De acuerdo con Braidotti, considerar nuestra postura post-naturalista traería como resultado el juego y la experimentación con los límites de la naturaleza humana. Considero que Peri Rossi juega constantemente con estos límites ya sea desde la expresividad de una sexualidad *queer* hasta la búsqueda por el resquebrajamiento del conocimiento y sus instituciones al usar el aparato tecnológico como la computadora o la playstation.

Re-escritura transnacional

A pesar de que Mary Beth Tierne-Tello clasifica a Peri Rossi dentro de la posmodernidad, también detalla la multiplicidad alegórica de su obra. Tierne-Tello afirma "I examine the multiple meanings of exile in this narrative [*La nave de los locos*], that is, how it is articulated as a contextual, textual, and sexual condition and how it comes to imply not only a powerful sense of loss that provokes nostalgia but also the opening of a new space of utopian possibilities" (174). De allí que estime oportuno subrayar la creación de nuevos espacios que, aunque Tierne-Tello los fije como utópicos, en ellos sobresale la importancia de la subjetividad debido a que Peri Rossi los construye a partir de la desintegración social y la alienación. Desde esta forma, se integra la idea de otredad a partir del exilio para recrear estos espacios, "becoming 'other' as a loss of a sure (masculine) position of control, simultaneously evokes a sense of victimhood and opens a space for a new intersubjectivity" (Tierne-Tello 185). La crítica concuerda que Peri Rossi cuestiona el orden heteronormativo a partir de la expresividad sexual transgresora dentro de su obra. Su poemario *Playstation*, no se desprende de esta subjetividad. Por ejemplo, en "Anoche tuve un sueño" se declara que:

>que hacía el amor con mi madre
>mejor dicho
>no conseguía hacer el amor con mi madre
>porque siempre venía alguien a interrumpirme (14).

Después, la voz poética pregunta si alguien había soñado lo mismo, pero todos respondían que no "ellos y ellas no soñarían con esas porquerías" (16). En este momento, el lector reafirma el orden heteronormativo, pero el siguiente verso revierte el sentido, "hasta que me di cuenta/ de que no tenían madres guapas" (16). En el plano interpretativo tenemos dos opciones: respaldar nuestra incomodidad con el uso del humor como elemento de transgresión o aceptar la expresividad del deseo sexual por la madre. Asimismo, con este verso se reconstruye los ideales respecto a la sexualidad y al género, la maternidad y el control social no sólo por medio de los amigos sino con el psicólogo que inter-preta sus sueños y trata de fijar su objeto de deseo.

Como se había mencionado, el exilio en Peri Rossi es determinante para representar su realidad. Francisco Brignole, al hablar sobre una literatura posnacional, considera que los exilios provocados por las dictaduras latinoamericanas no buscan la asimilación, sino que "they deliberately remain in an indefinite state of 'extranjería' or 'foreignness' by adopting an interstitial position, located somewhere between that of the exile and that of the immigrant" (128). Esta posición es lo que ha producido en Cristina Peri Rossi una necesidad de denunciar el estado de represión como parte de su activismo político y tal vez, por una nostalgia del pasado nacional. No obstante, la autora no cae en una "ghetto mentality" (129) como menciona Brignole, dado que el exilio tradicional se produce tras mantener relaciones selectivas dentro de espacios etnográficos definidos, usualmente entre connacionales.

Para Peri Rossi el estado de exilio va más allá del espacio geográfico, incluso menciona que "puedo sentirme exiliada también en mi ciudad natal, Montevideo: es la melancolía de la falta de identificación, de la dificultad de integrarse" (Montagut). Justamente, esta desvinculación lleva a la poeta a la búsqueda de subjetividad a partir de la transgresión del orden establecido ya sea dentro de la ciudad, la expresividad sexual, la historia y la academia. Por ejemplo, en los primeros versos de "Marx se equivocó" establece su estado de pertenencia, "Era una exilada/ y vivía en un barrio de inmigrantes" (67). Sin embargo, al momento de ser expuesta como una figura pública en la televisión se vuelve ajena a la comunidad, reiterando el sentido de "ghetto mentality" del que habla Brignole.

> ¿qué hacía alguien que salía en la Gran Pantalla
> viviendo en un barrio como ese?
> Seguramente yo era una impostora
> una farsante
> una simuladora (67).

El poema cierra con el cuestionamiento sobre la bondad del hombre y la terminante desfamiliarización del espacio por el juicio del grupo étnico: "Casi me linchan/ Por vivir en barrio equivocado/ y salir en la televisión" (68). Resulta importante destacar cómo la tecnología es determinante en la experiencia como sujeto de la poeta. La televisión termina por definir su estado como miembro dentro de la comunidad. A lo largo de *Playstation* se hacen referencias históricas del uso tecnológico y cómo el artefacto modifica esa experiencia, como el antes y después del internet y el uso del correo electrónico y la carta, por ejemplo.

Ahora, esta experiencia delimitada por la vida comunitaria y sus relaciones con la tecnología se relacionan con la perspectiva teórica de Glick Schiller sobre que "'transnationality' indicates cross-border connective processes that are both social and identificational, while the term 'transnational 'indicates the specific relationalities" (33), que producen redes que conectan a individuos o grupos en un espacio dentro de la nación.

Ya notamos que para Peri Ross esas redes de conectividad y pertenencia dentro del espacio urbano son esenciales para la construcción de su subjetividad, incluso, aunque a veces le sean denegadas. Posteriormente veremos cómo hay un repudio hacia los artefactos tecnológicos que determinan su experiencia dentro de la comunidad, tal y como sucedió con la televisión.

La transnacionalidad de la que habla Schiller en la poeta provoca que la ciudad se encuentre en constante tensión y sinergia entre conexiones locales, nacionales y globales. En el poema "Biografías" nos cuenta cómo el dueño de un puesto de periódicos la reconoce y le pide que escriba su biografía. En el primer apartado de este poema podemos notar redes de conectividad locales porque el puesto es el mismo donde la poeta siempre compra sus cigarrillos y revistas. El puesto al encontrarse en su vecindario nos indica un fuerte sentido de pertenencia, sobre todo, porque cuando el dependiente la identifica "alguien le dijo que yo era escritora/ o vio mi fotografía en el periódico" (50) pierde su anonimato y termina por cambiar de puesto e incluso a mudarse de vecindario, "me mudé/ a tres manzanas de mi antiguo departamento" (51).

Por otro lado, en el sentido global, reitera conectividad con otros espacios al mencionar en tres ocasiones la revista National Geographic que quería comprar. Asimismo, establece interrelaciones al mencionar los nacionalismos literarios en Balzac y Dickens como ejemplos a seguir, pero también los define como autores a quienes "les pagaban por palabra" (51,53).

En el poema, Peri Rossi rechaza dos buenas ofertas para escribir biografías de otras personas. El hecho de negarse a aceptar estas propuestas la aleja de las figuras de Balzac y Dickens y por lo tanto de la tradición literaria y el nacionalismo. Pero también, critica el proceso creativo y su lejanía como escritora a una producción fija y definida por los editores o el consumo masivo.

En otro orden de ideas, cuando Sara A. Gottari habla sobre el cuento "El ángel caído" (1984) asevera que la escritora cuestiona el orden establecido fijo al deconstruir el conocimiento, tal y como hace al negarse a escribir solo por dinero. En esta historia, la gente busca una explicación lógica de la existencia del ángel en el pueblo, primero desde lo religioso, luego a través de la interacción social y, finalmente, por el método científico. Ninguna explicación funciona y con esto Gottari afirma que en el cuento "el conocimiento no se presenta como algo positivo sino negativo" (66); sobre todo porque la única manera de acercarse al ángel es mediante la empatía. No quisiéramos ahondar mucho en esta historia, pero buscamos destacar dos aspectos importantes: el papel de la tecnología que, como ya vimos es una constante en la poética de Peri Rossi, y las relaciones no-humanas. Al inicio del cuento se describe la inutilidad y los efectos de la falla de los satélites de espionaje y su posterior intervención sobre el espacio al contaminar la ciudad. Mientras que, en *Playstation* vemos cómo la televisión determina la experiencia del sujeto dentro del espacio comunitario. En particular, este cuento nos muestra el interés de Peri Rossi por el posthumanismo, ya que no solo cuestiona los métodos humanistas que acercarían al hombre al conocimiento, sino que además explora las relaciones no-humanas con el ángel. Esto mismo lo vemos en las dos partes del cuento "Simulacro" que desarrolla la relación amorosa de un hombre y una mujer cíborg.

Posthumanismo

Cristina Peri Rossi solo ha sido considerada como posthumanista en pocas ocasiones. Por un lado, Java Singh explora el tema del erotismo y la robosexualidad en el cuento "Simulacro" (1976). Mientras que, Vera Coleman en su tesis de maestría titulada "Cuerpo y universo: acercamientos poshumanistas a la materialidad en la poesía de Cristina Peri Rossi y Cecilia Vicuña" habla sobre el cuerpo real y el erotismo a partir de los procesos fisiológicos y la biología.

Desde mi perspectiva, *Playstation* forma parte del universo posthumanista de la escritora, pero con cierto énfasis en el uso de la tecnología para formar la subjetividad, y no sólo hacia una expresividad sexual *queer* sino para la deconstrucción de la realidad y el conocimiento. Para Rosi Braidotti la teoría posthumana nos ayuda a repensar el antropocentrismo impuesto por el humanismo, "By extension it can also help us re-think the basic tenets of our interaction with both human and non-human agents on a planetary scale" (6). Ya hemos mencionado que Peri Rosi explora estas relaciones dentro de su obra, sobre todo, a partir del erotismo como en "Simulacro", el poemario *Evohé* y *La nave de los locos,* por mencionar algunos. En *Playstation* lo extiende con la tecnología como motivo poético. Sin embargo, no se limita a su uso sólo como un artefacto, es decir que la herramienta tecnológica va más allá del objeto y su fin determinado con el que ayuda al humano a mantener su estado jerárquico en el planeta, sino que es necesario para recrear la subjetividad de la poeta. Peri Rossi usa el artefacto tecnológico como una extensión física que ayuda al individuo a redefinir su realidad. Esta extensión tecnológica de su propio cuerpo produce una nueva experiencia y nos acerca a la visión de lo que sería una mujer cíborg.

En *The Cyborg Manifest*, Donna J. Haraway comenta "So my cyborg myth is about transgressed boundaries, potent fusions, and dangerous possibilities" (14). En *Playstation*, Peri Rossi logra transgredir los límites humanistas, y aunque no es tan evidente la presencia del cyborg como alternativa para establecer el "new social" (Braidotti 11) como en "Simulacro", sí establece un principio hacia esa transformación. El poemario abre con "Fidelidad" que, aunque toca el tema del amor lésbico se presenta como parte del todo y no como única finalidad. De hecho, el poema se conforma de aliteraciones de las cuales queremos destacar tres: la cantante Marguerita de Cocciante, el espacio geográfico y el artefacto tecnológico.

> A los veinte años, en Montevideo, escuchaba a Mina
> cantando Margherita de Cocciante
> en la pantalla blanca y negra de la Rai
> junto a la mujer que amaba
> y me emocionaba.
>
> A los cuarenta años escuchaba a Mina
> cantando Marguerita de Cocciante
> en el reproductor de cassettes

junto a la mujer que amaba,
en Estocolmo,
y me emocionaba.

A los sesenta años, escucho a Mina
cantando a Margherita de Cocciante
en Youtube, junto a la mujer a la que amo,
ciudad de Barcelona
y me emociono.
Luego dicen que no soy una persona fiel (9).

Peri Rossi marca una línea de tiempo que expresa la evolución tecnológica y migratoria de la poeta. No importa dónde ni cómo acceda al conocimiento, tanto su gusto musical como el amor lésbico siempre permanecen intactos.

Ya con el último verso, desfamiliariza el concepto de fidelidad— valor indispensable en el humanismo— que fomenta la relación monógama heteronormativa tanto en el amor como en cualquier estructura social como la iglesia o la educación. Aunque no sea muy descriptiva en cuanto a su pareja, sabemos que no es la misma por el cambio de ciudad y el tiempo verbal del imperfecto en la primera y segunda estrofa al presente en la última estrofa. A lo largo del poemario podemos ver cómo el uso de la tecnología ayuda a cuestionar la estructura social y su interacción, y nos llevará de la mano hacia una actitud más activa de la poeta respecto a esto.

Desde el inicio del poemario muestra interés en cuestionar a la institución del conocimiento, en el poema "Fidelidad II" escribe "Me dijeron que Google era mejor/ que la Enciclopedia Británica/ pero yo no me lo creí" (12).

Asimismo, en "Entrevista" se queja de cómo la crítica siempre le hace las mismas preguntas respecto a su vida creativa, incluso, establece que "Así son las universidades: tienen ideas fijas" (27). Constantemente, Peri Rossi regresa a la institución académica, un ejemplo de ello se da en

"Punto de encuentro", donde narra cómo coincide con su antiguo profesor de filosofía en un sex-shop. El encuentro se nota incómodo y forzado, sobre todo cuando inician una conversación trivial sobre sus vidas académicas.

> —Yo leí sus artículos sobre la disputa entre Leibniz y Hobbes —le dije—en el último número de la revista de la universidad. En ese momento entró un hombre con una mujer. Pidieron un pene de veintiocho centímetros de largo cinco de diámetro y un buen lubricante que fuera antialérgico, porque el último que habían comprado le había hecho salir un sarpullido en el pene y a ella un habón en el clítoris (31-32).

De esta forma, reitera la importancia del espacio y la experiencia. Sobre todo por la transgresión al espacio íntimo, podemos notar el malestar entre los sujetos, "Estábamos en la sección de tetas, pero no mirábamos hacia ningún lado, como si estuviéramos en el parque" (32). Sin embargo, es el esfuerzo en la plática la que produce una descentralización de la institución. No sólo te encuentras con un profesor—quien representa una autoridad moral— en un sex-shop, sino que derrumbas la formalidad que rodea al conocimiento al hablar sobre grandes figuras filosóficas mientras se oye de fondo al vendedor de la tienda explicar cómo usar pilas en un vibrador. Incluso, llega a comparar una biblioteca con la distribución de las mercancías en el sex-shop.

Si Peri Rossi se hubiese quedado sólo con estas pequeñas impresiones respecto a la jerarquización institucional, no habría logrado formar una subjetividad posthumana sino simplemente una postura desde el constructivismo social—que según Braidotti es tan popular entre los académicos— ya que se sigue teniendo en consideración una relación binaria entre lo natural y lo social. Y aunque Peri Rossi marca claramente su deseo lésbico sin tapujos al elegir rápidamente una película porno y salir de la tienda, no elige la que realmente quería por estar en presencia del profesor. Lo mismo sucede cuando el profesor no entra a las cabinas de sexo. Al final, ambos se muestran incómodos debido a las estructuras de poder profesor-alumna, hombre-mujer, heterosexual-homosexual, etc. La subjetividad se sigue limitando por la normatividad que regula el espacio y la jerarquía social. Justamente, Braidotti argumenta que en el posthumanismo "we need to devise new social, ethical and discursive schemes of subject formation to match the profound transformations we are undergoing. That means that we need to learn to think differently about ourselves" (12). La poeta cuestiona su realidad y su propia posición en el mundo, pero necesita de la tecnología para recrearse a sí misma. Esto se ve marcado en el poema "Convalecencia" donde se narra cómo la poeta tras ser atropellada debe permanecer en cama por tres meses.

> Me pasé tres meses en la cama
> con la pierna derecha en alto
> jugando con la playstation.
> -me había atropellado un auto- (20)

La poeta se ve forzada a cambiar la percepción de su realidad por su cuerpo. La incapacidad física la empuja a reencontrarse con su entorno. Ese que aun cuando la molesta está físicamente impedida para alejarse y solo lo logra con el videojuego. En el mismo poema, hace una comparación respecto a la experiencia con el libro y la consola de PlayStation:

> cuando dejaba de jugar con la PlayStation
> y buscaba un libro para leer
> todos eran tristes
> contaban cosas horribles
> de los seres humanos (20)

El rechazo por el libro y el conocimiento fijo que lo define, la empuja de nuevo a la consola de PlayStation. Podríamos argumentar que el regreso a la PlayStation tal vez se deba a un estado emocional de aburrimiento, pero esto nunca lo establece. No obstante, es recurrente durante el poemario el regreso a la PlayStation como vía de escape cuando su realidad le sienta incómoda. Esta realidad está expresada a través de otros artefactos que no la ayudan a escapar como ya vimos con el libro y la televisión.

> Cuando dejaba de jugar con la playstation
> y encendía la televisión
> todas las cosas que veía eran horribles
> asaltos asesinatos violaciones
> guerras chismes pornografía
> de modo que volvía a la playstation (21).

Considero que el rechazo de la poeta por otros artefactos que no la ayudan a reconstruir su realidad se debe a que la PlayStation es interactiva. Digamos que vive a través de ella como en una realidad aumentada. Entonces, así como Donna Haraway utiliza la figura del cíborg como una estrategia retórica y política (5), Peri Rossi adopta la PlayStation para ser uno. "A cyborg is a cybernetic organism, a hybrid of machine and organism, a creature of socially reality as well as a creature of fiction. Social reality is lived social relations, our most important political construction, a world-changing fiction (Haraway 6). La PlayStation nunca había sido necesaria para la poeta hasta la fractura de sus piernas. Desde esa nueva postura descubre que puede evadir la realidad que se le presenta y puede establecer nuevas relaciones sociales a través del juego en la PlayStation. La nueva realidad virtual se convierte en una oportunidad para recrear la narrativa político-social con otros seres que, como ella, son cíborgs. Haraway creía que el cíborg era una realidad material y una imaginada. El uso del PlayStation en Peri Rossi conjunta esto. La PlayStation necesita de la materialidad del humano y viceversa. Haraway habla sobre el desarrollo tecnológico y cómo este avance ha borrado poco a poco los límites entre el mundo material y el inmaterial. Peri Rossi y su PlayStation se mimetizan y recrean una nueva realidad en el mundo inmaterial de la nube. Con esto, la poeta logra posicionar su anti-humanismo y como Braidotti define "de-linking the human agent (...) Different and sharper power relations emerge, once this formerly dominant subject is freed from his delusions of grandeur and is no longer allegedly in charge of historical progress (23).

A lo largo del poemario, Peri Rossi se quejará del mundo que la rodea: de las entrevistas repetitivas, del conocimiento fijo como el libro, de las relaciones binarias y de poder. Y cada vez que algo le moleste regresará a la consola. Tal y como cierra el poemario con "Formando una familia", donde cuestiona a la institución familiar y las reuniones obligadas que esto conlleva:

> ¿Tú que haces por Navidad? —me preguntó, entonces.
>
> Busco una emisora de música clásica
> —le dije—
> y juego a la playstation (800).

Conclusión

La inconformidad de Cristina Peri Rossi ante el mundo que la rodea lo vemos desde su decisión por autoexiliarse, así como por su elección de una nueva residencia que la agravie constantemente como lo es Barcelona o incluso en su negación a escribir en un solo género literario. Esta inconformidad se asemeja a la misma queja que Donna Haraway hace constantemente, ya sea desde su visión sobre el cíborg hasta en el Chthulucene[60]. Sin embargo, al enfocarnos en la tecnología y la forma en que une globalmente a las personas, notamos como perpetua al sistema humanista en el que hemos vivido y sus cadenas infinitas de explotación y violencia. Estas cadenas fomentan un incesante individualismo, mientras que Haraway reclama que el conocimiento y la verdad se hacen desde lo colectivo, desde la articulación del "worlding". Este concepto se forma a partir de la deconstrucción de los modelos neoliberales militarizados y la búsqueda de una posible anti-globalización. Haraway menciona que "I think we learn to be worldly from grappling with, rather than generalizing

---

[60] Revisar Staying with the *Trouble: Making Kin in the Chthulucene* (2016) de Donna Haraway.

from, the ordinary" (*When Species Meet* 3). Cuando Peri Rossi juega a la PlayStation busca reformular su propia individualidad y salirse del mundo ordinario. Su mundo tangible ideológicamente es inerte, al menos para su propia subjetividad. Entonces, el espacio virtual en el videojuego, literal le permite "jugar", es decir, establecer conexiones sociales no fijas y buscar un "becoming with", tal como lo establece Haraway que "to be one is always to become with many" (3). Este "becoming with" lo podemos ver desde su búsqueda de identidad como transnacional en el espacio urbano que la rodea. Sin embargo, el "becoming with" dentro de la PlayStation es un poco diferente porque sucede en un tiempo fluido o incluso inexistente dentro del espacio virtual. Particularmente, en su poemario *Playstation*, Peri Rossi no es explícita respecto a la transformación de su subjetividad. La poeta nunca es clara en cuanto a qué tipos de relaciones establece en el mundo virtual ni con quién o quiénes las establece. Digamos que no hace partícipe al lector de este universo privado. Hasta el momento, como lectores, podemos tener en claro que Cristina Peri Rossi está inconforme con su realidad, y es muy precisa al criticar a las instituciones que nos rigen: la universidad, la heterosexualidad, la familia, el libro, etc… Y este malestar no la deja con otra opción más que jugar a la PlayStation. Es en el espacio virtual donde entreteje nuevos encuentros, nuevas relaciones no binarias a partir de su propio desdoblamiento.

Bibliografía

Anderson, Benedict Richard O'Gorman. *Imagined Communities: Reflections On the Origin and Spread of Nationalism.* E-book, London: Verso, 2006. Print.

Braidotti, Rosi. *The Posthuman.* Polity Press, 2013.

Brignole, Francisco. "Voluntary Exiles, New Identities, and the Emergence of a Postnational Sensibility in Contemporary Latin American Literature." *Postnational Perspectives on Contemporary Hispanic Literature, ed.* Heike Scharm, and Natalia Matta-Jara, University Press of Florida, 2017. ProQuest.

Cid Hidalgo, Juan D. "Exilio y migración en La nave de los locos de Cristina Peri Rossi: Un viaje por los espacios otros." *Co-herencia*, vol. 9, no. 17, Departamento de Humanidades de la Universidad EAFIT, July 2012, pp. 51–70.

Coleman, Vera. *Cuerpo y universo acercamientos poshumanistas a la materialidad en la poesía de Cristina Peri Rossi y Cecilia Vicuña.* Arizona State University, 2013.

Fontana, Alejandra Ma Aventín. "Algunas notas para el estudio del exilio en la obra poética de Cristina Peri Rossi/An introduction to the study of exile in Cristina Peri Rossi's poetry." *Revista de Filología Románica* (2011): 45.

Gottardi, Sara A. "La deconstrucción del conocimiento en el 'El ángel caído' de Cristina Peri Rossi". *Romances Notes* 53, no. 1, University of North Carolina (2013): 65-71. Project Muse.

Haraway, Donna J. *Manifestly Haraway.* University of Minnesota Press, 2016. Print.

Haraway, Donna J. *When Species Meet.* University of Minnesota Press, 2007. ProQuest.

Krätke, Stefan, Kathrin Wildner and Stephan Lanz, comp. and ed. "The Transnationality of Cities, Concepts, Dimensions, and Research Fields. An Introduction." *Transnationalism and Urbanism. Routledge,* 2012. Taylor & Francis Group, 2012. 1-30. ProQuest.

Glick Schiller, Nina. "Transnationality and the city." *Transnationalism and Urbanism*, ed. Stefan Krätke, et al. Taylor & Francis Group, 2012. 31-45. ProQuest.

Montagut, M. Cinta. "Entrevista "Cristina Peri Rossi, la escritura múltiple". The *Barcelona Review*, 2008. http://www.barcelonareview.com/63/s_ent.html

Parnreiter, Christof. "Multicentered Agency, Placeless Organizational Logics, and the Built Environment." *Transnationalism and Urbanism*, ed. Stefan Krätke, et al. Taylor & Francis Group, 2012. 91-111. ProQuest

Pérez-Sánchez, Gema. *Queer Transitions in Contemporary Spanish Culture: From Franco to La MOVIDA*. State University of New York Press: 2007. ProQuest.

Peri Rossi, Cristina. *Playstation*. Madrid: Colección Visor de Poesía, 2009. Print.

Peri Rossi, Cristina. *Estado de exilio*. Madrid: Colección Visor de Poesía, 2003. Print.

Peri Rossi, Cristina. "Persecución lingüística". Eldígoras. Octubre 2007. http://www.eldigoras.com/bibe/num/e040/fuego40cpr01.htm

Peri Rossi, Cristina. *La nave de los locos*. Barcelona: Seix Barral, 1984.

Peri Rossi, Cristina. *La tarde del dinosaurio*. Planeta, 1976.

Ramazani, Jahan. *A Transnational Poetics*. University of Chicago Press, 2009. ProQuest.

Sánchez-Blake, Elvira E., and Laura Kanost. *Latin American Women and the Literature of Madness: Narratives at the Crossroads of Gender, Politics and the Mind*. McFarland, 2015. EBSCOhost.

Singh, J. (2020). "Robosexualidad en un cuento de ciencia ficción de Cristina Peri Rossi". *QVADRATA. Estudios sobre educación, artes y humanidades*, 1(2), 110-124.

Tierney-Tello, Mary Beth. *Allegories of Transgression and Transformation: Experimental Fiction by Women Writing Under Dictatorship*. State University of New York Press, 1996. EBSCOhost.

II. Voces indígenas y afrofemeninas

Afroidentidad y empoderamiento corporal en la poesía digital de escritoras afrohispanas contemporáneas: El caso de *Voces Afroféminas*

Edurne Beltrán de Heredia Carmona
Coastal Carolina University (SC)

Resumen

El presente trabajo explora las nuevas formas de expresión poética por las que mujeres de la comunidad afrohispana están manifestando su identidad híbrida a través de espacios en la red, como el caso de *Voces Afroféminas*. Entre las autoras de este espacio digital se encuentran Desirée Bela-Lobedde, Yolanda Arroyo Pizarro, Lilit Lobos, Vania Monteiro y Gabriella Nuru. Estas mujeres poetas se emancipan de la historia colonizadora que excluía a las mujeres de ascendencia africana como parte del discurso primario, así como también resultaba en un auto rechazo hacia su propia identidad de origen. De este modo, este ensayo trata de analizar cómo estas mujeres, dentro de un contexto transnacional, han encontrado en la poesía digital un medio por el que empoderar su identidad y, apoyadas en la idea de Achille Mbembe sobre la definición occidentalizada de África, estas mujeres redefinen el concepto de "afrohispanidad" a través de su expresión poética sobre el cuerpo racializado y el *black hair*.

Abstract

This chapter explores new forms of poetic expression in online sites such as *Voces Afroféminas*, where women from the Afrohispanic community manifest their hybrid identities. Women like Desirée Bela-Lobedde, Yolanda Arroyo Pizarro, Lilit Lobos, Vania Monteiro y Gabriella Nuru are some of the authors that are analyzed in this work. These female poets emancipate themselves from the colonizer point of view that has historically excluded African descendant women from being part of the primary discourse, and often times resulting in self-rejection. This work explores how women in transnational contexts find in the online platform a new source to empower their identity in relation to black hair and phenotype; and similarly, how they redefine the westernized definition of Africa that Achille Mbembe explains in his work.

Laura López Fernández y Luis Mora-Ballesteros

Afroidentidad y empoderamiento corporal en la poesía digital de escritoras afrohispanas contemporáneas: El caso de *Voces Afroféminas*

El debate actual sobre la inclusión de las voces de la comunidad afrodescendiente en los corpus literarios y educativos plantea una reflexión acerca de la situación subalterna en la que se encuentran ciertas comunidades o grupos en la sociedad actual. Dentro del corpus literario pueden encontrarse expresiones literarias de diferentes géneros que han sido escritas por personas de origen afrohispano, tanto dentro del marco de la literatura latinoamericana como en la peninsular. Actualmente, África cuenta con dos países en donde escritores locales producen literatura en idioma español, como son Guinea Ecuatorial y Marruecos. Si bien es cierto que la investigación y la enseñanza de la expresión literaria de estos autores ocupa un lugar minoritario en comparación con las demás áreas literarias del territorio hispanohablante, el debate actual nos invita a reflexionar sobre la inclusión y el reconocimiento de la presencia de la comunidad afrohispana como parte esencial de la definición no uniforme del mundo hispanohablante.

Al igual que muchos emprendedores jóvenes en la actualidad a nivel global, los escritores afrohispanos han encontrado en la tecnología y las redes sociales una herramienta de expresión y comunicación para con un amplio número de lectores. Atrás ha quedado la tradición de una escritura publicada únicamente en papel y es ahora cuando las nuevas tecnologías son un espacio de expresión digital para los escritores. En este ensayo se va a estudiar cómo las redes sociales y plataformas digitales juegan un rol esencial para la expresión activista transnacional de las escritoras afrohispanas contemporáneas; poniendo especial atención en la escritura poética de un grupo de escritoras jóvenes que comienza a expresar su afroidentidad y en su proceso de empoderamiento estético como mujeres afrohispanas.

Alzando la voz en la era digital

A diferencia de otras comunidades virtuales de afrodescendientes que continúan siendo ampliamente estudiadas en otros países, la comunidad inmigrante en la península ibérica ha comenzado recientemente a pronunciarse a través de internet.[61] Con la llegada en 2004 del web 2.0 para compartir información con un diseño centrado en el usuario, internet se ha convertido en un lugar de fácil comunicación y conexión para socializar entre los usuarios. Uno de los múltiples beneficios es la fácil accesibilidad con proyección multidireccional y con amplia posibilidad de participación por parte de diversos colectivos subalternos o marginados que desafían el concepto nacional, tradicional e incluso heteropatriarcal. Aunque la presencia de numerosos colectivos en los medios de comunicación no es una novedad actual, los medios digitales y especialmente la comodidad o facilidad de acceder a las redes sociales han transformado el panorama de la comunicación en nuestra sociedad.

Aunque la esfera digital puede acercarnos a otros grupos y a diversas realidades, las injusticias sociales continúan estando presentes en las redes. Esta realidad digital ha sido también influida por el impacto del postcolonialismo en las comunidades que protagonizan la propia esfera de análisis. Los estudios de Leurs o Buccitelli han observado la influencia del postcolonialismo en las redes y plataformas digitales, señalando que la interseccionalidad entre clase y raza debe también estar presente al debatir la accesibilidad a las tecnologías digitales y a las estructuras jerárquicas. La interacción o el acto-espacio de su representación se ve restringida por las barreras socio-culturales con las que frecuentemente esta comunidad coexiste en su vida diaria (Leurs 251). En otras palabras, la posición subalterna en la que conviven los individuos de estas comunidades diariamente influye en su representación de las redes digitales. Con todo, el espacio de la red es de interés en el presente estudio para dar cuenta del impacto de

---

[61] Destacan las investigaciones de Catherin Knight Steele, Jessica H. Lu, y Gabriela T. Richard y Kishona L. Gray como pioneras en el estudio del rol de las esferas digitales como expresión de la comunidad negra en el mundo anglosajón.

las escritoras que se van a estudiar.

La presencia de comunidades migrantes o en diáspora en internet tiene su mayor protagonismo en las redes sociales. Indica Francoise Vergès que esta nueva forma de circular o de conducir un comportamiento emerge como emancipación de la imagen o como identidad descentralizada de los individuos de la comunidad afrohispana que se autoposiciona como independiente del centralismo nacional. La movilización social de diversas comunidades de origen migrante en las redes no deja de lado las circunstancias de discriminación a las que se enfrentan cada día en numerosos ámbitos sociales, y de hecho, este es uno de los temas principales que impulsa la movilización y el activismo de este colectivo.

La investigadora Julia Borst ha analizado extensamente la interacción de las plataformas digitales como herramienta para la construcción de la identidad transnacional de las comunidades afrohispanas en España y Portugal. Borst relaciona estas identidades con el "imagined communities" o "identidades imaginadas" acuñado por Anderson para referirse al proceso de creación de la identidad nacional. Hablar de una identidad imaginada de origen migrante requiere de su contextualización y de un análisis de las particularidades a las que pertenece esta comunidad hoy en día. Esta identidad se apoya en la libertad de expresión que les ofrece existir virtualmente y se escapa de la estructura hegemónica nacional dominante y que las sitúa en una posición subalterna: "Although by no means unaffected by existing hegemonic structures of power and privileges, digital media allows for a more decentralised and liberated content production and consumption so that narratives arise that tend to be overlooked or repressed elsewhere" (Small 219, citado por Borst y Gallo-González). En este hilo, la autora afirma que las plataformas digitales que desafían el centralismo identitario nacional continúan siendo un grupo minoritario alternativo a pesar de la perspectiva colectiva que se posiciona de forma estratégica.

Estas comunidades periféricas que se sitúan en un espacio descentralizado de la definición hegemónica, han conseguido posicionarse dentro de la esfera digital que incluye a las redes sociales, plataformas digitales y blogs literarios. El enfoque de estas plataformas también favorece el propio interés personal de las autoras que, en ocasiones, además de su activismo en la esfera digital, se dedican a la escritura de modo profesional; por tanto, también utilizan estas redes para publicitar y anunciar sus proyectos literarios. En un intento por encontrar nuevos espacios donde pronunciar su discurso activista en favor de los derechos de su comunidad categorizada como subalterna, estos individuos han logrado alcanzar las esferas digitales que favorecen un alcance social hacia nuevos territorios.

Expresión afrohispana en la era digital

Las dos plataformas online más destacadas en el panorama digital actual son *Afroféminas* y *Negrxs Magazine*. *Afroféminas* nació en 2014 cuando un grupo de mujeres afrodescendientes en España decidió visibilizar su día a día y se lanzaron a la audiencia digital. Vinculado a otras redes sociales populares como Facebook, Instagram y Twitter, *Afroféminas* se dedica a hablar de literatura, opinión y periodismo mientras establece un diálogo desde la perspectiva de la mujer racializada. Este grupo promueve la difusión de voces, experiencias, conocimientos, y la vida cotidiana de mujeres de ascendencia africana, y también de otras que contribuyen con temas de interés del colectivo. Esta plataforma tiene delegaciones en México, Colombia y en Argentina, y tiene otros propósitos misceláneos como una tienda online con productos representativos, y una programación de talleres para desarrollar el discurso del Feminismo Negro.

Por su parte, *Negrxs Magazine* es otra plataforma que de forma virtual publica ensayos y relatos que apoyan la noción de construir una identidad colectiva afrohispana. En su inicio, *Negrxs Magazine* surgió como un apoyo para la comunidad negra en España en un intento por crear una conciencia colectiva que les permitiera una transformación social de la comunidad. Ambas plataformas enfatizan la historia de marginalización y racismo que han sufrido las comunidades africanas y afrodescendientes con particular concentración en las comunidades europeas, pero igualmente conectadas con la opresión global. "They likewise embody the communities' quest to counteract the persistence of racism and to empower their readers by offering visions of resistance and affirmative identification spaces" (Borst y Gallo-González 293).

Los testimonios personales y debates sobre la situación diaria de miembros de estas comunidades afrohispanas se comparten con frecuencia en *Afroféminas*. El activismo y el carácter de resistencia se muestran como entrevistas y testimonios en subcategorías de *Afroféminas*, como es el caso de "Referentes Negros" desplegable del menú principal. En comparación, *Negrxs Magazine* se ha unido a la cultura del hashtag y etiquetan enlaces en subcategorías para conectar las publicaciones de temática o estructura similar.

Las dos autoras más destacadas dentro del panorama actual de las voces afrohispanas en España son Lucia Mbomio y Desirée Bela, escritoras y periodistas de profesión. Podría afirmarse que ambas autoras de forma individual son las caras más conocidas que han pasado a ser los principales referentes de la comunidad. Mientras que la participación en las redes de Desirée Bela se centra en la vida diaria de una mujer negra que vive en España hoy en día, Lucía Mbomio tiene interés en enfatizar en la situación histórica del colectivo africano en España. Mbomio llama a la comunidad afrohispana a no olvidar que "siempre hemos estado, pero nunca nos han visto", y ese interés por no olvidar el colonialismo es también una llamada o un recordatorio dirigido a toda la comunidad española. "Given "the pact . . . of oblivion . . . and lack of memory" reigning in Spain, digital platforms such as Negrxs Magazine or Afroféminas, consequently, serve as digital archives to remember African and Afro-descendant people's past and present stories—otherwise forgotten or silenced—and to fight, with joint forces, against a colonial legacy" (Borst y Gallo-González). Mbomio en sus escritos o en sus contribuciones critica el silencio por parte de España acerca de su participación en la esclavitud, el silencio sobre la presencia de africanos en España desde el Imperio Romano, coexistencia de África y Europa durante la era de Al-Andalus. La campaña para cambiar las conductas postcoloniales son un tema recurrente en ambas plataformas y en las cuentas en redes sociales que dirigen de forma particular Mbomio y Bela. Estas mujeres proponen el eurocentrismo para incluir comunidades marginalizadas que históricamente han estado presentes y que han participado en la construcción de un discurso dominante que tristemente las ha invisibilizado. En este sentido, Mbomio cita en su obra *Hija del camino*: "Nos quieren en silencio, pero aquí estamos, gritando, denunciando y reinventándonos para resistir. Aquí estamos porque aquí hemos estado".

La narrativa articulada en estas plataformas comparte el posicionamiento común basado en las experiencias transnacionales del colectivo afrohispano en España. Estas experiencias están en continuo efecto de un legado colonial ligado a una tradición discursiva que racializa "al otro" que no encaja en la categoría hegemónica nacional. Las autoras de estas plataformas se han comprometido a dar voz a todas aquellas mujeres afrohispanas o de descendencia africana para no olvidar un pasado en el que siempre han estado presentes, pero en el que nunca han sido visibles.

Su contribución en plataformas como *Afroféminas* o *Negrxs Magazine* que consigue dirigirse a una audiencia mayor en número y de diversos puntos geográficos. Este enfoque transnacional que comparte perspectivas y contexto histórico, social y cultural con otras comunidades europeas está desafiando la identidad que hasta ahora ha sido considerada hegemónica al dar voz y visión a otras esferas de identificación.

Redefiniendo la identidad oprimida: nuevos empoderamientos corporales

Como se ha indicado, la plataforma online *Afroféminas* es un espacio para la visibilización de la comunidad afrohispana en la época contemporánea. Además del espacio literario en donde se comparten noticias del colectivo afrohispano, *Afroféminas* ofrece información sobre talleres, eventos y actividades en relación a la comunidad en la que se centra el espacio. Aunque la plataforma surgió tras la agrupación de mujeres activistas en España, en la actualidad cuenta con dos espacios dedicados a las voces de la afrodescendencia en México, Argentina y Colombia. No obstante, son frecuentes las aportaciones de mujeres afrohispanas que provienen de diversos países del mundo hispanohablante.

El apartado más popular dentro del contenido que ofrece la plataforma digital *Afroféminas* está dedicado a la creación literaria. En la barra de herramientas se encuentra el menú desplegable mediante el que se puede acceder a todas las opciones y características que ofrece la plataforma, incluyendo al apartado "Revista". Tras hacer clic en esta opción se despliega un menú mediante el que se accede a diversos subapartados en los que se divide la parte de escritura, como son moda y belleza, cultura, denuncia, educación, opinión, entre otros. El primer subapartado se titula *Voces Afroféminas*, y este es un espacio dedicado a la escritura creativa en donde autoras afrohispanas de varios países del mundo hispanohablante comparten su escritura personal a modo de ensayo, narración o poesía.

La poesía de estas autoras es el espacio más personal, donde las autoras comparten su testimonio relacionado con su identidad y su cultura como mujeres afrohispanas. El "yo" individual habla en nombre del colectivo que históricamente ha compartido experiencias que se asemejan, no solo en el territorio del mundo hispanohablante sino también a nivel global. El tema de la piel como elemento que oprime a las mujeres afrohispanas es un tema recurrente en esta poesía. Ejemplo de este fenómeno es el poema *Ser negro* en el que la autora Vania Monteiro reflexiona sobre los prejuicios estereotipados que existen históricamente hacia los individuos de raza negra:

> Ser negro...
> Es un estigma, una identidad,
> Una cultura transportada en la piel
> Reflejo de colonización y esclavitud.
> Ser negro...
> Es pertenecer a una raza inferior
> A una incultura de gente,
> Que solo es válida para trabajar y procrear

La construcción occidentalizada de un canon que posiciona y define al continente africano como inferior sin esperanza de mejora ha sido definida con el concepto de afropesimismo. Aunque este concepto se ha empleado dentro del marco de la crítica de los estudios norteamericanos en ámbitos de las ciencias sociales para entender la discriminación hacia los afrodescendientes, el afropesimismo es entendido dentro de una intención transnacional que conecta a los individuos afrodescendientes a nivel global.[62] En este caso, las dimensiones de este concepto abarca los poemas de las escritoras afrohispanas que observan los fenómenos históricos como causantes de la situación subalterna en la que se encuentran en la sociedad. El pesimismo en este poema de toque autobiográfico que denuncia el pasado colonizador rompe con la estructura tradicional escrita por hombres blancos que históricamente han excluido al sujeto colonizado de la definición genérica de autobiografía. En este sentido, Smith y Watson estudian la descolonización del sujeto femenino como empoderamiento que rompe con la definición del sujeto colonizador:

> As a process and a product of decolonization, autobiographical writing has the potential to "transform spectators crushed with their inessentiality into privileged actors," to foster "the veritable creation if new [wo]men" […] In resistance to the panoptic figuration of an anonymous object unified as cultural representative, the autobiographical speaker may "dissolve", as David Lloyd suggests, "the canonical form of Man back into the different bodies which

---

[62] El concepto afropesimismo ha sido principalmente estudiado por académicos estadounidenses al analizar la marginación que ha existido históricamente hacia los afrodescendientes en el cine producido en los Estados Unidos. La investigación del académico Frank B. Wilderson III es considerada una de las primeras en definir el afropesimismo. Aunque la definición de este concepto es global y aplicable a la crítica de los estudios culturales, sociales y literarios, este concepto dentro del mundo hispanohablante ha sido hasta el momento menos estudiado. Académicos como la Dra. Maï-mouna Sankhé y el Dr. M'Bare N'gom son referencia en el estudio de este concepto en la literatura hispana.

it has sought to be absorb". (Smith and Watson, introducción)

La forma autobiográfica de la autora ante este poema de denuncia rompe con la tradicional idea de un sujeto colonizador sujeto a la definición del canon occidental. El crítico postcolonialista Achille Mbembe denuncia que la definición de África ha sido construida por una idea preconcebida creada por la sociedad occidental:

> This characterization of African space and concrete experience does not change in *Sortir de la grande nuit*. A number of issues which played a significant role in *On the Postcolony*—foreignness, otherness, the question of the "absolute Other" of colonial Europe—retain their essential place while their explanatory force now work to describe Europe's deliberately self-induced insularity and xenophobia. (citado por Karera 229).

Mbembe sugiere que la definición socio-cultural de África está ligada al espacio imaginario y que por tanto debe desligarse de la definición que occidente ha impuesto sobre el continente a lo largo de la historia. El filósofo camerunés sugiere la desunión de este concepto histórico para enfatizar la identidad cultural de continente que ha existido de forma oprimida. La memoria histórica que rescata Monteiro a través de su poema construye su *yo* presente mediante el que se representan también las mujeres que, como ella, son afrohispanas:

> Tener la piel y ojos negros,
> Labios gruesos y pelo rizado,
> Es una legitimidad que nos lleva al inicio de los tiempos
> Es ser primicias de lo que tenemos hoy.
> Es ser hombre y mujer con honor.
> Es saber que la capacidad de supervivencia
> La tenemos en nuestra genética.

> Es cargar el mismo nivel de fuerza como la intensidad
> de nuestro color.
> Ser negro es ser bello
> Es ser único y tener identidad
> Ser afrodescendiente es cargar toda esta memoria
> Que te hace ser de todos pero de parte ninguna.

En esta segunda parte del poema, la autora contrapone el pesimismo que se observaba en la primera parte y con un toque más esperanzador describe los rasgos físicos identitarios del sujeto afrodescendiente, esta vez con más positivismo. Como se ve en el texto de Monteiro, aunque la memoria histórica colectiva de la comunidad afrodescendiente juegue un papel esencial en la definición identitaria de sus individuos, el *yo* de la autora se convierte en un sujeto independiente que se contrapone al pesimismo impuesto.

En relación a la idea de dominación que ha generado auto-rechazo entre la propia comunidad afrodescendiente, Paul C. Taylor cita:

> It is motivated first by the realization that a White dominated culture has *racialized* beauty, that it has defined beauty per se as white beauty, in terms of the physical features that people we consider white are more likely to have. They are motivated also by the worry that racialized standards of beauty reproduce the workings of racism by weaving racist assumptions into the daily practices and inner lives of the victims of racism – most saliently here by encouraging them to accept and act on the supposition of their own ugliness. (Taylor 50)

La racialización del cuerpo es un tema recurrente en la poesía de algunas de estas autoras afrohispanas. Yolanda Arroyo Pizarro es una novelista, ensayista y cuentista puertorriqueña que también forma parte del elenco de poetas de *Voces Afroféminas*. En su trayectoria profesional se encuentran poemarios como *Saeta* (2011), *Yo, Makandal* (2017) y su obra más reciente *Afrofeministamente* (2020). La escritura de esta autora tiene una presencia destacable en el mundo literario contemporáneo, hecho que puede apreciarse en los numerosos recitales y conferencias que ofrece internacionalmente para presentar sus obras literarias, así como por la investigación académica que se ha realizado. De entre todas las escritoras que participan en *Voces Afroféminas*, la obra de Arroyo-Pizarro podría ser considerada como la más aclamada en el mundo literario internacional. En la plataforma digital, esta autora comparte el testimonio personal como mujer afrohispana y en sus poemas enfatiza con gran vigor la estética de la mujer afrodescendiente. Su poema *Credo del pelo afro* toma la estructura del credo niceno para construir a modo humorístico su poema en el que alaba el pelo afro. La representación racial que la autora realiza en esta alegoría reafirma la idea de la necesidad de un empoderamiento de la estética de la mujer afrodescendiente como noción de resistencia en la época contemporánea:

> Credo en el Espíritu rebelde del Afro
> En la Santa Yemayá de las Zeretas
> En la Comunión de las trenzas
> El perdón que brinda el Gran Corte
> La resurrección del cuero cabelludo
> Y la vida eterna guardada en las leyendas de nuestros turbantes.
> Amén.

El pelo afro como parte esencial de la identidad afrohispana de estas autoras es un tema recurrente que la autora Desirée Bela-Lobedde analiza en su obra literaria, incluyendo en *Voces Afroféminas*.[63] Autora de *Ser mujer negra en España* (2018), la autora catalana analiza la discriminación que sufren las mujeres afrodescendientes por la estigmatización del cabe-

---

[63] Desirée Bela-Lobedde es escritora y activista en *Afroféminas*, su obra se centra principalmente en el testimonio como mujer afroespañola. Ella escribe ensayo y narración en prosa.

llo afro que dejando a un lado el rechazo y la opresión social que ha recibido, Bela-Lobedde lo categoriza como parte de su identidad política: "Y se me hace raro amar mi cabello porque este, al igual que el cuerpo, es política. Como mujeres negras que somos, somos territorios políticos. Hago activismo cada vez que salgo a la calle, porque lo llevo en la piel y en el pelo" (Bela Lobedde 146). Esta idea de la politización del pelo afro, consecuencia de una idea estereotipada global de belleza, está relacionada con una idea que históricamente ha perdurado como un mito:

> The White myth of the innate beauty of the long-haired woman remains as deeply scored on African consciousness as it does on the white. This accounts for the diaspora terms 'good hair' and 'bad hair'. As may be imagined, 'bad hair' is the most African type of hair – thick, tightly curled or 'kinky', short and puffy, dry and scratchy and utterly parched. 'Godd hair' is the most European good-looking – the softest, longest, most loosely-curled or even straight, swinging in-the-breeze hair. (Morrison 107).

En relación al concepto de "mujer negra", Bela-Lobedde entiende ese binarismo como una identidad política que la sitúa en un doble nivel de marginación: "Mi identidad sí que hace que me reivindique mucho como persona negra para, no sé, intentar normalizar, y que al final no tenga que reivindicarme como persona negra porque ya se trata a la comunidad o a las personas racializadas de otra manera. Lo que destacaría yo a la hora de definirme pues es que soy mujer, y soy negra, y es como un binomio: no primero ser negra y luego ser mujer ni al revés" (Bela Lobedde 1). Las autoras analizadas en ese ensayo deconstruyen la idea mitificada y negativa del cabello con rasgos afrodescendientes. Su poesía es una reconstrucción de la idea tradicional mitificada que las ha situado en una posición subordinada como parte del racismo colonizador histórico.

El empoderamiento del cuerpo de la mujer afrodescendiente, con especial atención al cabello, es una tendencia en la escritura de las autoras afrohispanas de *Voces Afroféminas*, como también puede apreciarse en la obra literaria de la poeta colombiana Lilit Lobos.[64] En su poema *Negra* la autora empatiza con las mujeres afrodescendientes que sienten un rechazo hacia la identificación por la estética de su cuerpo, idea generada por pensamiento colonialista que estigmatizada todo cuerpo que se aleja de la normatividad occidental blanca:

> Mujer
> También eres el color de tu piel azabache
> enamorador arcoíris prieto
> Ojos de gata nocturna
> Princesa beligerante avivando a su pueblo bello durmiente.
>
> Comprendo tu deseo a no ser invocada por esta señal
> No fuiste tú quien creó esa sentencia para ti y tus hermanas,
> Pero yo me he enamorado de ti como Negra
> De sonrisa rebelde
> Piel contestataria
> Alegría indestructible
> Cabello cimarrón
> Y amor dadivoso.

Esta representación estética que primeramente formula Lobos como rechazo heredado tras la historia colonialista contrasta con el final del poema donde la autora celebra la negritud de las mujeres que, como ella, son afrodescendientes:

---

[64] Lilit Lobos es también cofundadora y codirectora de la revista digital La Tintera, @latinterarevista.

> Contágiame tu sublime negrura
> Tus tambores sagrados
> Tu marimba de chonta
> Tu sed de vida aún después de la muerte
> Tu orgullo nunca mancillado.
>
> Enséñame Negra a ser feliz en tu inquebrantable rebeldía
> Tu alegría indomable ante el yugo de miedo y dolor con el que el blanco te secuestró.
>
> Enséñame a ser fiesta en medio del sufrimiento
> A sonreír de cara al martirio impuesto con el que jamás te pudieron destruir el alma.

El pasado histórico colonizador relacionado con la supremacía blanca que ha oprimido a las mujeres afrodescendientes continua teniendo influencia en el sentimiento de auto-rechazo: "The re-visibilization and re-valuation of the Black female body within the digital space turn this body itself into an act of resistance: "It isn't frivolous, it's a fight," for "to show oneself" means "putting your body in the space from where it has been expulsed by Society" (Borst y Gallo-González 298). La representación estética del color de piel y de la forma o estilo del cabello natural juega un papel crucial en este contexto que sufre del desprecio por parte de la perspectiva eurocentrista y colonial. Deliovsky, en su análisis sobre el ideal de belleza asociado a la representación de la mujer blanca, argumenta que los ideales contemporáneos en la esfera popular no son recientes sino que han existido históricamente en relación al contexto de la colonización europea (Deliovsky 2008).

Otra de las autoras que repasa el sometimiento histórico para posteriormente enfatizar la reestructuración estética es la escritora Gabriella Nuru, artista serbo-camerunesa nacida en España. Su poema *Cabello crespo* es un testimonio de resistencia:

> Durante un tiempo limitado mis cabellos pidieron permiso, vacía me quedaba de llanto sin saber peinar en ellos la palabra identidad siquiera.
>
> En el baobab de una de mis dos tierras me recordaba sentada y lanzaba suspiros a mi imagen reflejada en la madera.
>
> Mi cabello es un baile fulminante, una mezcla de rizos enredados y dignidad salvada.
>
> Es la nostalgia hecha forma; fuerte y vulnerable.
>
> Mis cabellos no se hunden ni se someten a territorio alguno.
>
> No soy amenaza sino mujer negra que se reconcilia con su cuerpo.
>
> Cargo conmigo testimonios y súplicas de todos mis ancestros y, con intención, recupero mi espacio.
>
> Prefiero todo lo malo por salvarlo; cabello mágico, onírico y sincero.

Nuru menciona la territorialidad a la que ya no está arraigado su cabello. El empoderamiento de la mujer afrodescendiente favorece la ruptura con un encasillamiento hacia el continente africano ya que ahora estas escritoras construyen una identidad transnacional que las une como mujeres afrohispanas. La desterritorialización de las mujeres afrodescendientes ha sido estudiada en contextos de literatura latinoamericana e indígena (Houghton 2008, Lara De la Rosa 2018, Ramirez-Sarabia 2018, Mitjans 2020), empero este sentimiento de desarraigo es compartido por las autoras que, como se ha visto en este ensayo, buscan la propia identidad como mujeres afrohispanas sin la identidad como mujeres afrohispanas para emanciparse de la opresión sufrida históricamente.

Conclusiones

En este ensayo se ha tratado de mostrar la nueva imagen que las mujeres afrohispanas a nivel mundial están proyectando a través de su poesía en medios digitales. En las últimas décadas se ha observado un interés por parte de estas mujeres en emanciparse de una historia colonizadora que oprimía a la comunidad afrodescendiente y que incluso proyectaba cierto rechazo hacia los propios rasgos identitarios. La tecnología ha facilitado que mujeres como Desirée Bela-Lobedde y Yolanda Arroyo Pizarro, escritoras y conferencistas de profesión, puedan dirigirse a su comunidad en la esfera digital; así como también se ha abierto la puerta a que otras escritoras comiencen sus proyectos literarios en línea, como es el caso de Lilit Lobos, Vania Monteiro y Gabriella Nuru, entre otras. Las autoras han indicado en su poesía que la idea de África ya no está definida desde una perspectiva occidental y eurocentrista, como denuncia Achille Mbembe en su obra, sino que ahora su identidad es construida independientemente, y el empoderamiento de su cuerpo y cabello las convierte en mujeres con definición y expresión propia. Estas autoras se desligan de la territorialidad asociada a su estética que las encasillaba dentro de un afropesimismo opresor, por la contra se enorgullecen de lo que las ha marcado como subalternas y diferentes durante siglos para ahora mostrarlo con orgullo, entusiasmo y admiración. La literatura de estas mujeres en las redes traspasa fronteras y se convierte en transnacional, no solo entre la comunidad hispanohablante sino también entre las comunidades afrodescendientes a nivel global.

Bibliografía

Anderson, Benedict. *Imagined communities: Reflections on the origin and spread of nationalism.* Verso books, 2006.

Bela-Lobedde, Desirée. *Ser mujer negra en España.* PLAN B, 2018.

Benitez Velosa, Linda Piedad, Ana Gabriela Cuero Cuero, and Alexandra Ginneth Rojas Parra. Procesos de hibridación cultural (descoleccionamiento, desterritorialización y reconversión) en la interacción de estudiantes afrocolombianos y no-afrocolombianos del CED Jackeline. 2018.

Borst, Julia. "13 Voices from the Black diaspora in Spain." *Locating African European Studies: Interventions, Intersections, Conversations,* 2019.

Borst, Julia, and Danae Gallo González. "Narrative Constructions of Online Imagined Afro Diasporic Communities in Spain and Portugal." *Open Cultural Studies* Vol. 3.1, pp. 286- 307, 2019.

Buccitelli, Anthony Bak. "Introduction: Race, Ethnicity, Tradition, and Digital Technology." *Race and Ethnicity in Digital Culture*, vol. 1, edited by Anthony Bak Buccitelli, Praeger, 2018, pp. 1-13.

Dash, Paul. Black hair culture, politics and change. *International journal of inclusive education* Vol.10.1, pp. 27-37, 2006.

Deliovsky, Kathy. Normative white femininity: Race, gender and the politics of beauty. *Atlantis: Critical Studies in Gender, Culture & Social Justice* 33.1, 2008.

Gilroy, Paul. *There ain't no black in the Union Jack.* Routledge, 2013.

Gilroy, Paul, et al. "A diagnosis of contemporary forms of racism, race and nationalism: a conversation with Professor Paul Gilroy." *Cultural Studies* Vol.33.2, pp. 173-197, 2019.

Gilroy, Paul. "Paul Gilroy: Race and Culture in Postmodernity." *Economy and Society* Vol.28.2 pp. 183-197, 1999.

Houghton, Juan. Desterritorialización y pueblos indígenas. *La Tierra contra la muerte. Conflictos territoriales de los pueblos indígenas en Colombia,* pp.15-56, 2008.

Karera, Axelle. "Writing Africa into the World and Writing the World from Africa: Mbembe's Politics of Dis-enclosure." *Critical Philosophy of Race* Vol.1.2, pp. 228-241, 2013.

Lara De La Rosa, Juana María. *Transformaciones del territorio, cuerpo y ambiente: procesos de desterritorialización y reterritorialización de las mujeres indígenas en la ciudad de Bogotá, Colombia.* MS thesis. Quito, Ecuador: Flacso Ecuador, 2018

Leurs, Koen. *Digital Passages: Migrant Youth 2.0. Diaspora Gender and Youth Cultural Intersections.* Amsterdam University Press, 2015.

Lu, Jessica H., and Catherine Knight Steele. "'Joy is resistance': cross-platform resilience and (re) invention of Black oral culture online." *Information, Communication & Society* Vol. 22.6, pp. 823-837, 2019.

Mitjans, Anabel. "De puentes afrotransfeministas Articulaciones feministas afrodiaspóricas frente a los procesos de desterritorialización antinegras." *Millcayac: Revista Digital de Ciencias Sociales* Vol. 7.12, pp. 61-84, 2020.

Morrison, Angeline. "Black Skin, Big Hair: The Cultural Appropriation of the 'Afro.'." *Image into Identity: Constructing and Assigning Identity in a Culture of Modernity*, pp.101- 116, 2016.

N'gom, M'bare. "La autobiografía como plataforma de denuncia en" Los poderes de la tempestad", de Donato Ndongo-Bidyogo." *Afro-Hispanic Review*, pp. 66-71, 2000.

Ramírez Sarabia, Santiago. "Si la champa se hunde, yo no me ahogo. El pueblo Afrocolombiano: de la desterritorialización a los territorios Afrourbanos." *REMHU: Revista Interdisciplinar da Mobilidade Humana* Vol. 26.52, pp. 131-147, 2018.

Richard, Gabriela T., and Kishonna L. Gray. "Gendered play, racialized reality: Black cyberfeminism, inclusive communities of practice, and the intersections of learning, socialization, and resilience in online gaming." *Frontiers: A Journal of Women Studies* Vol.39.1 pp. 112-148, 2018.

Sankhé, Maïmouna. "Contra el viento de Ángeles Caso: entre afropesimismo y eurocentrismo." *Revista Iberoamericana* 254, pp. 123-134, 2016.

Steele, Catherine Knight. "Black bloggers and their varied publics: The everyday politics of black discourse online." *Television & New Media* Vol. 19.2, pp. 112-127, 2018.

Taylor, Paul C. "Malcolm's conk and danto's colors; or, four logical petitions concerning race, beauty, and aesthetics." *The Journal of aesthetics and art criticism* 57.1 (1999): pp. 16- 20, 1999.

Tenório, Jeferson. La humanidad suspendida: una reflexión sobre las nuevas configuraciones identitarias a partir de dos pensadores africanos; Achille Mbembe y Célestin Monga. *Relaciones Internacionales*, 2018.

Vergès, Françoise. "Digital Africa." *Journal of the African Literature Association*, vol. 11, no. 1, 27, pp. 45-49, 2017.

Plataformas citadas

Afroféminas: www.afrofeminas.com Negrxs
Magazine: www.negrxs.com

Digi-poesía y ciberfeminismo: una aproximación teórica a los hipertextos y poemas perfomáticos de Belén Gache

Rosita Scerbo
Allegheny College, PA

Resumen

La inclusión de manifestaciones tecnologías en las obras producidas por mujeres nos ofrece un nuevo panorama de construcción de la subjetividad femenina en el entorno del espacio virtual. Un ejemplo de esta nueva arma de emancipación es dado por la poesía digital de la escritora y crítica española-argentina Belén Gache. A nivel global, sigue existiendo una gran disparidad con el acceso a internet y asimismo asistimos a una división digital que nos confirma que también las tecnologías como las ciencias tienen un contenido implícito de género. En la era digital, las escritoras y artistas ibéricas y latinoamericanas se enfrentan al desafío de la visibilidad y al reconocimiento en dos territorios, el de la tecnología y el de la creación artística contemporánea. Este ensayo, a través de un análisis crítico y teórico de la poética de Belén Gache, tiene el objetivo de investigar la forma en que las herramientas digitales están siendo utilizadas por mujeres artistas y escritoras con el fin de reconstruir sus identidades, hacerse visibles y desmantelar un campo dominado por los hombres.

Abstract

The inclusion of technological manifestations in the works produced by women offers a new panorama of the construction of the female subjectivity in the virtual space environment. An example of this new instrument of emancipation is given by the digital poetry of the Spanish-Argentine writer and critic Belén Gache. At a global level, there is still a great disparity with internet access, and we are also witnessing a digital divide that confirms that technologies such as science also have an implicit gender content. In the digital age, Iberian and Latin American writers and artists face the challenge of visibility and recognition in two territories, that of technology and that of contemporary artistic creation. This essay, through a critical and theoretical analysis of the poetics of Belén Gache, has the objective of investigating the way in which digital tools are being used by women artists and writers in order to reconstruct their identities, make themselves visible and dismantle a field dominated by men.

Laura López Fernández y Luis Mora-Ballesteros

Digi-poesía y ciberfeminismo: una aproximación teórica a los hipertextos y poemas perfomáticos de Belén Gache

Introducción a la autora

La inclusión de manifestaciones tecnológicas en las obras producidas por mujeres nos ofrece un nuevo panorama de construcción de la subjetividad femenina en el entorno del espacio virtual. Un ejemplo de esta nueva arma de emancipación es el de la poesía digital de la escritora y crítica española-argentina Belén Gache. A nivel global, sigue existiendo una gran disparidad con el acceso a internet y asimismo asistimos a una división digital que nos confirma que también las tecnologías como las ciencias tienen un contenido implícito de género. En la era digital, las escritoras y artistas ibéricas y latinoamericanas se enfrentan al desafío de la visibilidad y al reconocimiento en dos territorios, el de la tecnología y el de la creación artística contemporánea. Este ensayo, a través de un análisis crítico y teórico de la poética de Belén Gache, tiene el objetivo de investigar la forma en que las herramientas digitales están siendo utilizadas por mujeres artistas y escritoras con el fin de reconstruir sus identidades, hacerse visibles y desmantelar un campo dominado por los hombres. Además, a través de la aplicación de algunas de las teorías del ciberfeminismo se explorará cómo estos mensajes de denuncia y resistencia se transmiten y se transforman a través de los medios digitales. Algunas de las teóricas que se analizarán en este contexto son Donna Haraway con su ensayo "A Cyborg Manifesto: Science, Technology, and Social-Feminism in the Late Twenthieth Century" (2010); Arango L.G. y su libro *Mujeres, trabajo y tecnología en tiempos globalizados* (2004) Amelia Sanz y Dolores Romero con *Literatures in the Digital Era: Theory and Praxis* (2007); y Katherine Hayles con su obra *How We Became Posthuman: Virtual Bodies in Cybernetics, Literature, and Informatics* (2011). Todas estas críticas examinan la evolución de la realidad virtual y el rol del mundo mediático en literatura desde una perspectiva post-humanista y de género.

Transgresiones en las letras iberoamericanas

La escritora Belén Gache nació en Buenos Aires, Argentina en 1960 de una familia española emigrada a la Argentina durante el franquismo. Se licenció en la Facultad de Filosofía y Letras de la Universidad de Buenos Aires, donde trabajó como docente en la década de 1990 dictando seminarios de narrativa, semiótica y teoría literaria. Ahora reside y trabaja en Madrid, España. Durante una entrevista que hice a la poetisa Belén Gache sobre su proceso de escritura, le pregunté donde buscaba inspiración para sus proyectos. A esta pregunta Gache respondió que:

> El término "inspiración" procede de una tradición mística y religiosa; remite a la idea de "recibir el aliento de los dioses". La palabra tiene sus orígenes en la antigua Grecia. El artista era transportado más allá de su cuerpo y de su mente y, a partir de poder acceder a las emanaciones divinas, creaba su obra. Las invocaciones a determinados dioses poéticos como Apolo o Dionisio, o a las Musas en busca de inspiración, responden a esta idea que luego será retomada por el romanticismo y el subjetivismo lírico. Mi poética va en contra de esta concepción y creo, siguiendo la tradición de las vanguardias del siglo XX que un escritor es, antes de nada, un operador lingüístico a través del cual, son las mismas palabras -con su carga histórica, cultural, ideológica- las que hablan. A partir de esta idea, yo trabajo con el lenguaje, con las palabras. Utilizo estrategias como la aleatoriedad, el énfasis en la materialidad de los signos y en la dimensión significante, la ruptura con la función mimética del lenguaje, el rechazo del yo lírico, la verbivocovisualidad. Todas estrategias que han sido utilizadas antes tanto por las vanguardias como por las neovanguardias del sXX. ("Entrevista")

Gache es una escritora experimental que retoma algunas de las técnicas utilizadas por las vanguardias y neovanguardias y se distingue por haber creado a lo largo de su carrera videopoemas, poesía electrónica, instalaciones sonorosas y otros proyectos innovadores. Se considera globalmente como una de las pioneras en el uso de las humanidades digitales. La escritora de doble nacionalidad española-argentina, ha publicado también novelas como *Lunas eléctricas para las noches sin luna* (2004), *Divina anarquía*, (1999) y *Luna India*, (1994). Entre sus libros de poesía mas destacados, recordamos *El libro del fin del mundo* (2002), *Meditaciones sobre la revolución* (2014) y *After Lorca* (2019). Otro aspecto relevante de su biografía es que desde el 1995 hasta el 2005 fue co-directora del sitio Fin del Mundo, una de las primeras plataformas de net-art en idioma español.

En este capítulo me enfocaré en particular en algunos aspectos de la prolífica poesía digital de la autora, considerada ejemplo de una nueva narrativa experimental. Ejemplos de esta nueva tendencia en la literatura ampliada incluyen sus textos interactivos, sus videopoemas y sus narrativas multimedia. Todos estos ejemplos de literatura interactiva digital se pueden consultar en línea a través del sitio web *Fin del Mundo* (1999-2009). Como se explica en esta página digital, *Fin del Mundo* es una plataforma artística que reúne trabajos de net art y arte digital interactivo producido desde Argentina en América Latina. Esta plataforma fue lanzada en 1996 y fue la primera de este tipo en el ámbito de Iberoamérica. Si consideramos las pautas principales de su contribución a la poesía electrónica, la escritura digital de Gache se caracteriza por el uso del hipertexto o enfoque intertextual, siguiendo un proceso creativo que emplea siempre los nuevos medios de comunicación digital. Este aspecto se puede constatar claramente en los poemas de hipermedia encontrados en *Wordtoys* (2006) y *Góngora Wordtoys (Soledades)* (2011), por citar algunos.

Introducción al ciber "Yo" en las escrituras poéticas digitales

Si se considerara la escritura y la producción artística digital como una forma de arte marginada, se podría decir que las obras creadas por las mujeres en el internet experimentan una doble marginación debido al hecho de que la literatura y otras expresiones culturales producidas por las mujeres siempre han sido marginadas por el canon. Sin embargo, el mundo digital ofrece una plataforma única para las mujeres, un espacio reinventado donde estas últimas pueden ser más activas, en comparación con la narrativa tradicional. A través de plataformas digitales las mujeres están totalmente libres de publicar sus trabajos e investigaciones y no se ven limitadas a la hora de compartir sus ideas creativas o sus opiniones políticas y sociales. Este concepto se ve reflejado en la teoría del Cyborg, teorizada por Donna Haraway, en la que se establece la idea que el cuerpo del ser humano se fusiona con la máquina, en este caso, la computadora. Podría ser beneficioso también servirme de las teorías de Katherine Hayles, que trabaja con el concepto de la evolución del libro y la influencia que tuvo la tecnología en la superación del libro tradicional. En el volumen de Hayles titulado *How We Became Posthuman: Virtual Bodies in Cybernetics, Literature, and Informatics* (2010) la autora afirma que "in the posthuman, there are no essential differences or absolute demarcations between bodily existence and computer simulation, cybernetic mechanism and biological organism, robot theology and human goals" (3). Incluso en los años anteriores a la publicación de este volumen, otro libro de la misma autora reflexionaba sobre la evolución de la literatura en la era digital. En su obra *Electronic Literature: New Horizons for the Literary* (2008) la autora indica que la literatura evolucionó de la palabra hablada a la imagen (palabra escrita), hasta que llegó al papel y al formato del libro escrito. Lo que quiere subrayar en este volumen es que las posibilidades de formato, contenido, espacio y la cuestión de la autoría se rompen en la era digital. Esto nos recuerda la connotación de "texto ideal"/"hipertexto". Como sabemos el hipertexto es un formato de texto que se muestra en una computadora u otros dispositivos electrónicos con referencias (hipervínculos) a otros textos al que el lector puede acceder de inmediato. El crítico George Landow cita a Roland Barthes y su ensayo cuando discute esta idea de "texto ideal". Según Barthes, en el texto ideal: "the networks are many and interact, without any one of them being able to surpass the rest; this text is a galaxy of signifiers... it has no beginning; it is reversible; we gain access to it by several entrances, none of which can be declared to be the main one ... (Cit. By Landow, *Hiptertext* 3). El libro de George Landow titulado *Hypertext 2.0* fue el primer trabajo que reunió los mundos de la teoría literaria y de la tecnología informática. Landow fue uno de los primeros académicos en explorar las implicaciones de brindar a los lectores acceso instantáneo y fácil a una biblioteca virtual. En el concepto de hipermedia, Landow vio una encarnación literal de muchos puntos importantes de la teoría literaria contemporánea, en particular la idea de Derrida de "descentrar" y la concepción de Barthes de "readerly versus writerly text". Esta obra se considera innovadora porque incluye nuevo material sobre el desarrollo de tecnologías relacionadas con el internet, y sobre todo porque considera las implicaciones sociales y políticas de estas tendencias desde una perspectiva poscolonial. Si el hipertexto representa el futuro de la literatura, cabe destacar que las intervenciones digitales femeninas y feministas en las últimas décadas representan perfectamente las nuevas preocupaciones y perspectivas femeninas en el ámbito artístico y de las producciones culturales. Este capítulo quiere resaltar el rol que las humanidades digitales tuvieron en el proceso hacia una mayor representación y visibilidad de la mujer en el contexto cultural y artístico, así como hacia una mayor aceptación del cuerpo femenino inusual y revolucionario.

Un breve repaso de la pedagogía digital

A la hora de plantear la investigación de este capítulo alrededor de las subversiones de género en los mundos virtuales por parte de Belén Gache, cabe destacar el origen y los objetivos de las humanidades digitales cómo disciplina. Es necesario, por lo tanto, precisar que a lo largo de esta investigación usaré el acrónimo comúnmente aceptado de "DH" para referirme a la pedagogía y al campo académico de las humanidades digitales. En 2010, Matthew Kirschenbaum escribió sobre el hecho de que las humanidades digitales parecían tan nuevas y disruptivas en el campo de las humanidades, y la diferencia parecía ser que las DH brindaban un nuevo tipo de visibilidad en el mundo virtual para los modos de producción de conocimiento académico. En palabras del autor:

> Whatever else it might be then, the digital humanities today is about a scholarship (and a pedagogy) that is

> publicly visible in ways to which we are generally unaccustomed, a scholarship and pedagogy that are bound up with infrastructure in ways that are deeper and more explicit than we are generally accustomed to, a scholarship and pedagogy that are collaborative and depend on networks of people…. (55, 60)

El anterior justifica la posición de Kirschenbaum que siempre quiso enfocar sus estudios en la naturaleza colaborativa de las humanidades digitales. El trabajo académico e investigativo en el mundo virtual se basó desde el principio en ideales de contribución y cooperación, poniendo particular atención de manera retrospectiva, positiva y a veces crítica en las formas en que hacemos nuestro trabajo como educadores e investigadores. Dos años más tarde, Kathleen Fitzpatrick (2012) escribió que lo que las DH le dieron al campo de las humanidades fue la capacidad de explorar y experimentar con lo digital para formar nuevas formas de comunicar el conocimiento humanístico y comunicarse al mismo tiempo con otros humanistas. Tomando toda la bibliografía consultada en consideración, posiblemente la definición que más se acerca a la perspectiva feminista digital es la de Jesse Stommel, quien escribió en 2015 que realmente, las DH se basan en un trabajo que se preocupa por sí mismo y su compromiso con las humanidades y las cuestiones humanas, y no trata de vigilar o definir lo que cuenta como DH. En palabras del autor: "For me, what counts as digital humanities, ultimately, is work that doesn't try to police the boundaries of what counts as digital humanities" (26) y se establece, por lo tanto, un espacio que nos permite trabajar en la formación de nuestra identidad. En el centro de las humanidades digitales debe haber un énfasis en la agencia individual y colectiva, y más específicamente lo que significa abogar por docentes, académicos, estudiantes o otras clases de individuos que se encuentran marginados. El espacio virtual, permite a las mujeres conquistar un lugar de libertad que nunca habían logrado antes, una aproximación de carácter múltiple que no pone límites a la creatividad y expresión feminista. Gache con sus poemas perfomáticos e hipertextos que incluyen y se sirven de diferentes medios de comunicación digital hace justo eso, estableciendo su espacio en un tipo de literatura que a nivel mundial sigue siendo de dominio masculino.

Lauren Klein y Matthew Gold escriben sobre las múltiples potencialidades de las DH. Crear un proyecto o un trabajo digital, puede significar desarrollar archivos digitales, análisis cuantitativos a gran escala y la creación de herramientas, pero también

> visualizations of large image sets, 3D modeling of historical artifacts, 'born digital' dissertations, hashtag activism and the analysis thereof, alternate reality games, mobile makerspaces, and more. In what has been called 'big tent' DH, it can at times be difficult to determine with any specificity what, precisely, digital humanities work entails.

La cita anterior demuestra como la reinvención de las DH es útil y beneficiosa, mientras que en pasado las DH solían llamarse metafóricamente una "big tent", hoy en día en cambio la crítica magina esta disciplina como una "casa con muchas habitaciones". Esta imagen nos puede recordar al concepto rizomático teorizado por Deleuze and Guattari, aproximación teórica que parece reflejar muchas si no todas las producciones de Gache. Las DH, definidas como "a house with many rooms" (Stephen Robertson 2016) se puede imaginar como un espacio con muchos puntos de entrada y salida, donde el trabajo disciplinario e interdisciplinario puede interactuar con herramientas, plataformas y medios de comunicación de maneras diferentes. Por otra parte, Jesse Stommel en 2017 afirma que somos mejores usuarios de la tecnología cuando pensamos críticamente al respecto. El mismo autor nos confirma que la pedagogía digital centra su práctica en la comunidad y la colaboración; debe permanecer abierta a voces diversas e internacionales y, por lo tanto, requiere invención para re-imaginar las formas en que la comunicación y la colaboración suceden a través de las fronteras culturales y políticas. Uno de los puntos fundamentales que se establecen en sus teorías es que las DH no pueden ser definidas por una sola voz, sino que deben reunir una cacofonía de voces; debe tener uso y aplicación fuera de las instituciones tradicionales de educación e investigación.

Queer Technologies: nuevos horizontes narrativos antihegemónicos en los espacios virtuales

La escritora española-argentina que se investiga en este capítulo ha subvertido los espacios hegemónicos ganando una nueva visibilidad a través de sus expresiones artísticas digitales. Desde su narrativa que pertenece a la literatura postmoderna y todas sus producciones literarias que se caracterizan por un hiperrealismo destacado y por el género de la antinovela, Gache parece rechazar todos los tipos de normas establecidas en su campo. La mujer artista objeto de mi investigación representa, aunque de maneras siempre diferentes y usando diferentes medios de comunicación, enfrentamientos queer hacia la cultura y el sistema dominante. En este sentido se exploran sus textos electrónicos según las potencialidades que los mundos virtuales ofrecen como espacios de emancipación, en los que la artista visual analizada negocia constantemente sus posiciones, reconstruyendo su identidad, su rol y sus relaciones (Boellstorff 2008, Mamatovna, 2012). Queering technology significa, en primera instancia, volver este ciberespacio más femenino, sobretodo si consideramos que las mujeres fueron históricamente excluidas de los campos tecnológicos (Wendy Chun 2004). Para Donna Haraway (2004) el ciberespacio "es la figura espaciotemporal de la postmodernidad y sus regímenes de acumulación flexible" (122), un espacio paradojal que es a la vez imaginario y real. Se trata de un espacio en continua evolución, en el que las mujeres pueden reflejar y recrear sus identidades. En este sentido, el concepto de la "new mestiza" teorizado por Gloria Anzaldúa parece estar presente en los objetivos de la escritora objeto de mi estudio. El aglomerado de voces y cuerpos artísticos presentes en las obras digitales de Gache se contrapone a los purismos occidentales promoviendo clasificaciones epistemológicas basadas en la ambigüedad, hibridez, identidad múltiple, conciencia aliena y contradicción (Anzaldúa 1999). En 2002 Judith Butler considera también el acto performativo del género dentro del espacio cibernético. La autora nos habla del texto como máscara y de los conceptos de juego y performance en internet, contextualizando lo que define "travestimo textual" mediante el cual las artistas digitales pueden jugar con las identidades de género (2002). Cabe destacar, entonces, lo que se entiende en este contexto con la denominación "ciberespacio". El ciberespacio se percibe como un ámbito que nos permite desarrollar prácticas y diálogos interculturales. Un espacio que promueve discursos emancipatorios y de transformación cultural y social (Braidotti, 2002, 2013; Haraway, 1995, 2004). Las expresiones queer en los espacios digitales llegaron entonces a formar parte de la que se define "era de la información" (Castells 1997) y dichas prácticas revolucionaron la construcción de la "cibercultura" como fenómeno emergente y perturbador (Levy 2007). Citando a la bibliografía consultada, se entenderá por mundo virtual a todas aquellas comunidades digitales creadas en el ciberespacio que permitan a las artistas construir relaciones sociales y emular virtualmente las sociedades deseadas (Turkle 1997). Durante mi entrevista a la escritora Belén Gache le pregunté si podría considerar su poesía de alguna manera feminista o anticonformista y si se podría usar esta narrativa experimental como un arma de emancipación. A esta pregunta la poetisa me respondió:

> La poesía y la literatura experimental, tal como yo las entiendo, se convierten en un arma de resistencia frente a los modelos establecidos del lenguaje. Mi trabajo busca deconstruir las formas establecidas del lenguaje, los conceptos dados, los modelos automáticos de pensar. La literatura experimental se instaura como una toma de postura crítica respecto de los mensajes que circulan cotidianamente a nivel social y son emitidos por los medios, por las redes sociales. Junto con, por ejemplo, un filósofo como Gilles Deleuze, yo entiendo a la poesía y a la literatura experimental como una salida, como un escape. La

comunicación trasmite información. Hace circular palabras hegemónicas y propaga sistemas de control. Las formas lingüísticas experimentales y no canónicas resisten a la comunicación y la información y se enfrentan a estas palabras de orden. Como señala Deleuze, las sociedades de control, mediante particulares órdenes de asociaciones significantes, crean clichés psíquicos y físicos; crean modelos hegemónicos que homogeneizan la manera de percibir la realidad, de sentir y decir de los sujetos. Las formas literarias experimentales, la poesía, el arte tienen por función resistir a estos modelos. ("Entrevista").

Dentro de este contexto de cibercultura queer, la poetisa investigada toma su propio espacio y desafía las expectativas hegemónicas. Siguiendo estas consideraciones, las perspectivas digitales que se analizan en los siguientes apartados cuestionan el sistema cultural/social y sus valores coloniales, patriarcales y binarios que a lo largo de los años han fomentado la violencia de género, la exclusión y la desigualdad (Haraway 2004, Curiel 2007, Lugones 2011). Según Haraway (1999) la perspectiva de género se comporta como una "cartografía de la interferencia" de la cultura, en el sentido de que revoluciona las pautas tradicionales de la cultura dominante. Por lo tanto, las posiciones de la artista digital que se presenta a continuación se localizan políticamente desde los principios e ideales del ciberfeminismo (Braidotti, 2002).

Un ejemplo que cabe mencionar, dentro de su amplia producción de poesía interactiva, es el que tiene que ver con las mujeres siendo las protagonistas de sus textos electrónicos, como en el caso del conjunto de hiperpoemas titulado "Mujeres Vampiro invaden Colonia del Sacramento" (2002). La foto de la portada de este poemario electrónico es una luna llena con un fondo negro. Este conjunto de poemas electrónicos ofrece una versión en ingles y una en español. Al ingresarnos a estas paginas digitales, los lectores reciben varias instrucciones y pueden visitar digitalmente diferentes espacios digitales. Los lectores tienen la opción de "ingresar" el contenido de los poemas, de cambiar los textos en la pantalla a la "english versión" o leer más sobre este proyecto clicando el hipertexto "Belén Gache" que dirige los lectores a la página principal de *Fin del Mundo*. *Fin del Mundo,* como se mencionó en un apartado anterior, es una plataforma artística que reúne trabajos de net art y arte digital interactivo que produjeron en Argentina desde el 1996. En esta antología de poesía la autora juega con varias técnicas interactivas y con las reglas lingüísticas. Algunas de estas técnicas influyen en la función del lector, que se convierte en participante activo en el proceso creativo, siguiendo las instrucciones y creando varias versiones interactivas de los poemas a lo largo de su lectura digital. Las combinatorias, la interactividad, la reescritura creativa y las hiperpalabras son todas estrategias empleadas en estos textos. En este sentido, este ejemplo de poesía producida por Gache busca deconstruir los estándares de la poesía tradicional y de las normas fijas y monótonas del poemario impreso. La poesía de Gache se convierte así en un juego, un desafío, una oportunidad de diversión que ofrece múltiples posibilidades. En estos poemas la autora añade también el elemento sonoro, con sonidos específicos que el lector puede oír cada vez que hace clic en una de las palabras hipertextuales. El título de esta obra es muy significativo. La ciudad mencionada se refiere al espacio geográfico de Colonia del Sacramento en Uruguay, una ciudad de frontera muy cerca a la capital argentina de Buenos Aires.

Históricamente, esta ciudad se conoce por haber sufrido diferentes conquistas e invasiones de ambos españoles y portugueses. Se trata, entonces, de una tierra históricamente en disputa entre dos dominios coloniales, una tierra hibrida e inconstante. La palabra "invaden" del título juega también con mucha simbología y con un paralelismo ideológico entre los conquistadores que invadieron estos territorios extranjeros y las mujeres que invaden ahora el espacio digital y la literatura interactiva. En mi lectura de estos poemas, se encuentran a menudo muchos elementos autorreferenciales, por el hecho de que cada mujer vampiro que asalta este espacio geográfico verdadero, podría también personificar a la autora misma, Belén Gache, que irrumpe los espacios literarios anteriores e históricos dominados por los hombres. Haciendo clic en la luna llena, el lector ingresa en la interfaz de los poemas. En el medio de la pantalla aparecen los tres nombres en azul con las que se identifican las tres mujeres vampiro: Celeste, Jezabel y Camila. Si el espectador hace clic en cada uno de estos nombres puede acceder a la historia personal de cada uno de estos personajes femeninos. Al ingresar en los poemas se activa también un sonido de carácter monótono y repetitivo, parecido al tictac de un reloj. Determinadas palabras llaves en los poemas se representan en la pantalla con un color diferente, advirtiendo al lector que se trata de palabras con un contenido hipertextual. Si el lector hace clic sobre estas palabras puede ser dirigido a otras secciones de los poemas que revelan nuevas historias, sonidos, e hipertextos. El color celeste/azul es muy relevante porque es también el color principal de la bandera argentina, así como el nombre "Celeste" de la primera de las tres mujeres vampiro que puede así representar la nacionalidad argentina. Todas las historias narradas aparecen escritas en primera persona y tienen el común el hecho de que el espacio temporal en el que se desarrollan los eventos es la noche. La noche dominada por la oscuridad y las sombras, puede ser leída como la invisibilidad de las mujeres que calladas y sin representación permanecían en la oscuridad. Cabe destacar la relevancia de elegir la luna como elemento visual de estos poemas. La luna en base a muchas leyendas, tradiciones, y experimentos científicos se vincula a la vida de la mujer. Este vínculo primordial, por ejemplo, nos ayuda a comprender el ciclo femenino. La imagen de portada de este poemario es una luna llena, mientras que al ingresar las historias de las tres mujeres vampiro, cada poema relacionado con una de las mujeres tiene como imagen visual una luna creciente. Cabe destacar que, a través de su ciclo menstrual, el ser femenino transita por las cuatro energías lunares, respectivamente creciente, llena, menguante y oscura y a la vez estas fases se relacionan con las cuatro estaciones. En la mitología de muchos pueblos latinoamericanos, la luna se relaciona con una de las diosas mas prominentes para las civilizaciones precolombinas. Coyolxauhqui, por ejemplo, era la diosa de la Luna según la mitología azteca, hermana única del sol y cuando esta decrece en el firmamento cada noche, es Coyalxauhqui que va muriendo lentamente, despedazada, hasta quedar decapitada cuando ha desaparecido el disco lunar (Macazaga Ordeño *Coyolxauhqui: La Diosa Lunar* 12,13). Por lo tanto, puedo suponer que una de las lecturas que se puede aplicar a esta importante figura emblemática es la representación de la guerra cósmica entre los dos géneros, hombres y mujeres, en los ámbitos sociales, políticos y culturales. Los trabajos de Macazaga Ordoño muestran que "de acuerdo con el pensamiento mexica, los astros (sol y luna) luchan en el firmamento por el gobierno del cosmos" (Macazaga Ordeño *Mito y Simbolismo De Coyolxauhqui* 17).

El verbo activo y agresivo de "invader" metafóricamente hace referencia a las mujeres que asedian ahora todos los espacios públicos, académicos y literarios. Ya no se quedan calladas, ya no permanecen en un estado de sumisión. En la sección narrativa que describe la historia de Celeste, uno de los poemas tiene el título de "El viejo faro". En estas líneas se observa la poderosa posición de la mujer vampiro que admira y controla toda la ciudad desde una postura elevada:

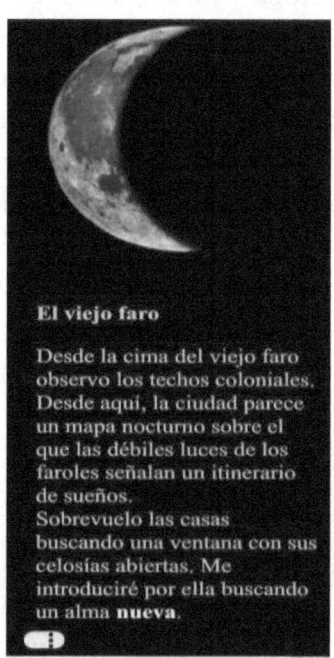

Sección del Poema *Celeste* en "Mujeres vampiro invaden Colonia del Sacramento"

En la captura de pantalla arriba se puede ver la sección del poema que forma parte de la historia de Celeste, titulada "El viejo faro". En la imagen se puede notar la palabra "nueva" de color blanco para diferenciarse del resto del texto y guiar al lector hacia múltiples secciones de los poemas con este contenido hipertextual. En este poema es significativo el uso del término "mapa nocturno" que científicamente se refiere al aglomerado de imágenes sacadas por los satélites al planeta tierra durante la noche. Este tipo de mapa revelan muchas informaciones que no pueden ser investigadas analizando las imágenes tomadas durante el día. Entre otras funciones, estas imágenes pueden revelar adónde el planeta se ha iluminado o oscurecido, rescontrando los cambios radicales que están pasando. En mi lectura, este cambio es la presencia cegadora de la mujer, que ahora invade con su luz el espacio literario, así como todos los otros espacios de poder que caracterizan nuestra sociedad. Las mujeres ya no se ven limitadas solo al espacio doméstico. Un mapa nocturno nos permite contemplar nuestro planeta desde el espacio durante la noche, una imagen compleja que pone en relieve solo la luz y la oscuridad existente. En las aproximaciones teóricas, el "mapa nocturno", es expresión del "cambio de lugar". Jesús Martín Barbero, es el teórico que dedicó más atención a este término afirmando que se trata de "el mapa de conceptos básicos que necesitamos rehacer" (229). Se puede leer, entonces, como un emblema del objetivo de las escritoras femeninas, que se están haciendo espacio en todos los ámbitos literarios, recreando los conceptos básicos tradicionales e inventando nuevos métodos experimentales de narración. El mapa nocturno es en sí alegoría de la literatura electrónica femenina que se propone cambiar la cultura y las reglas establecidas con sus técnicas revolucionarias e innovadoras. Lo que demandan las escritoras postmodernas y experimentales como Belén Gache es un cambio en la cultura, concibiendo la cultura como un concepto en continua evolución. La cultura, así como la literatura tiene que ser percibida como un campo de reproducción y cambio, ámbito de tensiones entre lo emergente, lo residual y lo dominante" (Williams 143). Williams define la cultura como "un proceso social constitutivo capaz de crear específicos y diferentes modos de vida [...] capaz de crear sus propios efectos. Es decir, la cultura como "mediación" y no como "reflejo" (115).

En el proceso de analizar ulteriormente el concepto de mapa, se puede afirmar que los imperativos que mueven a la artista digital tienen que ver con una exploración de si misma, una construcción y deconstrucción de su propia identidad y la búsqueda de una relación con el espacio que la rodea. El mapa como espacio de la memoria y de los recuerdos está en el centro de muchas producciones artísticas femeninas. Los poemas interactivos de Gache y su alusión al concepto de mapa nocturno parecen confirmar las ideas de Peter Turchi, específicamente las que se teorizan en su libro *Maps of the Imagination: The Writer as Cartographer*. Con la publicación de este volumen en 2004, Peter Turchi plantea la idea de que los mapas ayudan a las personas a comprender dónde se encuentra en el mundo. Como en el caso de la literatura, ya sea realista o experimental, los mapas intentan explicar las realidades humanas. El autor explora cómo los escritores y cartógrafos utilizan muchos de los mismos dispositivos para trazar y ejecutar su trabajo, tomando decisiones cruciales sobre qué incluir y qué dejar de lado, para llegar a determinados resultados sin un exceso confuso de información. En su libro Turchi nos presenta un recorrido histórico y rastrea la cronología de los mapas, desde sus propósitos decorativos y religiosos iniciales hasta sus aplicaciones educativas posteriores. Describe cómo los mapas se basan en proyecciones para representar un mundo tridimensional en la superficie plana de papel bidimensional, y luego se relaciona con lo que hacen los escritores al proyectar una obra literaria desde la imaginación a la página. Sin embargo, los aspectos más interesantes de sus perspectivas tienen que ver con la búsqueda de la identidad de cada individuo y con el afán de exploración, contemplación y explicación. El autor afirma que "In every piece we write, we contemplate a world; and as that world would not otherwise exist, we create it even as we discover it" (13). Gache, a través de su arte digital, parece encarnar este principio, sirviéndose del ejercicio del mapeo para investigar su identidad y su correlación con los conceptos de espacio y lugar. El proyecto digital de la artista argentina intenta confirmar cómo las nociones de identidad y geografía pueden cruzarse, mezclarse y estar interrelacionadas.

Históricamente sabemos que las mujeres carecieron de una voz y de una visibilidad fuera del espacio doméstico. A las mujeres no se les permitía ser creativas, educarse, explorar y expresar libremente sus pasiones. En este sentido, el concepto del mapa puede tener diferentes significados metafóricos. El mapa como emblema de viaje de autodescubrimiento y autoexploración, pero también el mapa como viaje de descubrimiento en sí, hacia una libertad de educación, profesión y realización personal que implica el anhelo por conseguir una suerte de plenitud interior y un sentido de satisfacción acerca de la vida que tenemos. El mapa, entonces, en las producciones digitales de Gache, designa a la vez un viaje interior y exterior hacia el conocimiento y la reivindicación de un espacio simbólico y físico que se había negado a las mujeres en el pasado. Además, Peter Turchi afirma que "We organize information on maps in order to see our knowledge in a new way. As a result, maps suggest explanations; and while explanations reassure us, they also inspire us to ask more questions, consider other possibilities. To ask for a map is to say, Tell me a story" 11-12). Por lo tanto, los escritores o los artistas, a través de sus diferentes formas de narrar y organizar el texto, y mediante la creación de una novela o una obra artística/visual, están trazando un nuevo territorio y se están afirmando como exploradores de saber. Otra aproximación metafórica podría designar la vida misma como "viaje". Este concepto de vida como viaje, de hecho, constituye uno de los tropos centrales de la literatura, el arte y los mitos occidentales. Belén Gache se embarca en un viaje de exploración, de iniciación, de prueba y redención, resemblando algunos de los célebres personajes literarios que se embarcaron en un viaje de descubrimiento que también representa un proceso personal de autodescubrimiento y autotransformación/evolución. Así haciendo, asignamos a la geografía un giro cultural. De hecho, la descripción del espacio rara vez puede escapar de lo social, político e incluso ideológico. Así como las nociones de espacio y lugar se han convertido en las últimas décadas en el centro de la teoría social, también lo ha hecho el ejercicio y el trabajo del mapeo que surge como un tropo de pensamiento y análisis espacial. Según las teorías postuladas por Benedict Anderson (1991) la nación es una "comunidad imaginada" y por consiguiente los nuevos espacios de identidad sugieren nuevas formas y formulaciones de este imaginario, lo que se define en la literatura como un mapa geo-narrativo que estamos aún en el proceso de dibujar. Es necesario recordar que el nombre de la primera mujer vampiro en los poemas "anakizados" en Celeste, nombre que se usa para referirse al color de la bandera de Argentina. Como nos confirma Edward Soja, "the spatial turn" en las teorías sociales ha llegado más allá de los límites del campo de la geografía y sus subdisciplinas para alentar un enfoque en:

> the spatiality of social life, a practical theoretical consciousness that sees the life world of being creatively located not only in the making of history but also in the construction of human geographies, the social production of space and the restless formation and reformation of geographical landscapes: social being actively emplaced in space and time in an explicitly historical and geographical contextualization. (10–11)

El concepto de visibilidad femenina lo encontramos incluso en sus videopoemas y poemas performáticos en los que el avatar en video de Belén Gache recita las obras. En particular, cabe destacar su videoperformance en Second Life titulada "Discurso de Liberación de los Poetas". Este poema video se produjo en 2019 y es significativo en el hecho de retomar la noción de la luna como instrumento de resistencia y emancipación. En la captura de pantalla abajo se puede observar una sección del videopoema y la presencia física y auditiva de la misma poetisa en forma de avatar que recita los versos desde la posición geográfica de la Luna.

Como se puede leer en la descripción abajo del video, "El Discurso de Liberación de los Poetas" es parte esencial del texto de la novela *Kublai Moon*, que representa en sí otra forma de literatura experimental en proceso y que combina elementos típicos de la ciberpoesía. La novela, que partió de los posts diarios de un blog-ficción, está ambientada en la luna y la autora es uno de los personajes de esta historia. La poetisa en la novela dedica sus días enteros a restaurar la biblioteca de poesía de Kublai Khan, parcialmente borrada por una bomba de silencio.

Discurso de Liberación de los Poetas
(ciberpoesía, vídeoperformance en Second Life 2019)

El rol principal de este personaje femenino es de llevar adelante una revolución entre los campesinos lunares y entre los poetas prisioneros de Kublai Khan, junto con el comandante Aukan y el robot AI Halim. En un principio, el texto que la autora lee durante el videopoema es un discurso que el comandante Aukan ha escrito para instar a los campesinos lunares y a los poetas prisioneros de Kublai Khan en las barracas lunares a rebelarse. Por esta razón en un segundo momento este texto se convirtió en una suerte de himno de la Resistencia Poética Galáctica. Los videopoemas ofrecen una oportunidad adicional a la poetisa de hacerse visible no solo a través de texto y audio sino añadiendo el elemento visual de su proprio cuerpo como avatar. Durante mi entrevista con ella me interesó investigar más el elemento visual de sus obras y cuando le pregunté acerca de este tema su respuesta fue:

> Intentaré explicar en qué contexto aparece el aspecto visual en mi obra. El borramiento de las fronteras entre los diferentes campos semánticos lingüístico, visual y sonoro tiene igualmente una larga tradición poética que

puede rastrearse desde la antigüedad con las Technopaeas y más tarde, los Carmina figurata y, contemporáneamente, a partir del concepto joyciano de verbivocovisualidad, que influirá directamente en los poetas concretos, también, en los neoideogramas de la poesía visual de los años 70 y, por supuesto, también en la poesía digital donde tienen su auge debido a las mismas características del medio. Yo escribí un libro al respecto, Escrituras nómades, del libro perdido al hipertexto, que fue editado aquí en España, en 2006. Pero, además, el modelo de escritura visual, al no poseer un código establecido, posee significados siempre ambiguos y múltiples y su lectura, al diferir del modelo lineal propio de las tradiciones lingüísticas convencionales, lleva a filósofos como Jacques Derrida a señalar la manera en que una escritura ideogramática puede favorecer la ruptura con el logocentrismo y quebrar su lógica binaria. ("Entrevista").

Cabe destacar, basándonos en la respuesta que ofreció la poetisa, que el modelo de escritura visual contiene, al no poseer un código establecido, significados siempre ambiguos y múltiples, alejándose de los paradigmas de la literatura y lingüística tradicional. Gache hace referencia a filósofos como Jacques Derrida llamando la atención al concepto de ideogramática que contribuye a la ruptura con el logocentrismo y su lógica binaria. En este sentido, es oportuno entonces confirmar el elemento queer de la poética de Gache que consigue abstenerse de las dicotomías. De la misma manera, el hipertexto, así como los poemas performáticos, usando las palabras de algunos estudiosos como Homi Bhabha (1990), Felix Guattari (1989) y Gilles Deleuze (Deleuze y Guattari 1987), quieren romper la dualidad cartesiana. En particular el filosofo Felix Guattari se refiere al mismo proceso llamándolo "process of heterogenesis". Con esta terminología Guattari está negando la dialéctica marxista, cuyo objetivo es la resolución de los opuestos. Uno de los aspectos más significativos es que este proceso, en la teoría como en la práctica poética experimental de

Gache, no tiene principio ni fin ni centro; está siempre en proceso de transformación (Deleuze y Guattari, A Thousand Plateaus 25) rechazando el discurso hegemónico dominante. La concepción rizomática de Deleuze y Guattari ("The three ecologies" 135-40) emerge de la imagen de la planta. Un rizoma es una planta que corre en la superficie, pero en cualquier coyuntura o disyunción puede hacer erupción en más plantas. Es un sistema de raíces que no se reproduce de forma horizontal y ordenada, sino más bien como una red de nodos que entra en erupción y se expande sin cesar y en varias direcciones; un rizoma no tiene ni un comienzo ni un punto final. Por lo tanto, puedo afirmar que los poemas de Gache se caracterizan por esta estructura rizomática. Es importante subrayar que la red de rizomas contrasta fuertemente con la metáfora más prominente de la filosofía occidental, el árbol del conocimiento. *Deleuze y Guattari en A Thousand Plateaus: Capitalism and Schizophrenia* aluden a este elemento definiéndolo infamous tree y resaltando el rizoma como la única entidad capaz de contrastar la lógica binaria y rechazar los sistemas de orden de pensamiento representados por el árbol. Así lo suguiere Mansfield:

> Where a tree is a single vector aimed at a specific goal, the rhizome expands endlessly in any number of directions, without a centre. The multiplicities that are the tree's final achievement can be traced back to the trunk and roots as its origin and meaning. A rhizome, pushing in a number of directions at once, lacks this sort of unity. Its multiplicity is part of its nature, not its by-product. (143)

En conclusión, se puede confirmar que el proceso de creación poética de Gache corresponde a este fenómeno; el rizoma es una raíz subterránea que produce a la vez raíces debajo de ella misma y envía brotes desde la superficie superior, fenómeno que puede ser comparado a los múltiples caminos que los lectores pueden embarcar mientras disfrutan de los poemas interactivos de la escritora española-argentina. La interpretación de Mansfield sugiere que al contrastar estas dos estructuras botánicas como metáforas, el rizoma y el árbol, Deleuze y Guattari intentan subrayar los fuertes contrastes que existen entre una orientación filosófica dominante que se relaciona a la metáfora del árbol, y las orientaciones filosóficas emergentes e innovadoras que se representan a través del rizoma. El árbol del conocimiento impone una filosofía basada en la fijeza, en las realidades estables y ordenadas. Por otro lado, el rizoma abre la puerta a múltiples interpretaciones. Un enfoque rizoanalítico explora estas multiplicidades en toda su complejidad sin poner límites a las interacciones y representando perfectamente la experiencia que los lectores pueden vivir al acercarse a la poesía experimental de la poetisa objeto de mi investigación.

Bibliografía

Anzaldúa, Gloria. *Borderlands/La Frontera: The New Mestiza*. Aunt Lute Books, 1987.

Bhabha, H. "The third space", in Rutherford, J. (ed.) *Identity: Community, Culture, Difference*. Lawrence and Wishart, 1990. 207-21.

Boellstorff, Tom. *Coming of Age in Second Life: An Anthropologist Explores the Virtually Human*. Princeton University Press, 2008.

Butler, Judith. *Bodies That Matter*. Routledge, 1993.

---. *Gender Trouble*. Routledge, 1990.

---. *The Psychic Life of Power*. Stanford University Press, 1997.

---. *Cuerpos que importan. Sobre los límites materiales y discursivos del "sexo"*. Paidós, 2002.

Braidotti, Rosi. *The Posthuman*. Polity Press, 2013.

---. "Un Ciberfeminismo diferente". *Debats*, vol. 76, no.1, 2002, pp. 100-117.

Castells, Manuel. *La era de la información*. Alianza, 1997.

Chun Wendy. "On Software, Or the Persistence of Visual Knowledge." *Grey Room*, no. 18, 2004, pp. 26-51.

Deleuze, G. and Guattari, F. *A Thousand Plateaus: Capitalism and Schizophrenia*. University of Minnesota Press, 1987.

Fitzpatrick, Kathleen. "The Humanities, Done Digitally" en *Debates in the Digital Humanities*, University of Minnesota Press, 2012.

Gache, Belén. "Entrevista". Email 09-27-2020.

Gold, Matthew K; Klein, Lauren. Introduction, *Debates in the Digital Humanities*. University of Minnesota Press, 2012. https://dhdebates.gc.cuny.edu/read/untitled/section/14b686b2-bdda-417f-b603-96ae8fbbfd0f

Guattari, F. "The three ecologies", *New Formations*, vol.8, no. 1, 1989, pp. 131-147.

Haraway, Donna. "Testigo_Modesto@ Segundo_ Milenio. Hombre-Hembra©_Conoce_Oncorratón®: Feminismo y tecnociencia". En *D. Haraway, Haraway Reader*. Routledge, 2004, pp.223-250.

---. "Las Promesas de los monstruos: una política regeneradora para otros inapropiados/ bles". *Política y Sociedad,* vol.30, no.1, 1999, pp.121-163.

---. *Ciencia, cyborgs y mujeres. La reinvención de la Naturaleza.* Cátedra, 1995.

Irigaray, Luce. *Ser dos.* Paidós, 1998.

---. *Sexes and Genealogies.* Columbia University Press, 1993.

Hayles, Katherine. *How We Became Posthuman: Virtual Bodies in Cybernetics, Literature, and Informatics.* Chicago: University of Chicago Press, 2010.

---. *Electronic Literature: New Horizons for the Literary.* Notre Dame: University of Notre Dame Press, 2008.

---. "The time of digital poetics: From object to event". *New Media Poetics: contexts, technotexts, and theories.* Ed. Morris and Thomas Swiss. Cambridge: MIT Press, 2006. 181-209.

Landow, George P. *Hypertext 3.0: Critical Theory and New Media in an Era of Globalization.* Johns Hopkins University Press, 2006.

Levy, Steven. *The Best of Technology Writing 2007.* The University of Michigan Press and the University of Michigan Library, Ann Arbor, Michigan, 2007.

Macazaga Ordoño, César. *Coyolxauhqui: La Diosa Lunar.* Editorial Cosmos, Mexico, 1978a.

---. *Mito y Simbolismo De Coyolxauhqui.* Editorial Cosmos, México, 1978b.

Mamatovna, Samara. "Samarita Ibanez: An Identity Journey from First Life to Second". *Journal of virtual worlds research*, vol. 5, no.1, 2012, pp.1-14.

Martín Barber, Jesús. *De los medios a las mediaciones: comunicación, cultura y hegemonía.* Gustavo Gili, 1991.

Kirschenbaum, Matthew. "What Is Digital Humanities and What's It Doing in English Departments?" en *Debates in the Digital Humanities,* University of Minnesota Press, 2012. http://dhdebates.gc.cuny.edu/debates/text/38.

Robertson Stephen. "The Differences between Digital Humanities and Digital History" en *Debates in the Digital Humanities,* University of Minnesota Press, 2012.

Stommel, Jesse, and Kim, Dorothy. *Disrupting the Digital Humanities.* Punctum Books, 2018.

---. et al. "Open Education as Resistance: MOOCs and Critical Digital Pedagogy." *MOOCs and Their Afterlives,* University of Chicago Press, 2017.

Turkle, Sherry. *La vida en la pantalla. La construcción de la identidad en la era de Internet.* Paidós, 1997.

Williams, Raymond. *Marxism and literature.* Oxford University Press, 1977.

Transgresiones en las letras iberoamericanas

Poetas indígenas: pluri-versos y el quehacer de sujetos femeninos

Gloria Elizabeth Chacón
University of California, San Diego

Resumen

Este ensayo examina el papel central de la mujer en el movimiento literario indígena de México que comenzó en la década de 1990. Se analizan importantes contextos históricos y políticos relacionados con el surgimiento de las mujeres poetas como sujetos políticos a través de sus obras y sus propuestas por medio de pluri-versos. Mi discusión destaca las diversas posiciones que las mujeres indígenas respaldan y disputan en relación con el lenguaje, la estética y la comunidad. A través de entrevistas publicadas y análisis interdisciplinario de su poesía, destaco su crítica a los esencialismos, el estado-nación y el patriarcado.

Abstract:

This essay examines women's central role in Mexico's indigenous literary movement that began in the 1990s. It discusses important historical and political contexts related to the emergence of women poets as political subjects through their works. My discussion highlights the various positions indigenous women endorse and contest in relationship to language, aesthetics, and community. Through published interviews and interdisciplinary analysis of their poetry, I highlight their critique of essentialisms, nation-state, and patriarchy.

Laura López Fernández y Luis Mora-Ballesteros

Poetas indígenas: pluri-versos y el quehacer de sujetos femeninos

Mujeres de hilo/tejen sus sueños.../con palabras de colores
Celerina Patricia

El movimiento literario hilado, pensado y diseñado desde los pueblos indígenas en varios territorios que integran la región reconocida desde el siglo diecinueve como Latinoamérica—y que entre los pueblos indígenas se renombra Abiayala en el siglo veinte—ha cobrado fuerza en las últimas tres décadas. Los numerosos trabajos frecuentemente en ediciones bilingües también han sido sujeto a traducciones que entran en los mercados globales literarios que sitúan los idiomas indígenas en el mismo estatus internacional que idiomas dominantes y oficiales. Desde sus inicios en los 90s, el movimiento en México en particular se ha caracterizado por una fluidez que logra articular y proyectar diferentes posturas frente al quehacer del autor indígena y su rol dentro de la comunidad a la cual pertenecen.[65] El afán del escritor indígena no pretende exclusivamente capturar la literatura oral en su idioma sino dar un giro estético doble dirigido a varias audiencias[66]. Este corpus poético ofrece una fértil vía de enunciación para examinar cómo se forja un sujeto en el sentido ontológico del ser y cómo apremia una nueva brecha en los estudios literarios de Latinoamérica. La profusa producción y difusión de estos textos o pluri-versos exige un análisis que sintetice la dimensión estética y el giro descolonizador y despatriarcal del ejercicio de escribir desde su enunciación. A través de sus trabajos se advierte una postura política clara sobre la instrumentación de los idiomas indígenas en la creación. Yásnaya Aguilar (intelectual mixe) subraya que los idiomas indígenas representan

---

[65] Existen 68 idiomas indígenas en México y muchas variantes dentro de un solo idioma como el caso del zapoteco con 60 variantes.

[66] Estas inquietudes se vienen abordando desde el 2003 y adquieren mayor fuerza durante importantes talleres auspiciados por escritores en lenguas indígenas y otras instancias en Chiapas, D.F., Oaxaca en el 2003, 2005, 2010 y 2011.

el ultimo territorio que no ha sido conquistado por lo menos no del todo.[67] Esta producción compite con la idea establecida de lo universal--entendido aquí como una insularidad occidental—ya que esta poesía reclama pluri-versos. Aunque no entro a fondo en este tema, es pertinente establecer que leo esta producción cómo un antídoto a una normalidad monolingüe de los estados nación que cambia lentamente. Mis aseveraciones se concentran en el traslado cultural y lingüístico donde las poetas asumen un nuevo espacio donde se invierte el poder tradicional del letrado sobre el imaginario indígena. Uno de los aspectos más novedoso dentro de este esfuerzo continental es la concatenación entre producción poética, género, y territorio. Ellas se distinguen por su relación a la traducción, la conexión entre cuerpo y territorio, y la re-valorización del trabajo femenino. Igualmente, sus trabajos poéticos retan "el entronque patriarcal" o lo que la feminista Aymara Julieta Paredes propone es un patriarcado indígena pre-hispánico aliado con el colonial (Paredes 2008). Dado este contexto propongo que las posturas de las poetas son estrategias claves en los procesos de descolonización y desmitificación del entronque patriarcal. No obstante, tampoco pretendo abordar todos los aportes de las mujeres indígenas pues existen varias posturas en cuanto a la mera existencia de un feminismo indígena. Aura Cumes, por ejemplo, prefiere hablar de descolonización y no de feminismo.

La problemática de la traducción ha sido discutida por los escritores indígenas (en su mayoría hombres al principio de los 90s) subrayando las limitaciones del castellano para expresar el juego de palabras, metáforas, y sonidos de los idiomas indígenas. En esas discusiones se establecía una conexión entre idioma e identidad o cultura indígena. Aunque la mayoría de los escritores comienza a escribir en español por no haber sido instruidos en su idioma correspondiente, el acto de escribir en el idioma indígena adquiere matices esencialistas. En otras palabras, un autor no puede ser maya sino escribe en maya. En esta postura subyace la idea de un "original", léase autentico versus una "traducción" léase, copia. Desde

---

[67]Yásnaya Aguilar. "Hablar como acto de resistencia."https://anterior.estepais.com/articulo.php?id=96&t=ayuujk-hablar-como-acto-de-resistencia.Blog.

la teoría crítica se puede argumentar que no existe un original y una copia, siendo ambos artefactos originales. Por otro lado, son las mujeres poetas que asumen abiertamente el bilingüismo en el proceso escritural. Un enfoque en la limitación del traslado lingüístico sustrae de su potencial para subvertir en el momento y espacio del acto de leer. Dicho esto, el proceso de traducción es mucho más complejo y complicado para los escritores indígenas. La poeta zapoteca (o mejor dicho binniza) Irma Pineda Santiago, por ejemplo, explica que en realidad los poemas no son traducciones sino creaciones paralelas que son fieles a sus respectivas tradiciones (entendiendo aquí no solamente la traducción lingüística sino cultural).[68] En otras palabras, estamos refiriendo un proceso mucho más polivante que un acto de traducción lingüístico. Pineda Santiago también admite no poder "concebir el mundo en un solo idioma." Natalia Toledo Paz, también binniza, se considera una escritora bilingüe y en una entrevista reciente sobre la traducción señala:

> son acercamientos, por ejemplo: puedo empezar escribiendo un poema en zapoteco, me atoro y voy al español, regreso al zapoteco, a veces hasta dibujo la palabra, la pienso. La maravilla de las lenguas indígenas como el zapoteco es que tiene miles de metáforas, esto te permite ver lo que quieres escribir, entonces, ya que tienes el cuadro acudes a él y buscas un pedacito de eso que quieras poner en el poema; sólo un pedacito, porque si no sería muy descriptivo todo. Trabajo así, indistintamente, en forma bilingüe y a veces tengo que dejar los dos porque en los dos ya no puedo.[69]

Nombrar la traducción un proceso de aproximación es necesario ya que la voz poética no puede ser una traducción literal. Otro nexo clave en este proceso es la preocupación de perder una dimensión estética en la traducción. El traslado se complica porque los idiomas indígenas son más

---

[68] Se empieza a diferenciar entre el uso del término zapoteco para nombrar varios idiomas que no son inteligibles entre sí.

[69] Consultar la entrevista reciente de Natalia Toledo con Eva Castañeda Barrera en *Periódico de Poesía* octubre 2012.

metafóricos, sonoros, y polisémicos (Entrevista, Toledo Paz). Lo que es menos reconocido en las discusiones es que el traspaso al español o viceversa también otorga un auto-empoderamiento para los escritores quienes pueden determinar cuál información no traducir de su idioma materno. Por ejemplo, Enriqueta Lunez Pérez en su poema "Cinco", decide no traducir el conjuro para alejar una comadreja; en vez, ofrece una nota de pie explicando que se trata de un encantamiento, pero lo deja en tsotsil, no lo traduce.[70] Es precisamente esta encrucijada del escritor frente a la necesidad de auto-traducción que abre una nueva teorización sobre el poder y conocimiento. En ese traslado lingüístico el poder está conectado a sus saberes ancestrales ya que son los y las poetas quienes asumen una autoridad lingüística y cultural sobre sus lectores que en la mayoría son monolingües en español. Por otro lado, la doble creación les permite generar lectores en idiomas indígenas. Es preciso recordar que la publicación de textos bilingües adquiere otra función para el lector en idiomas indígenas. Por ejemplo, una gran parte de estos textos bilingües pasan a ser requisitos de lectura en escuelas públicas. Estas dos intervenciones del autor indígena no tienen antecedentes en la historiografía literaria no solamente mexicana sino en nuestro continente. La crítica literaria en general ha mantenido una distancia en relación con la literatura indígena—por ser bilingüe y por no encajar entre los cánones de la hermenéutica de moda—pero su producción, diseminación, y traducción abre un espacio teórico que no existía.[71]

  La recepción y producción de la poesía escrita por mujeres engloba varias paradojas. Por un lado, las mujeres son exaltadas como el núcleo de la cultura, pero a la vez son marginadas por su diferencia de género. Mientras que fuera de sus comunidades son discriminadas por ser indígenas, mujeres, y pobres en la sociedad dominante.[72] Sin embargo, las

---

[70] "Cinco." En *Sk'eoj jme'tik u/cantos de la luna*, 71.

[71] Para trabajos más recientes sobre el tema ver a Luz María Lepe, Arturo Arias, Emilio de Valle Escalante.

[72] Ver también mi trabajo Chacón (2006) y (2007).

poetas han logrado un estatus cultural reconocido y celebrado a nivel nacional e internacional en la actualidad.[73] Este fenómeno ha proliferado desde el 2002 cuando muy pocas tenían publicado libros enteros y sus trabajos aparecían en antologías o revistas y no alcanzaba gran distinción individual.[74] La mayoría de las poetas son oriundas de Oaxaca, Chiapas, y de la península maya que ya tiene un legado literario reconocido.[75]

En esta discusión me enfoco en las poetas con estudios superiores y/o que han aprovechado la oportunidad de estudiar fuera de su comunidad y que además su trabajo poético se ha enriquecido por participar en talleres literarios sobre estética y traducción. Analizo poemas que manifiestan una consciencia de género por medio de símbolos y practicas ancestrales relacionadas con sus respectivas comunidades. En ese proceso las creadoras también recrean nuevas maneras de nombrar sus posiciones dentro de las relaciones históricas del poder al interior y exterior de sus comunidades, sean estas en la dimensión religiosas o en relación a prácticas culturales. Los oficios cotidianos y sociales de la mujer como el tejer, rezar, y la reproducción biológica u social adquieren dimensiones sagradas y profanas que desestabilizan una marginalización genérica y étnica. En efecto, la voz poética asume autoridad y es valorada dentro y fuera del pluri-verso poético que propone. Algunas poetas cuentan con varios libros como es el caso de Natalia Toledo, Irma Pineda, Enriqueta Lunez

---

[73] Por ejemplo, en toda la península Maya nadie ocupa el estatus privilegiado que mantiene Briceida Cuevas Cob. En Chiapas, a pesar del sinnúmero de poetas hombres en tsotsil ninguno es reconocido al mismo nivel que Enriqueta Lunez Pérez o Ruperta Bautista Vásquez. Entre los Zapotecas destacan los versos de Irma Pineda y Natalia Toledo. Podemos hacer estas mismas observaciones en otras comunidades indígenas e idiomas.

[74] Natalia Toledo, por ejemplo, la primera poeta Zapoteca que publica su primer libro bilingüe completo, *Mujeres de Oro*, se publica en Zapoteco/español en enero del 2002.

[75] Entre las poetas que comienzan a crear un perfil importante encontramos: Elizabeth Pérez (p'urhépecha), Ruperta Bautista Vásquez (tsotsil), Alicia Mateo (p'urhépecha), Emilia Buitimea (mayo), Flora Hernández (nahua), Leonarda Contreras (hñahñu), Irma Martínez (nahua), Josefa Leonarda Ventura (mixteca), Fenicia Trinidad (téenek), Jaquelina Fernández (maya), Socorro Gómez (tsotsil), Leticia Pérez (chimeca-jonaz), Evangelina Pérez (chichimeca-jonaz), Diana Maribel García (chichimeca-jonaz), María Patricia García (chichimeca-jonaz), Angelica Ortiz (wirrarika), Yolanda Matias Garcia (nahua).

Pérez, Ruperta Bautista Vásquez; mientras que otras logran diseminar paulatinamente sus trabajos por medio de discos compactos o antologías.[76] Un recorrido general sobre la producción cultural de mujeres indígenas no deja de ser limitado pues en realidad la poesía indígena refleja universos culturales e idiomas distintos, no obstante, existen temas comunes que sobresalen por su condición de género y etnia. Los roles tradicionales que la mujer indígena ha desempeñado históricamente se celebran y la voz poética se asume curandera, madre, tejedora, amante y otros roles que permanecen fuera de la esfera pública homogénea. La afectividad, el amor, el tejer, los nahuales, el peso cultural de la luna constituyen los leit motifs representativos en toda la obra de las mujeres.[77] Existen varias posturas sobre la poesía como una práctica estética del lenguaje hasta verla como reflejo de la cosmovisión indígena. No obstante, todas reproducen una conexión tácita entre cuerpo femenino y el territorio. Celerina Patricia Sánchez (ñuu savi), por ejemplo, asevera que:

Existe una poesía indígena porque hablamos las cuestiones de ofrenda, de pedimentos, de esa relación que hay con la naturaleza y que tampoco es facilito sacarla, porque aún no llegamos a acordar que hay que trabajar esos temas con determinados estilos, pero de todos modos esta es mi poesía, es la que no me han enseñado, la que es innata... (entrevista con Taína Trujillo Carrasco).[78]

El acto de escribir para Patricia Sánchez no se desprende del entorno territorial—tiene que captar la naturaleza y las costumbres indígenas. La suya, es una perspectiva más práctica donde el uso del idioma en

---

[76] Ver por ejemplo los discos compactos de Yolanda Matias Garcia (nahua) o Dolores Batista (rarámuri o ralamuli).

[77] El tejer y la escritura son practicas que están relacionadas íntimamente y representan una valiosa contribución al mantenimiento de la cultura simbólicamente y materialmente. En mi trabajo sobre mujeres mayas (Chacón 2006) noto que "El deseo de tejer y escritura aparece en las solicitudes religiosas a Chul jme'vixtik, la Gran Madre asociada con la luna." Rosa Ramírez Calvo (tsotsil) escribe que las mujeres solicitan a la Gran Madre, no sólo para aprender a tejer, sino también "para aprender a leer y escribir." Ramírez Calvo en *Pensamiento de los totikes* explica que las mujeres que hacen esta petición "debe irse... un cuaderno con letras donde nuestra madre sagrada se encuentra "(122).

[78] http://www.redindigena.net/mundoindigena/n1/pag16.html

la creación poética funge como una herramienta utilizada contra la descolonización y a la vez sirve como parte de una reivindicación como idioma nacional. Esta posición se asemeja a las primeras posturas que adoptan los escritores al principio del auge en los 90s. El quehacer del escritor inicialmente giraba alrededor de su cultura y de obviar las actitudes colonialistas que relegan a los idiomas indígenas como dialectos carentes de estructuras lingüísticas formales. Ellas aportan a una pluriversidad desde su localidad. Mikéas Sánchez (zoque) expone una posición abierta frente al quehacer del poeta indígena. Sánchez es la única mujer hasta la actualidad que cuenta con varios libros en zoque y español. La poesía según ella representa pura expresión y su compromiso de escribir en zoque es político y necesario. Empero, ella dice:

> [la] Poesía es sinónimo de libertad, de exploración del lenguaje, incluso de descubrimiento del lenguaje y el lenguaje es vasto. La poesía indígena, está surgiendo poco a poco, pero en lo personal no me gusta llamarla poesía indígena, la poesía es libre, es decir no tiene etiquetas, la poesía sale del hombre, de su pensamiento, de su alegría, de su dolor. La poesía es sólo poesía y lo mismo escribía Netzahualcóyotl sobre el sueño que Quevedo, en fin… De humanidad y poesía, prefiero hablarte de lo segundo que ya engloba lo primero. (Entrevista con Cesar C.)[79]

Mikeas Sánchez desempeña que quehacer poeta para aportar otra visión más a ese oficio. En su trabajo Sánchez también levanta la voz en contra del extractivismo en su comunidad. En una nota periodística destaca la interconexión de los zoques con el territorio: "Antes nos perjudicaban a las personas, pero esos megaproyectos dañan algo muy sagrado, la tierra. Somos pueblos muy espirituales y consideramos que la presencia individual no es tan importante como el territorio y el respeto a todos los seres que lo habitan". En otras palabras, como indica Mertxe Arratibel en

---

[79] Leer la entrevista aquí: http://zapateando2.wordpress.com/2008/01/13/

esa entrevista: "Conciben el cuerpo y el territorio como realidades inseparables."[80] En este enlace el cuerpo de la mujer también es territorio.

Natalia Toledo Paz de Oaxaca (binni za') hace eco de esta idea en relación a la producción poética. Ella también reconoce el español como suyo. Toledo Paz asegura:

> yo creo que la poesía contemporánea indígena no tiene porqué renunciar a absolutamente nada, todo participa en tu vida, todo te influye. Como alguien dijo, "nada me es ajeno": ni la cultura griega ni ninguna otra, además de que las hemos leído, afortunadamente. Como poeta he tratado de leer a los clásicos y lo que se escribe ahora. (…) Tenemos que buscar un más allá, es la única manera de hacer que sobrevivan nuestras lenguas, hay que crear nuevas tradiciones, nuevos mitos. No podemos estar recreando permanentemente los mismos mitos, que si bien son una maravilla, también tenemos que buscar lo que dice el hombre de ahora, somos seres de este tiempo; lo que está pasando, socialmente, políticamente, culturalmente te influye, uno no está con los ojos cerrados.[81]

Existen varias poetas en idiomas indígenas con hablantes reducidos cuyos trabajos aportan a el rescate y la preservación. En esta sección perfilo las mujeres poetas que son únicas en su entorno y que en muchas ocasiones el idioma indígena en que escriben cuenta con un número reducido de hablantes. En Baja California encontramos el trabajo de las hermanas paipai, Juana Inés Reza y Delfina Albañez. Ellas señalan que de 700 personas solamente alrededor de 300 todavía hablan pai pai. "La naturaleza y lo que nos rodea es más importante para nosotros que las cosas materiales," apunta Delfina Albañez en una entrevista.[82]

---

[80] Leer la entrevista aquí: http://andra.eus/mujeres-indigenas-luchan-por-equiparar-los-derechos-de-la-naturaleza-con-los-derechos-humanos/

[82] https://www.gob.mx/cultura/prensa/los-cantos-y-sonidos-son-medicina-para-nuestra-alma-xumsrill-xasrhille?idiom=es

La comunidad se autodenomina jaspuy'pai, que se traduce en "personas no lavadas" o "personas no bautizadas", un nombre que demuestra su rebeldía contra los intentos evangelizadores en el siglo XVIII. En Chihuahua, la música y versos de Dolores Batista (1962-2004), quien luchó para la preservación de la cultura e idioma raramuri (o ralamuli), continúa siendo única. En 2020, se le otorgó un premio a Esther Moreno (ralamuli) en narrativa, pero su trabajo no ha circulado en la actualidad. En el caso de Dolores Batista por su trabajo se ha percibido cómo transgresora en su comunidad y hasta referido como desviada por su sexualidad (Aguilera Madrigal, 51). En año de 2020, se organizó un homenaje a Batista para celebrar su trabajo pionero. En Jalisco destaca Angélica Ortiz (warrárika) por varias publicaciones en una colectividad en donde no se publica a muchas mujeres. Juana Karen Peñate es la voz representante del Chol y cuenta con dos libros. Rubi Tsenda Huera (purépecha) es otra mujer que resalta en su comunidad y a nivel nacional. Desde territorio Yoreme sobresale Emilia Buitimea Yocupicio. Alejandra Lucas Juáres (Tutunaku) es poetra y narradora. Zara Monrroy (miique itom o seri) mezcla poesía, rap, y canto. Algunas poetas reciben menor reconocimiento internacional pero, la producción de estas ultimas poetas es imprescindible precisamente por su esfuerzo de escribir en idiomas indígenas que no cuentas con muchas publicaciones o no tienen un número significativo de poetas individuales como es el caso del zapoteco, náhuatl, o maya. Por otro lado, Mikeas Sánchez, aunque es la única mujer que ha publicado varios libros en zoque, cuenta con varias publicaciones, reconocimiento internacional, y ha logrado estudiar fuera de México. Los idiomas con un numero significante de hablantes son Nahuatl, Zapoteca (diidxaza', benne xhon) y Maya (incluyendo Tsotsil y Tseltal).

Nahua

Existe un número notable de hablantes del idioma náhuatl pero, existen pocas mujeres con libros publicados excepto en revistas o discos compactos. El uso de discos compactos o performance es importante para llegar a audiencias que no son letradas en español. Entre ellas prevalecen Yolanda Matías García (nahua), Ateri Miyahuatl (nahua), Yolanda

Matías García (nahua) y Araceli Tecolapa (nahua) y Judith Santopietro (nahua de origen). Matías García ha publicado dos libros y ha autorizado un disco de compacto. De estos cinco poemas, "Azul", es llamativo. Su poesía está dentro de los cánones más tradicionales asociados con la poesía indígena que se nutren de recuperar la palabra ancestral. Miyahuatl es actriz, gestora del proyecto cultura "originaría" que publica varias mujeres indígenas. Ella ha sido reconocida y su libro de poesía premiado en Inglaterra. Araceli Tecolapa (una de la más jóvenes) es la única mujer representada el volumen de poetas Nahua publicado en el 2019). Judith Santopietro (náhuatl Veracruz) ha venido impulsando la literatura indígena con su proyecto iguanazul. Su libro, Palabras de agua, es sublime y un aporte importante a la creación de poesía por mujeres nahua como un acto de recuperación. Su trabajo más reciente es un poemario sobre Bolivia, estableciendo un dialogo importante entre pueblos originarios.

Muestra de Poemas

Esta sección ofrece una exegesis de poemas representativos que mejor ilustra cómo las mujeres abordan, cambian, retan, invierten, y politizan símbolos culturales o discursos sociales que las posiciona entre lo profano y lo sagrado. La imagen popular de la mujer ermitaña o religiosamente sumisa que carece de alfabetización (en el sentido occidental) se invierte en los versos. Más importante, nombran y afirman su posición en el mundo literario a través de su propio idioma, la crítica social, y el uso deliberado de cosmovisión o manera de ver el mundo. También lo hacen, ofreciendo al lector una poesía estéticamente rica que reta los estereotipos asociados con la mujer indígena aislada del conocimiento letrado. Sus pluri-versos retan la homogeneidad social y monolingüismo.

Poetas Zapoteca (Juchitán)

La poesía en idioma diidxazá (zapoteca del istmo) en particular desde Juchitán tiene ya una larga trayectoria desde el siglo diecinueve y cuenta con varios poetas destacados.[83] Entre las mujeres poetas contemporáneos, se destaca Natalia Toledo Paz y Irma Pineda Santiago, ambas de Juchitán. Irma Pineda Santiago nos ofrece poemas de amor, de prácticas ancestrales, pero también son gritos contra la injusticia de las fuerzas externas que azotan los pueblos originarios. Por la marginalización sociolinguistico del zapoteca, de niña sus padres le hablaron solo en español, pero Pineda dice que al salir de su casa todo estallaba en zapoteco.[84] Irma Pineda fue la primera mujer elegida para ser presidente de la asociación civil de escritores en lenguas indígenas. En este poema nos relata con firmeza la resistencia del idioma zapoteca y su cultura. Este poema es la versión femenina de los ahora famosos versos del poeta Gabriel López Chinas donde escribe "el zapoteca desaparecerá cuando muera el sol." En este poema Irma Pineda habla sobre la sobrevivencia y la terquedad de esta nación zapoteca para reinventarse y renacer. Aquí un ejemplo de sus versos:

> No me verás morir
> Habrá una semilla
> escondida entre los matorrales del camino
> que a esta tierra ha de volver
> y sembrará el futuro
> (…)
> y seremos muchos corazones
> aferrados a la esencia de los binnizá
> y no me verás morir
> (…)
> no me verás morir (73).[85]

Irma también escribe versos para abordar cuestiones culturales que oprimen a las mujeres. En un poema sin título en De la casa del

---

[83] Ver los ensayos de Victor de la Cruz, Irma Pineda, Claire Sullivan.
[84] Ver su aporte en *Debate Feminista*.
[85] "No me verán morir" incluido en *La nostalgia no se marcha cómo el agua de los ríos*.

ombligo a las nueve cuartas, captura la practica de públicamente mostrar la virginidad o su falta después de "el rapto". Aquí un fragmento:

> . . .prenden cohetes en casa del varón/ la noche del rapto/
> la gente sabe entonces que una flor sangró/
> y sobre el dolor celebran con música y guirnaldas.
> Pero la vergüenza es una piedra grande
> si en lugar de cohetes en la boca de una casa
> una olla de barro colocan con una herida
> que cuenta la historia de una mujer que no supo esperar.[86] (45)

Por medio de la ironía y yuxtaposición de imagines, Pineda detenidamente logra realizar una sutil critica de esta practica. No obstante, en el poema anterior en De la casa del ombligo, titulado "Abuela", es una tradición que brinda alegría y orgullo a la abuela de la protagonista. Escribe:

> Una abuela de vientre ancho
> (…)
> Con una guirnalda en la cabeza se embriagó de alegría/
> cuando la boda de sus hijas/
> pues la mancha de sangre en un paño blanco
> le grito al pueblo que se guardaron bien." (43)

Si consideramos el orden de los poemas podemos postular que esta costumbre es vista como un modo de operar de otra generación. Pero sin duda, es un sistema que lleva como objetivo el control sobre la sexualidad de las mujeres. No obstante, las intelectuales indígenas cómo Yasnaya Aguilar (mixe) y Aura Cúmes (Kaqchikel) proponen que abordar el

---

[86] Georgina Amador en su tesis de maestría, "Representaciones del cuerpo femenino en la poesía maya de Briceida Cuevas Cob y en la poesía binnizá de Irma Pineda" (2012) ofrece una buena discusión sobre este tema.

patriarcado en las comunidades indígenas no puede separarse del colonialismo. Aparte de su trabajo poético, Pineda ha participado en el Forum de Asuntos Indígenas auspiciado por las naciones unidas.

Natalia Toledo Paz también de Juchitán nos ofrece una poesía variable y que a veces nos sacude por su honestidad. Fue la primera mujer poeta que publica en zapoteca y español. Su celebración de la mujer en la cultura binniza es palpable en su libro Mujeres de Oro. Sin duda, la sexualidad, la vida, y la muerte tienen centralidad en este poema En este ejemplo, los versos escandalizan por su desnudez. En el poema, "Mutilación", sorprende la imagen de una mujer en plena masturbación.

> Me masturbo frente al espejo
> (…)
> En el sudor el rostro de la muerte es una gota.
> Exhalo la sonrisa final de la locura,
> Mi autorretrato no existe (de *Flor de pantano: antología* 1992-2002. Pg. 45)

En otros poemas, como el titulado "Tradición" publicado en Olivo negro manifiesta su critica contra aspectos culturales que oprimen a la mujer zapoteca. "Tradición" continua el dialogo que comienza Irma Pineda en el poema anterior. En este trozo de "Tradición" se hace explícita su desacuerdo con hábitos que violentan el cuerpo de la mujer:

> Hubo quien colgó en la puerta de tu casa una olla rota
> y no quiso pagar la fiesta.
> No supieron los tontos que una flor caída al suelo
> sigue siendo flor hasta su muerte.

En este poema, la crítica contra el entronque patriarcal y el control sexual de las mujeres es patente. Los "tontos" son los que todavía continúan esta tradición. En "El primer encuentro literario Maya-Zapoteca," Natalia Toledo contesta que una práctica cultural que cambiaría sería "el rapto" y agregó que la idea del rapto en su niñez le daba miedo pues según ella "nunca fui virgen."

En su conjunto estas dos poetas contestan, recrean, e invierten las imágenes de la mujer zapoteca que ocupó la imaginación de los intelectuales en los 1920s. La investigadora y traductora norteamericana, Clare Sullivan, concluye que la importancia de la poesía zapoteca está en que ". . . Zapotec poetry expresses itself in a richly musical language, embraces other artistic traditions, and confronts the threat of globalization with its verses (42)." De todas, Pineda y Toled Paz enfrentan temas controvertidos sobre la sexualidad y el rapto.

Tsotsil, Chiapas

Chiapas es el estado de poetas por excelencia y locus de aportes teóricos sobre ontologías mayas de la región. Históricamente, la poesía se fomenta por medio de instancias gubernamentales como también por organizaciones encabezadas por escritores no-indígenas como en el caso de SOGEM Chiapas. De las jóvenes tsotsiles que han participado en varios talleres de creación y traducción se encuentran Enriqueta Lunez Pérez, Ruperta Bautista Vásquez, y Angelina Díaz Ruiz. En los siguientes párrafos ofrezco una muestra de Lunez Pérez y Díaz Ruiz. Ambas salieron de sus comunidades para estudiar.

Lunez Pérez cautiva su lector por la sutileza de sus versos y metáforas. En uno de los poemas más icónicos, "Desperté a dios", demuestra la vigencia de las creencias ancestrales. La voz poética que inicia nos atrae inmediatamente cuando Lunez Pérez escribe: "Desperté Dios / cerca de la medianoche / a cambio de su desvelo / Le ofrecí siete versos, siete absoluciones / le confesé / todos mis pecados y le besé la frente (1-9, 45)." El acto de "Despertar a Dios" delicadamente invierte las relaciones de poder históricas entre los pueblos indígenas y la imposición de un Dios cristiano. El poema de Enriqueta Lunez refleja un intenso sentido de reverencia y amor a Dios, pero también un atrevimiento imprevisto que podría aparecer desdeñoso. La yuxtaposición de sus confesiones contritas y meneos afectivos, como en la frase: "Le di un beso en la frente", contribuye a figurar una posición de superioridad moral o infantilización del dios cristiano. Esta es la imagen de una madre besando la frente de un niño—gesto maternal que abate la imagen del dios-hombre invocada en la primera parte del poema. El segundo verso muestra desde una cosmovisión tsotsil que la imposición religiosa cristiana no logró desplazar las costumbres ancestrales. Los versos, "Desperté a dios/ Cerca de la media noche/ y El Tiempo interminable consumió los Siete Colores / la tierra bebió del pox sagrado / Lentamente se apagó el incensario / paloma se convirtió en mi carne," perfila imágenes ceremoniales, de ofrenda. En el texto, el tiempo maya domina, la tierra se nutre del trago de aguardiente (el pox), y la quema de incienso se ha extinguido. Las referencias explícitas a los objetos materiales utilizados en una ceremonia o ofrenda, convierte lo etéreo a lo cotidiano. Concluye con el verso, "Paloma se convirtió en mi carne / Desperté a dios / Cerca de la medianoche / y Poco a Poco El Tiempo convirtió mi oración en sublime deseo" (47). La imagen de una paloma convirtiéndose en la propia carne de la protagonista contrasta con la imagen de la paloma como el espíritu santo sin carne. Con agudeza y perspicacia, ella transforma los últimos 500 años de adoctrinamiento religioso a un "deseo sublime". En el poema, triunfa el tiempo maya sobre el tiempo cristiano y la devoción en deseo. La conclusión del poema hace patente a los lectores que es la espiritualidad maya que irónicamente ha absorbido el cristianismo.

Angelina Díaz Ruiz también Tsotsil de Chamula, Chiapas nos ofrece un trabajo con una dimensión de critica social tajante que abarca no solamente el racismo y sexismo sino también el capitalismo. Angelina Díaz Ruiz titula la sección de su poesía, "Mujeres de mi Presente / Ta jk'ak'al tana Antsetik", incluido en el libro, Memorial del viento, publicado por la Unidad de Escritores Mayas-Zoques. Su desafío contra las expectativas en su comunidad por ser mujer y los estereotipos de la sociedad dominante sobre el tsotsil maya se vuelven transparentes cuando describe su deseo de continuar con su educación". . . a los 17 he demostrado que no soy lo que ellos querían que yo sea." En esa muestra de su experiencia contesta a la carga hostil del racismo en Chiapas. Es por medio de sus versos que Díaz Ruíz también enaltece haber nacido mujer. Este poema como el resto en esta antología fueron compuestos primero en español y después traducidos al tsotsil

Díaz Ruíz avanza una visión universal de su amor por la poesía utilizándola para avanzar con una crítica mordaz del racismo, clase y sexismo. Consciente de la necesidad de impulsar su voz en el mundo de las letras, Díaz Ruíz percibe la poesía el medio más pertinente para entender su experiencia e interrogar el statu quo. El poema, "Riqueza" o "Kajval", representa su mejor expresión. Cada línea ataca la noción de acumulación monetaria. Las primeras líneas desconciertan con el contraste de palabras:

> Quiero saber cómo es tu dulce suicidio,
> Pensar como ayer, matarte
> Deseo derramar tu sangre negra en tus hombros

El lenguaje yuxtapone términos que son incongruentes como "dulce" "suicidio", "sangre negra", "cruces sin llantos." Su repugnancia y repulsión es palpable.

El poema maquina una poderosa acusación contra la riqueza, léase el capitalismo. Pero es la personificación de la riqueza (el capital) como masculino lo que sorprende. La riqueza o capitalismo se conecta con el entronque patriarcado. El tono violento discrepa con la imagen que se mantiene sobre las mujeres de Chiapas como víctimas. Su poesía valientemente aborda directamente los problemas sociales que no son fáciles de discutir en las comunidades mismas. La poeta conecta los males dentro de la comunidad a el capitalismo.

> Quiero derrotar tu apestable riqueza
> Imaginar el arco iris en gris azul para ti
> Odiarte por mi madre enferma,
> Maldecirte por mi padre ebrio,
> Encarcelarte por mi hermano emigrado,
> Hueles a la desgracia que me has dejado...
> Volveré mañana,
> (...)
> Tu mente llena de barbaries.

Se plasma un fuerte enlace entre la explotación de las madres, adicciones, y migración. Los verbos "odiarte", "maldecirte", "encarcelarte" contribuyen a una contra lucha al capitalismo. Este poema funge como un himno tsotsil en contra de la injusticia social, política, cultural, y genérica. Acometer estos problemas hacen este poema único en la producción indígena contemporánea. La idea que la voz poética regresará en el futuro a ver la auto-destrucción del sistema capitalista implica que los tsotsiles sobreviran estos embates.

Los versos de Enriqueta Lunez Pérez y Angelina Díaz Ruiz representan voces importantes de una segunda generación de poetas mujeres en el idioma maya tsotsil. A esta generación se suman otras poetas que experimentan con ritmos y formas nuevas.

Maya peninsular

En la península maya existen varias poetas, narradoras, y dramaturgas. Briceida Cuevas Cob resalta entre los diferentes grupos existentes por la belleza de su obra y también su recorrido internacional. Sus libros han sido traducidos a varios idiomas. Cuevas Cob impregna sus poemas con antiguos símbolos tradicionalmente asociados con el guerrero maya, pero revestidos de una sensibilidad femenina. En el festival anual de poesía celebrado en Medellín, Colombia, Cuevas Cob hace un prefacio antes de su lectura del poema "Origines II", ofreciendo una interpretación del ya reconocido juego de pelota maya como fertilidad, dualidad, vida, y muerte.[87] Las imágenes y el lexicón que Cuevas Cob emplea invocan el antiguo juego de pelota generalmente interpretado como un espacio masculino, de muerte, y lo transforma en un espacio de maternidad, vida feminizándole por medio de la analogía. El poema inicia con una mujer en pleno parto:

Mi madre guarda en las redes de su vientre un balón

---

[87] Este poema no está publicado y la versión es diferente a la que se presentó recientemente en el festival de poesía dedicado a Carlos Montemayor en octubre 2012. Hago referencia a la versión leída por Cuevas Cob en junio 2007 en Colombia.

> En este juego no cuentan los goles
> Sino el tiempo prolongado que tiembla en su piel.
> de sus senos escurre la luna - cuerpo venerado de Xbalamque[88]
> ella cuenta ya con nueve amonestaciones
> es momento que estalle la lluvia preciosa de sus entrañas
> y expulse el balón hacia el ombligo de la cancha morena.

Aquí alude a la gestación por medio de la consonancia. En la versión española, "amonestaciones" hace eco a los fonemas en la palabra gestaciones. Amonestaciones se utiliza en los partidos de fútbol modernos como advertencias a los jugadores. En este sentido "amonestaciones" es un término anacrónico, pero como ella toma algunas libertades con las imágenes tradicionalmente asociadas con el juego maya pre-colonial que parecen fuera de lugar, la precisión de lo temporal no importa. Lo que importa, en su propio verso, es "... la prolongación del tiempo que tiembla en su piel." El tiempo, en este poema en particular, equivale a la historia y cultura Maya que se perpetua. La palabra también le permite avanzar con las imágenes de juego de pelota. Su referencia a Xbalamque, uno de los gemelos que con el tiempo se convierte en la luna en la historia del Pop Wuj (mejor reconocido como Popol Vuh) subraya el aspecto femenino de los gemelos desde tiempos ancestrales.

Si bien la cuestión del idioma sigue siendo una preocupación constante para los críticos y escritores, siendo un marcador cardinal de la identidad y la autenticidad, las mujeres indígenas poetas abrazan el uso del español como herramienta para dar a conocer sus culturas e idiomas indígenas y así contribuir realmente a un pluriverso con pluri-versos. Desde el inicio del movimiento literario de los poetas y por lo general los hombres de una primera generación de escritores que iniciaron este movimiento literario insisten en que la escritura debe hacerse originalmente en

---

[88] Xbalamque es una de los gemelos que eventualmente se convierte en la luna. Ver mi trabajo sobre mujeres poetas mayas en el 2007 para una discusión sobre el trabajo de Cuevas Cob y el rol de la luna en la cultura maya.

el idioma nativo para ser considera una autentica expresión indígena. Ellas admiten que a veces traducen desde el español o trabajan en ambos idiomas, señalando que los pueblos indígenas no tienen la culpa por no saber escribir en su idioma, ya que fueron las políticas racistas promulgadas por el sistema educativo que les impidió la alfabetización en su propia lengua. El vacío de libros bilingües se ha venido llenando en gran parte debido a poetas como ellas. Ahora los estudiantes tienen mejor acceso a libros bilingües y pueden aprender a escribir en su lengua indígena. Por ejemplo, en el caso de Enriqueta Lunez Pérez su libro titulado, Juego de nahuales, hoy en día es lectura requerida para la escuela secundaria. Natalia Toledo por su parte también publica cuentos para niños, indudablemente contribuyendo en el futuro del idioma y la comunidad. Esta es una de las estrategias importantes que los poetas indígenas despliegan para crear lectores.

El esfuerzo consciente por parte de estas mujeres que se dedican a la escritura es, en muchos aspectos sin precedentes. Por medio de estas posturas establecen pluri-versos y "provincializan" el occidente, en el sentido que le da Dipesh Chakrabarty a la palabra vis-a-vis Europa.[89] Ellas aportan sus conocimientos desde otros idiomas y culturas. Creo necesario recalcar que estas diferentes posiciones son invariablemente sostenidas por todos los escritores indígenas y todas válidas. Existe un compromiso del escritor con su idioma, ya sea este el primer idioma que utilizan para escribir su trabajo o para traducir del español al idioma indígena o en muchos casos trabajar en ambos idiomas simultáneamente. En ese sentido son las mujeres que hablan abiertamente del bilingüismo. Lo más trascendente es que desde su localidad las poetas están redefiniendo el discurso de lo universal y se inscriben dentro de un pluriverso por medio de sus trabajos bilingües.[90] Su voluntad para enfrentarse a los prejuicios por su sexo y etnia dentro de una práctica cultural que invariablemente ha sido reservada para unos pocos privilegiados en México las convierte en pioneras. Las poetas construyen nuevos territorios a través de la poesía y abren los caminos para una nueva generación de mujeres indígenas que

---

[89] Ver Chakrabarty, Dipesh. *Provincializing Europe: Postcolonial Thought and Historical Difference,* Princeton University Press, 2007.
[90] Entrevista por Eva Castañeda Barrera con Natalia Toledo en Periódico de poesía.

asumen un papel en el mundo de las letras. Ellas también encaminan a otras generaciones que asumen el oficio de poesía como en el caso de Nadia López García (tu'un savi) quien recupera su idioma a los 8 años y ha publicado su poesía, ensayos, y cuentos. Por medio de este recorrido he tratado de presentar la poesía como el género literario más apropiado para expresar como las poetas indígenas construyen sus propias subjetividades fuera de estereotipos para proponer pluri-versos. La praxis de traducir o trabajar en dos idiomas tiene repercusiones significativas en la metodología que los críticos deben crear al acercase a esta emergente literatura. Las poetas por medio sus versos logran equilibrar cuidadosamente las tradiciones orales y escritas, las prácticas religiosas nuevas y antiguas que han heredado y sus roles tradicionales, pero con una mirada de mujer que contribuye a un pensamiento descolonizador y despatriarcal donde su cuerpo es territorio

Bibliografía

Aguilar, Yasnaya. "Auujk: hablar como resistencia." *El País*. Blog.October 25, 2020,https://anterior.estepais.com/articulo.php?id=96&t=ayuujk-hablar-como-acto-de-resistencia.

Aguilera, Sabina. *Textiles Ralámuli. Hilos, Caminos y El Tejido De La Vida*. Berlin, Germany: Ibero-Amerikanisches Institut Preußischer Kulturbesitz, 2015.

Call, Wendy. "Re: The Light of Translation." Web blog comment sobre la traducción de los poemas de Irma Pineda. http://wendycall.blogspot.com/2011/02/light-of-translation.html.

Castañeda Barrera, Eva. "Entrevista Con Natalia Toledo." *Periodico De Poesía*. Oct. 2012. http://www.periodicodepoesia.unam.mx.

Chacón, Gloria E. *Indigenous Cosmolectics: Kab'awil and the Making of Maya and Zapotec Literature*s. Chapel Hill: UNC Press, 2018.

---. Poetizas Mayas: subjetividades contra la corriente. *Cuadernos de Literatura*: vol. Xi no. 22 (enero-junio 2007).

---. "Escritores Mayas contemporáneos: redefiniendo nociones de tradición y autoría" en *Diversidad y diálogo intercultural a través de las literaturas en lenguas Mexicanas*. ELIAC: D.F., Mexico, 2007.

Chakrabarty, Dipesh. *Provincializing Europe*. NJ: Princeton: University Press, 2000.

Cuevas, Cob Briceida. "Origines II." June 2007. http://www.festivaldepoesiademedellin.org/pub.php/es/Multimedia/cuevas.html.

---. *U Yok'ol Auat Pek'tí U Kuxtal Pek': Ik'tanil Ich Maya T'an = El Quejido Del Perro En Su Existencia: Poesía En Lengua Maya*. Bacalar, Quintana Roo, México: Eds. Nave De Papel, 1998.

---. *Ti' U Billil in Nook' = Del Dobladillo De Mi Ropa*. México, D.F.: CDI, 2008.

Cruz de la cruz, Victor. "Literatura Zapoteca." en *Escritura zapoteca: 2,500 años de historia*. María de los Ángeles Romero Frizzi, Editor. Ciesas: Mexico, 2003.

León, Portilla Miguel., and Earl Shorris. *In the Language of Kings: An Anthology of Mesoamerican Literature--pre-Columbian to the Present*. New York: W.W. Norton, 2001.

López, Díaz Andrés., Ruiz Díaz Angelina, and Díaz López Luis. *Memoria Del Viento/ Sbel Sjol Yo'onton Ik'*. San Cristóbal De Las Casas, Chiapas: Unidad De Escritores Mayas-Zoques, 2006.

Lunez, Enriqueta. *Yi'beltak Ch'ulelaletik = Raíces Del Alma: Poesía*. Hermosillo, Sonora, México: Instituto Sonorense De Cultura, 2007.

---. *Sk'eoj jme'tiku/ Cantos de luna*. Mexico: Pluralia Ediciones, 2013.

Montemayor, Carlos. *Los escritores indígenas actuales, vol1*. Mexico: Fondo de cultural económica, 1992.

---. *La Voz Profunda: Antología De La Literatura Mexicana Contemporánea En Lenguas Indígenas*. México, D.F.: Joaquín Mortiz, 2004.

---. Situación Actual y Perspectivas De La Literatura En Lenguas Indígenas. [México, D.F.]: Consejo Nacional Para La Cultura Y Las Artes, Dirección General De Publicaciones, 1993.

Montemayor, Carlos, and Donald H. Frischmann. *U Túumben K'aayilo'ob X-ya'axche': U Meyaj Bejlabeno'ob Maaya Aj Ts'íibo'ob Ti' U Petenil Yúucataane'/ Los Nuevos Cantos De La Ceiba: Antología De Escritores Mayas Contemporáneos De La Península De Yucatán*. Mérida, Yucatán, México: Instituto De Cultura De Yucatán, 2009.

Ortiz, Angélica. "En el IV Festival De Poesia Las Lenguas De America." Vimeo. http://vimeo.com/49636771

Pineda, Irma. "Mis Dos Lenguas." *Debate Feminista* Año 16.32 (2005): 161-75. <http://www.debatefeminista.com/articulos.php?id_articulo=265&id_volumen=11>.

---. *Doo Yoo Ne Ga' Bia' = De La Casa Del Ombligo a Las Nueve Cuartas: Zapoteco Del Istmo-Español*. México: Comisión Nacional Para El Desarrollo De Los Pueblos Indígenas, 2008.

---. *Xilase Qui Rié Di' Sicasi Rié Nisa Guiigu'= La Nostalgia No Se Marcha Como El Agua De Los Ríos*. México, D.F.: Escritores En Lenguas Indígenas, 2007.

---. "La literatura de los Binnizá, zapotecas del Istmo" en *De la oralidad a la palabra escrita. Estudios sobre el rescate de las voces originarias en el sur de México.*

Floriberto González González, Humberto Santos Bautista, Jaime García Leyva, Fernando Mena Angelito, David Cienfuegos Salgado, Coordinadores. *De la oralidad a la palabra escrita. Estudios sobre el rescate de las voces originarias en el sur de México*. México: Instituto de investigaciones Juridicas de la UNAM, Junio 2012.

Sánchez Celerina Patricia. "'Palabra De Lluvia." Entrevista por Taína Trujillo Carrasco. *Mundo Indígena* Suplemento de Milenio Diario. http://www.redindigena.net/mundoindigena/n1/pag16.html.

Sánchez, Mikeas. *Tumjama Maka Mujsi' = Y Sabrás Un Día: Poemas. Tuxtla Gutiérrez*. Chiapas: Centro Estatal De Lenguas, Arte Y Literatura Indígenas, 2006.

Sullivan, Clare. "The State of Zapotec Poetry: Can Poetry Save an Endangered Culture?" *World Literature Today*, 86 no 1 (January 2012): 43-45.

Toledo, Paz Natalia, and Francisco Toledo. *Guendaguti Ñee Sisi Diidxazádiidxastiá/ La Muerte Pies Ligeros (Zapoteco- Español)*. México, D.F.: Fondo De Cultura Económica, 2005.

Toledo, Paz Natalia. *Flor De Pantano: Antología, 1992-2002*. Oaxaca, Oax.: Instituto Oaxaqueño De Las Culturas, 2004.

---. *Guie' Yaase'/Olivo Negro*. México, D.F.: Consejo Nacional Para La Cultura Y Las Artes, Dirección General De Culturas Populares E Indígenas, 2005.

III. Al norte del sur / la frontera más norte

El exilio, juego de la memoria, en *Una isla*, de Rafael Cadenas

Adelso Yánez Leal
Universty of Otago

Resumen

El capítulo titulado "El exilio, juego de la memoria, en Una isla, de Rafael Cadenas" aborda un tipo de relación entre exilio y literatura que parece desembocar en una nueva especie de género. La reflexión arguye sobre cómo las circunstancias históricas a consecuencia de alguna defensa ideológica se convierten en motivos denunciantes de corpus narrativos y poéticos. El objeto concreto de análisis es la poesía del conocido poeta venezolano cuya relevancia atribuimos no sólo a su calidad sino a la vigencia de su obra dada las circunstancias políticas actuales de Venezuela. El trabajo propone una lectura hermenéutica desde los presupuestos de Paul Ricoeur acerca de la noción de memoria enfocada de manera particular en el poemario *Una isla* publicado en 1958. La poesía que estudiamos en este capítulo dialoga a la vez con la represión, el exilio tan de moda en estos tiempos, y con el compromiso político y literario del poeta.

Abstract

The chapter entitled "Exile, memory game, on an Island by Rafael Cadenas deals with a type of relationship between exile and literature that seems to lead to a new kind of genre. The reflection argues on how the historical circumstances as a result of some ideological defense become denouncing motives of narrative and poetic corpus. The specific object of analysis is the poetry of the well-known Venezuelan Rafael Cadenas whose relevance we attribute, not only to its quality but also to the validity of his work given the current political circumstances of Venezuela. The work proposes a hermeneutical reading from the assumptions of Paul Ricoeur about the notion of memory focused on a particular way in the poetry book "One Island" published in 1958. The poetry that we study in this chapter dialogues both with the repression, the exile so fashionable in these times, and with the political and literary commitment of the poet.

Laura López Fernández y Luis Mora-Ballesteros

El exilio, juego de la memoria, en *Una isla*, de Rafael Cadenas

> Humilde y generoso. Sensible y auténtico.
> Totalmente compenetrado con los problemas de Venezuela por la que ha dado todo y lo mejor de sí.
> Padece como todos los venezolanos los embates emocionales y materiales de esta crisis que aqueja al país. Pero allí está: firme y siempre con su voz de alerta,
> palabras de valentía y lucidez.
> *Contrapunto*

a. Sobre el exilio y su vínculo con la literatura y poesía

La *literatura del exilio* es una muestra de la fuerza psicológica y emocional que posee el desplazamiento de un escritor de su terruño hacia tierras desconocidas, foráneas. No obstante, este hecho no solo es de implicación geográfica, al cambiar de país, sino que posee altas implicaciones políticas, derivadas en aspectos económicos y culturales. De allí que se afirme que no todo lo que se escribe fuera del territorio natal sea literatura de exilio[91].

Cuando hablamos entonces de esta literatura es importante destacar, en primer lugar, que el *exilio* es un hecho inherente a la especie humana, experimentado por un sinnúmero de migrantes alrededor del globo

---

[91] También se habla de *literatura ectópica* cuando se escribe desde otros *topos*. Se puede consultar el artículo "Literatura ectópica y literatura de exilio: apuntes teóricos", de Vladimer Luarsabishvili, quien plantea contrastes semánticos y puntos de convergencia de ambos fenómenos literarios. En consonancia con la lectura de este autor, destacamos que la *literatura del exilio* es aquella escrita a partir de un desplazamiento geográfico con una profunda raíz política en el país que se *abandonó*. Sin duda, este *sentirse lejos* potencia la pertenencia a una lengua, cultura y espacio que ya no se transitará ni se experimentará como espectador.

y con profusas significaciones tanto individuales, como sociales[92]. Basta mencionar los exilios provocados por la dictadura en Argentina o la Guerra civil española (Carreira 2015; Cymerman 1993), que propician afirmar que la literatura y el exilio se fusionan en una suerte de género.

En segundo término, y no menos relevante viene a ser la contribución de este género particular en el área latinoamericana; de lo cual dan prueba numerosos escritores de la región, tanto de narrativa como poesía, debido a sus propias circunstancias históricas, producto de decisiones políticas, que se proyectan en la escritura de universos narrativos o mundos poéticos, que enuncian y denuncian una realidad histórica, que tiende a fracturar la psique del migrante.

De todo ello, especificaremos que nuestro objeto de estudio se interesa en la literatura del exilio venezolano, en específico sobre la poesía de Rafael Cadenas, debido a que las conocidas circunstancias históricas actuales de Venezuela, son producto de un proceso político extenso acontecido a lo largo de todo el siglo XX. En este sentido, ilustraremos un poco el estado de la poesía del país y cómo Cadenas se ha convertido en uno de los principales exponentes literarios.

b. Apuntes breves sobre la poesía en Venezuela

En función del estudio del exilio en la escritura de Cadenas, primero se debe afirmar que la defensa del campo poético venezolano no en vano se debe a la dificultad que plantea su propio estatus dentro de los espacios académicos y a la irremediable subjetividad de los lectores. Al citar a Isava, un connotado estudioso del área, corroboramos, por ejemplo, que la poesía venezolana carece de un "espacio complejo de significaciones escriturales" (2).

---

[92] Esto ocurre porque el *viajero* llega a un nuevo *lugar* que le produce un extrañamiento. Esto lo aliena, en parte, y ocasiona un impacto emocional. Luego del eventual proceso de adaptación, se amolda a los códigos de comportamiento social de ese entorno.

No es casual que buena parte de la historia del siglo XX y las letras venezolanas vayan de la mano. Las diferentes facetas de la literatura venezolana han pasado desde un proyecto de americanización, por parte de Andrés Bello, se orientaron por una voz criolla que evocó lo propio, en términos naturales y culturales, también atravesaron las puertas de la vanguardia, hasta llegar a una eclosión de la literatura femenina, con voces sublimes, y la masificación editorial, gracias a las políticas públicas de comienzo del siglo XXI. Estos diferentes hechos han dado matices particulares de cómo abordar la literatura venezolana y desde qué punto de la crítica en sí se hace. En otros términos, estos factores históricos, que dan cuenta de una evolución a nivel cultural, en el hecho literario, son resultados de una poesía venezolana que ha pasado por "momentos de diversa índole" (Arráiz Lucca).

A pesar de todo este bosquejo sintético, no hay dudas en resaltar a aquellos escritores que merecen un reconocimiento en el ámbito de la creación poética nacional[93]. Se sabe que el número de lectores del género es ínfimo, a pesar de que hay una colectividad productora de múltiples voces cada vez más accesible gracias a las redes y a la globalización de la cual Venezuela no queda exenta.

c. Rafael Cadenas y su poesía

Rafael Cadenas ha sido uno de los poetas más influyentes del país, por su creación poética y divulgación en los diferentes espacios académicos y literarios. Su mayor reconocimiento se ha dado desde los años sesenta, con una obra que "tiende a la parquedad y evita la ampulosidad y el verbo jugoso" (Nuño 66). Este *registro* poético parco lo destaca de otros poetas nacionales, quienes remiten a formas alternas de hacer el acto poético.

---

[93] Sobre la base de este hecho, destacamos, entre una renombrada producción, poetas como Vicente Gerbasi (1913-1992), Juan Sánchez Peláez (1922-2003), Guillermo Sucre (1933), Ramón Palomares (1935-2016), Eugenio Montejo (1938-2008) y Rafael Cadenas (1930), cuyos nombres son inevitables encontrar cuando nos acercamos a la poesía venezolana. Ellos, entre otros, constituyen el canon, cuyos elementos configurativos varían cuando se refieren, de forma creativa y no en pocas ocasiones, al apego hacia Venezuela.

Entre los trabajos que conforman su producción, figuran los títulos: Cantos iniciales (1946); Una isla (1958); *Los cuadernos del destierro* (1960 y 2001); el poema "Derrota" (1963); *Falsas maniobras* (1966); *Intemperie* (1977); *Memorial* (1977); *Amante* (1938 y 2002); *Dichos* (1992); *Gestiones* (1992); *Poemas selectos* (2004, 2006, 2009); *El taller de al lado* (2005), *Sobre abierto* (2012); *En torno a Basho y otros asuntos* (2016) y *Contestaciones* (2018). Su obra completa, tanto en poesía como en prosa (2000 y 2007)[94], cuenta con ediciones especiales.

En el año 2018, recibió el *Premio Reina Sofía* de Poesía Iberoamericana, por su aporte como autor vivo al género, con una obra en la cual se construye un universo poético pleno de silencios y movimientos, que actúan como reflejo de una realidad ontológica que alcanza su mayor expresión en la *palabra* o el *verbo* en sí (Méndez González). Este galardón, considerado uno de los más valiosos de la poesía en lengua española y portuguesa, es un acontecimiento esperado y no poco deseado por la crítica hispánica. La obra de Cadenas, no tan ignorada como poco conocida, se caracteriza por dialogar con una sensación de soledad y desamparo ante lo cruel e incomprensible de la existencia. En consecuencia, ella se traduce en una pieza notable del patrimonio cultural común de Iberoamérica y España.

En términos de Arráiz Lucca, la poesía de Cadenas rompe el silencio, mediante un juego experimental de la palabra poética con los símbolos y las metáforas, la cual se adentra en un universo poético ontológico. Esta "poesía de aventura interior [configura] la admiración por su [propia] obra que se torna en ofrenda". En este sentido, el carácter simbólico-metafórico de su *ars poética* será esencial en el estudio del *exilio*, como una marca de denuncia ante una realidad agreste que configura el tránsito del poeta, desde el afuera, desde la nueva realidad que vive. Sobre esta base, es necesario precisar el camino hermenéutico que seguimos para reflexionar sobre el exilio en la poesía del autor venezolano.

---

[94] A efectos de este estudio, recurrimos a la recopilación de sus trabajos agrupados y publicados bajo el título *Obra entera, poesía y prosa*, con el prólogo del conocido poeta y crítico colombiano Darío Jaramillo Agudelo.

d. Camino hermenéutico

En función de estas afirmaciones sobre la obra de Cadenas, llevaremos a cabo una lectura hermenéutica desde los presupuestos de Paul Ricoeur sobre la noción de *memoria*, sin excluir cualquier posibilidad de lectura alterna[95]. Los sustantivos y alusiones que percibiremos en la lectura del poeta recuerdan la labor tejedora de la memoria. En efecto, el poeta urde imágenes para la comprensión de sentidos condicionados por elementos no siempre visibles al lector, pero que refieren a "la memoria como función específica de acceso al pasado (Ricoeur, 22).

A este respecto, sugerimos un horizonte de lectura que permitirá contribuir con la interpretación del paradigma en el cual se articula la escritura particular del poemario *Una isla* (1958), su primer libro editado en 1958, en función de describir el conjunto de rasgos distintivos que denotan la lucidez del escritor, así como la naturaleza ontológica de versos, como: "Si el poema no nace, pero es real tu vida, eres su encarnación / Habitas en su sombra inconquistable. Te acompaña diamante incumplido" (47). Hemos seleccionado, además, este poemario como objeto concreto de análisis, debido a que se trata de una obra renombrada que transita por el centro del canon venezolano y en la que se percibe cómo la *memoria* cultural de su generación cobra un valor peculiar en tiempos de decepción, dado que simboliza la defensa de la democracia por la que tanto claman hoy los venezolanos dentro del país y desde el exilio. Esto se sintetiza en un proceso que ocurre con la *escritura*, la palabra en sí, producto del *confinamiento* a un territorio; lo cual despierta el acto de *creación*, mediante *símbolos*.

Nos detendremos en algunas ideas para elaborar una perspectiva de lectura, así como transitar caminos para entender la poesía de este venezolano que, a nuestro juicio, es una de las voces más sobresalientes del siglo XX, porque toda la obra del escritor, como afirma Arráiz Lucca, "tiene fuente en una indagación de orden interior, que pasa por intentar

---

[95] Debemos destacar que, pese a la larga trayectoria que lo acredita, sobre su obra no se han hecho muchos estudios académicos que propicien la mayor difusión de sus escritos.

infructuosamente, como es lógico, hallarles la temperatura a los humores del ego en su juego de espejos".

La poesía de Cadenas es, tanto por la densidad de su proyecto como por el calado de su visión, un espacio indispensable al límite de los lugares comunes. Corresponde, para iniciar, que examinemos, algunos de los atributos más significativos de su obra y el proceso en que idea su discurso poético. Si bien se trata de una producción amplia y variada, al aproximarse a la voz del poeta, en un sentido general, el lector se identifica con un universo mágico, lleno de variados matices y capaz de transportarlo a otros espacios. Un posible objetivo podría ser meditar sobre los asuntos más relevantes del tránsito humano, su ontología y devenir.

Desde una perspectiva política, su poesía invita a abordar aspectos inéditos en medio de una amplia tradición figurativa, la cual cuestiona cualquier manifestación de *totalitarismo*. En efecto, su trabajo poético está marcado por un profundo carácter de defensa de libertades y derechos humanos que dialoga constantemente con las reivindicaciones de la otrora Venezuela, bajo el poder del dictador Marcos Pérez Jiménez, así como con la situación política y social de los últimos 20 años: "No pocos de sus poemas son parte de la memoria cultural de su generación, y hasta uno de los puntos de referencia del tránsito hacia el espíritu crítico que, desde los años del desencanto, predomina en la cultura venezolana reciente" (Ortega 7).

El trabajo creativo elaborado por el poeta nació para la perennidad, porque establece una relación estrecha entre la memoria y la contemporaneidad. En este sentido, nuestra propuesta interpretativa se lleva a cabo con miras a producir una reflexión que actualiza la relevancia de la obra de Cadenas. Para lograrlo, ahondaremos en el análisis del lenguaje característico de un espíritu crítico; vale decir, desde un *espacio de resistencia* sobre la percepción de un desencanto personal (¿en el exilio?), aún latente en la sociedad venezolana.

e. Memoria y escritura: requerimientos del exilio

Aunque los referentes son escasos en la poesía de Cadenas, debido a la forma de relacionarse con la palabra y la fortaleza de la defensa de lo estético, los críticos no logran dilucidar, con facilidad, sus evocaciones. Ahora bien, lo ideal es dirigir la mirada hacia la *palabra* para ver en ella, entre otras cosas, algunos sustantivos y alusiones que orquestan la labor archivística de la *memoria*, la cual no deja de acumular materia para alcanzar el cometido de la creación.

La crítica ha defendido opiniones diversas, y a veces contrarias, sobre el asunto de cuál podría ser el significado que los símbolos encierran. Se trata de una palabra compleja de interpretar, cuyas pocas pistas, en lugar de aclarar, entorpecen. Pero, advertidos de las dificultades que encontramos, dada la ausencia de alegorías, el procedimiento apropiado consiste en observar con detenimiento qué valores obvios recrea la palabra en un producto concreto del poeta como el reflejo de una etapa de su obra. Como observaremos más adelante, la labor que el sujeto lírico lleva a cabo requiere ciertos materiales para articular elementos del paisaje, como espacio que evoca un momento previo, que se puede mirar desde el destierro de la voz poética. Así, por ejemplo, se aprecia esta evocación:

> Luminosas bienvenidas de la tierra.
> Cielo plateado, subyugadas colinas, plantaciones de coco,
> tren de nubes, olor de viandas.
> Alfombra mágica de los labios.
> Regia marcha. El camino está lleno de palmeras grises.
> Vamos hacia San Fernando (*Una isla* 62).

Marcado por una sobriedad particular, la *escritura*, como acto de resistencia, participa de la historia de un compromiso político y literario.

La cercanía de la voz se traduce en la disposición del poemario para revelar, de forma íntima y sin fragor, la elegía a un territorio que lo ha recibido; lo cual distingue, en esta fase, el proyecto poético de otros coterráneos.

Sin embargo, la creación poética del lenguaje parece evitar alusiones directas al escenario de acción de Cadenas. Pese al aval de sabiduría que califica a ciertos lectores que conforman, no solo parte de la diáspora, sino a aquellos que aún residen en el país, no estamos frente a una innovación en el contexto actual, sino ante un proceso político-dictatorial que renueva la aportación del poeta, en cuanto a la vivencia del exilio. Lejos de una pose elitista, el proyecto de Cadenas incluye la visión del receptor para que su obra sea eficaz. Ahora bien, no siempre hay que escudriñar de manera exhaustiva cuando algunas luces conducen al lector a uno de los episodios más duros de la vida del poeta, a pesar de la falta de eso que llamamos *referencialidad directa*:

> Escribiste: "Estos muros se hacen transparentes cuando te siento.
> Mañana traigo los libros.
> Te besa".
> Mi libertad había nacido tras aquellas paredes. El calabozo núm. 3
> se extendía como un amanecer. Su día era vasto.
> El pobre carcelero se creía libre porque cerraba la reja, pero a través de ti yo era innumerable. (*Obra entera* 53)

La experiencia del poeta aporta un carácter distintivo, sin magnificar el dolor vivido que trasciende quizás en otros. Paradójicamente, quienes desconocen el contenido de su obra descubren, al leer, la ausencia de un afán por adornar y confirman un interés por identificar elementos reveladores de sentido. En efecto, el lenguaje figurativo que el lector desentraña lo deslumbra por la madurez de la intencionalidad y la calidad de la propuesta estética. Con relación a esto, la finalidad de este poeta consiste, según Gutiérrez Plaza en "alcanzar un lenguaje cada vez más sereno y aplomado, debajo del cual podamos sentir el latido de un estado de gracia, de una sabiduría vital en la que el ser alcance el contacto pleno con lo real" (1).

> La obra de Cadenas, a falta de país, crece entre adeptos y lectores para constituirse en un país alterno, con geografía propia, con habitantes, con sentimientos, con certezas. [...] El país que en cuanto a esfuerzo colectivo ya no está, al menos sobrevive, con otras claves, con otras señas, en obras como la de Cadenas (López Ortega 158).

Rafael Cadenas apuesta por la palabra con fines didácticos y formativos, en razón de la creencia acerca de que los venezolanos no conocen bien su lengua (Díaz Larralde). En ese punto, es evidente que el juego de la memoria, construida a través de la palabra escrita, da valor al hecho del exilio y a su poesía en general. Cualesquiera que sean los atributos adjudicados, hoy no dejamos de enfatizar el sitial que este poeta ocupa en la Venezuela contemporánea[96].

Su producción, sin parangón, se relaciona con ciertos matices de su experiencia de vida en calidad de militante comunista y con su exilio en la isla de Trinidad, durante 1952, cuya estancia le permitió conocer a poetas anglosajones, no obstante, sin excluir los de otros orígenes.[97] Gracias a esta influencia, "los poemas de Cadenas abordan, asedian, comentan, se mueven alrededor de la realidad, y su conjunto se deja leer como un relato de esa tentativa" (López Ortega 28).

f. La imagen insular en el exilio de la voz poética

De los insignes poemarios que escribió Rafael Cadenas, *Una isla* posee, en primera instancia, un sentido especial a sus vinculaciones inmediatas y precisas con la imagen *insular* que interesa analizar. En segundo lugar, el título constituye un dato referencial que pone al lector sobre la

---

[96] En adición, su poesía también ha sido identificada bajo una tendencia *posthumanista*, si nos adentramos en términos de Heidegger (citado por Pollack).

[97] El mismo Cadenas afirma su predilección por "Whitman, Rilke, Michaux, Cavafy, Pessoa, Williams; pero, son muchos más, y en medio de sus voces se trata de encontrar la propia" (López Ortega, 7).

pista en cuanto a la idea de la producción y de su correspondiente genética. Sin duda, hay una clara alusión a la isla inglesa, lo cual abarca un largo episodio de su vida:

> Piélago como fruta que acerco a mi boca.
> Isla respiración, el que desheredaste para que se sostuviera con su memoria, te ama.
> En ti vivió, creció como un beso, enflaqueció frente a la luna, fue conquistado.
> Ahora hace ofrendas a cielo abierto, se ahoga sin clave, se sostiene en su naufragio. Desde entonces es un habitante (*Obra entera* 58).

Su voz responde al acoso del represor a través de la creación artística como también da prueba el poema "A un esbirro", en el cual, la defensa de la causa ideológica se traduce en la crueldad de la persecución. La exclusión por quienes detentan el poder está de nuevo en la palestra en los albores del nuevo milenio, no obstante, el poeta es resiliente. De hecho, la privación de libertades fue, sin excusa, un terreno fértil, no solo a la expresión delatora de prácticas represivas, sino para construir metafóricamente la oscuridad que agobió (y que aún agobia) al país:

> Rostros deben andar por su café, por sus calles de llanto, por el humo de su cigarrillo. Han de buscarlo voces, perseguido por las frías carreteras.
> ¡Cuántas puertas rompió vestido de hombre!
> ¿Cómo halló tanta tiniebla para vencer la zumbante nube de ojos fijos?
> Un paisaje insomne que hable para él. (*Una isla* 54)

Sin la intención de interpretar el producto con la ayuda de un referente exterior, el poemario da sentido específico a la noción de una *isla*, motivo de creación literaria. En este caso, corresponde a la expresión luminosa de un poeta que vive en un país cuya cotidianidad atraviesa momentos difíciles, complejos y similares a los que ahora padece su natal Venezuela. Este exilio político problematiza la *añoranza*. Irse de su tierra ha significado acrecentar, de manera exponencial, la expresión poética. Por ello, no resulta curioso que las alusiones a una geografía adquieran un estatus lapidario, aunque renovado por la tragedia sociopolítica y sus implicaciones económicas contemporáneas.

Una isla es un rótulo genérico que responde a una cartografía difícil de describir; no obstante, desde ella, el poeta resiste con su respuesta simbólica (percibida en el requerimiento de la *memoria*, hecha *escritura*). Los símbolos del Caribe no están allí por el deseo de verse inmerso dentro del color local, son más bien parte constitutiva de la contemplación del creador: "Lentos navíos sobre las aguas bruñidas. / Senderos que se esconden en el verdor. / Bungalows, y el acuerdo en la noche que los transporta" (70). En *Una isla*, de hecho, fluye el asunto del ostracismo, el cual está marcado por la *tropicalidad* y sus correspondientes imágenes tórridas. El poemario tiene un sentido vigente cuando establece diálogos en el nuevo espacio del exilio venezolano en el que cohabitan *la memoria individual* con *la memoria colectiva* (Ricoeur)[98].

La imagen que evoca el *confinamiento* en un territorio es quizás una figura tópica de un escritor que toma nota de lo que siente y se afana en el trazo artístico con el soporte de imágenes, cuyos contenidos no son siempre fáciles de comprender. De todas formas, la mirada del poeta está apegada a un paisaje concreto y a la idea insular, no sin la preocupación de referirse a un lugar común.

A pesar de las generalizaciones del tópico, el legado de Cadenas, que el lector contemporáneo desentierra para revisarlo y discutirlo, aviva el recuerdo de las dictaduras del siglo XX. Visto de este modo, la realidad

---

[98] No obstante, una voz crítica de la poesía venezolana relaciona este poemario con otros aspectos vinculados al destierro y afirma que se trata de un producto posterior a ello: "a su vuelta del destierro al que lo envió la que creíamos la última dictadura del siglo XX venezolano, no sólo es testimonio del exilio sino también un acercamiento sensitivo a la experiencia amorosa; también presagio, anuncio de nuevas miradas y nuevas temporadas marcadas por una indagación incesante en los laberintos del ser, del decir" (Guanipa).

del exilio posee matices particulares, pero, sin lugar a duda, esto es un hecho que empalma con el compromiso de quien escribe. Así lo propone Ángel Madriz, cuando afirma que "la obra de Cadenas es el resultado de una clara convicción de que toda labora debe ser la síntesis expansiva de una responsabilidad histórica" (99).

La distancia física a tan pocos kilómetros de las costas venezolanas hace que el poeta vea su topografía, a la vez que echa mano de su contexto cultural inmediato: el inglés. Cabe incluso preguntarse si en la idea del exilio se sitúa una orientación poética identificable en Occidente, la cual se explica por el divorcio entre el poeta y el espacio inmediato. Esto es un abismo vinculado a una pose intelectual romantizada. La fractura que produjo el régimen de la época; una vida sin libertades y un acoso constante contra cualquier pensador tuvo un impacto en lo individual y en lo colectivo. En el caso del poeta, el exilio se acompaña de una situación anímica que abarca un sentimiento de extrañeza; esto es lo que se conoce como "un estado, un sentirse, un saberse. La interminable acción de no pertenecer" (Flores 227).

En tal sentido, extrañar su tierra por no pernoctar en ella se agrava con la duda del retorno. Los indicios de la grata rememoración fluyen en el lenguaje, al respecto de una afinidad que se afianza con la separación. Sin embargo, el poema no habla del rechazo que siente el poeta, aunque el viaje no queda reducido solo al traslado físico. El poemario corresponde a un tiempo histórico en que se inspira Cadenas, con el objeto de captar su huella (un cúmulo de razones ideológicas), su aprendizaje y sensaciones que acusan un estado emocional, mediante una "rememoración del ámbito luminoso" (Isava, 166). Cadenas no derrama lágrimas por el hecho de su partida como deja ver parte de su obra; aunque la poesía, como sabemos, destina lugares para expresar la crudeza del desarraigo.

La *creación*, principal acto literario que se deriva del exilio, es una expresión que denota añoranza. Cabe destacar que los marcos de referencia, costumbres y amparo, que la tierra da al poeta, no lo acompañan en el ejercicio de su producción. Sin embargo, Cadenas centra su energía en la autenticidad de ser y en la apropiación de su vivencia emotiva y sonora:

"Las mareas tocan a nuestra puerta para despertarnos" (*Una isla* 72), más allá de la separación marcada por la simbología, en este caso, el agua y la tierra. Pese a que estas últimas significan el puente infranqueable para su añorado retorno, a la par, generan una vida que alimenta y alivia su estancia en la lejanía. El significado absoluto del agua se comprende en relación con otros símbolos, como el delta cercano, el tránsito marítimo y la idea de la exuberancia:

> Rememoro
> una temporada
> esculpida
> en ébano
> llena
> de ofrecimientos,
> donde las albas
> son frágiles.
> Altar
> de un delta.
> El agua
> se expande
> en la memoria (48).

El paso del poeta es distinto cuando se mueve en un territorio que, en simultáneo, le abarca y le ahoga. Sin embargo, su visión de mundo no está marcada por pesimismo, sino por el desarraigo de un sujeto que espera represar a su tierra para ofrendarla: "País mío, quisiera llevarte una flor sorprendente" (51). El exilio plantea el interrogante acerca de la existencia de un molde poético particular. Privado del mundo que lo definía, es decir, del espacio físico con el que asocia su identidad social, el poeta proscrito dispone de la *palabra* para reconquistar lo que dejó atrás. Este trabajo de la palabra es un ensamble de atributos poco evidentes, pero que revelan la tensión ante la situación del exilio. El sujeto se encuentra apartado del sitio que lo define en el plano cultural, al tiempo que expresa otros sentimientos, a pesar de una distinción de estatus como escritor y pensante que catalogamos de marginal. En efecto, el desacoplamiento se da contra su voluntad, cuando evoca un alejamiento forzado gracias a un desacuerdo ideológico. El fruto del largo aprendizaje de la voz poética muestra su sentido, que es, a la vez, doloroso:

> Tú que caminas esta noche en la soledad de la calle, vas llena de besos que no has dado. Del amor ignoras la escritura prodigiosa. Aunque no me conoces, en mi cuerpo tiembla el mismo mar que en tus venas danza. Recibe mis ojos milenarios, mi cuerpo repetido, el susurro de mi arena (*Obra entera* 60).

Algo semejante ocurre con los demás símbolos de la naturaleza, los cuales ponen de relieve la importancia del paralelismo entre las imágenes y la idea del paisaje caribeño. En efecto, Cadenas no es ajeno al lenguaje antillano como se observa en "Muelles de enormes llamas": "Navíos que viajan al sol, música de tambores, sales desencajadas, niños desnudos, marineros que descargan plátanos" (57). Se trata de los límites cognoscibles de la naturaleza de una región que exhibe una rica unidad lingüística (costas, arena, navíos, playas), utilizada en metáforas como "la danza del mar frente a nuestra casa" (*Una isla* 72), o alusiones a patrimonios intangibles, como la música y los bailes: "Se oye un calipso en el follaje rey. No pienso. Se olvida aquí. Es magnífico" (*Una isla* 72).

De hecho, la producción de significados abunda en analogías de pensamiento. Una unidad poética que circula a través de las naciones de la zona y muestra los rasgos de una corriente cultural subterránea. La preeminencia de pocos símbolos evidentes y anclados en un imaginario territorial refiere a los límites borrosos que tocan sensibilidades más allá del tema de las fronteras. En *Una isla*, el lector percibe asuntos concretos como el rasgo emotivo de quien no se desprende de la necesidad de transitar por los escenarios que le pertenecen, sin embargo, su existencia se fragmenta por la distancia, no solo física sino emocional que despliega la memoria, mediante símbolos acuáticos y de la tierra.

g. Reflexión final

Rafael Cadenas no lleva a cabo una simple elegía. Su poesía elabora una estampa vehemente de la venezolanidad. En efecto, en su poemario, aflora el deseo incumplido de regresar al terruño, a partir de una añoranza que adopta matices nostálgicos y un tono de lamentación. De esta manera, el recuerdo que el poeta atesora se ve, pues, acentuado por una falta física de contigüidad.

Por ello, en términos de Isava, *Una isla* es el texto más expresivo, sensorial, incluso el más visual de la obra de Cadenas. Su propuesta posee un alto valor estético y ofrece un *sustento humanizador*, cuando invita a realizar ciertos ejercicios espiatorios en el plano psíquico, después de haber vivido el destierro. Hay, sin equívocos, elementos de una conducta ejemplarizante que invitan a vivir un proceso de resiliencia, cuando somos comprensivos frente a nuestra naturaleza regeneradora por su fuerza y optimismo en tiempos de contención. El exilio es solo un estado de existencia. No es el fin de la misma.

Bibliografía

Alvarez, Christián. "Palabras para celebrar a Rafael Cadenas y Guillermo Sucre en el conferimiento del doctorado Honoris causa por la Universidad Simón Bolívar. Trópico absoluto. Crítica, pensamiento, ideas" (sin paginación).

Arráiz Lucca, Rafael. *El coro de las voces solitarias: Una historia de la poesía venezolana.* Editorial Alfa, 2020.

Cadenas, Rafael. *Obra completa.* Pre-Textos, 2007.

Carreira, Antonio. *A vueltas con el exilio.* El Colegio de México, 2015.

Contrapunto. "El poeta mayor cumple 89: la palabra valiente de Rafael Cadenas sigue como un muro ante cualquier 'Derrota'". *Contrapunto,* 8 abril, 2019. https://contrapunto.com/cultura/personajes/el-poeta-mayor-cumple-89-la-palabra-valiente-de-rafael-cadenas-sigue-como-un-muro-ante-cualquier-derrota/

Cymerman, Claude. "La literatura hispanoamericana y el exilio". Revista Iberoamericana, vol. LIX, núm. 164-165, pp. 523-550, 1993.

Díaz Larralde, Daniela. "En torno al lenguaje, una sugerencia del poeta Rafael Cadenas para la educación". Revista Humanidades, núm. 7, 2017, pp. 1-22. http://dx.doi.org/10.15517/h.v7i2.29585

Flores, María Antonieta. "Los terrenos del exilio". *Revista de Literatura Hispánica,* núm. 39, pp. 227-230.

Guanipa, Moraima. "Rafael Cadenas: el decir auténtico". *El Nacional,* 9 de diciembre, 2018.https://www.elnacional.com/papel-literario/rafael-cadenas-decir- autentico_262663/

Gutiérrez Plaza, Arturo. "La obra poética de Rafael Cadenas o la travesía hacia una sabiduría del no saber". *Prodavinci,* 08 de abril, 2020. https://prodavinci.com/la-obra-poetica-de-rafael-cadenas-o-la-travesia-hacia-una-sabiduria-del-no-saber-2/

Isava, Luis Miguel. *Voz de amante. Estudio sobre la poesía de Rafael Cadenas.* Biblioteca de la Academia Nacional de la Historia, 1990.

Isava, Luis Miguel. "*Amante*: Summa Poética de Rafael Cadenas". *Revista Iberoamericana,* vol. LX, núm., pp. 166-167, 1994.

Isava, Luis Miguel. "De la crítica de poesía en Venezuela". *Prodavinci*, 20 de enero, 2016, pp. 1-20. http://historico.prodavinci.com/2016/02/20/artes/de-la-critica-de-poesia-en-venezuela-por-luis-miguel-isava-2/

López Ortega, Antonio. "Rafael Cadenas: la realidad es el misterio absoluto." *Dossier Rafael Cadenas. Cuadernos Hispanoamericanos*, núm. 780, pp. 4-8, 2015.

López Ortega, Antonio. "Rafael Cadenas: isla de palabras" [entrevista]. *Poéticas, Revista de Estudios Literarios*, núm. 2, pp. 157-161, 2016.

López Ortega, Antonio. "Rafael Cadenas y la poesía venezolana". Prodavinci, 29 de octubre, 2019, pp. 1-20. https://prodavinci.com/rafael-cadenas-y-la-poesia-venezolana/

Luarsabishvili, Vladimer. "Literatura ectópica y literatura de exilio: apuntes teóricos". *Castilla. Estudios de Literatura*, núm. 4, pp. 19-38, 2013. https://dialnet.unirioja.es/servlet/articulo?codigo=4512510

Madriz, Ángel. "Metáfora y diversidad expresiva (sobre *Una Isla*, de Rafael Cadenas)". *Revista de Literatura Hispanoamericana*, núm. 43, pp. 97-101, 2001.

Nuño, Ana. "El *ars ethica* de Rafael Cadenas". *Cuadernos Hispanoamericanos*, núm. 588, pp. 59-68, 1998.

Saucedo, Jorge. Rafael Cadenas: Pensamiento e iluminación. Hispamérica 44. No. 130, 3, 2015, 25-32. Coord. Saúl Sosnowsky.

Ortega, Julio. *Rafael Cadenas. Selección y nota introductoria*. Universidad Nacional Autónoma de México, 2013.

Pollack, Sarah. "The Poet's Fading Face: Alberto Girri, Rafael Cadenas and Posthumanist Latin American Poetry". *Confluencia*, vol. 30, núm. 1, pp. 13-30, 2014.

Ricoeur, Paul. *La memoria, la historia, el olvido*. Trotta, 2003.

Fenómenos de la frontera norte de México: Despolitización o procesos de resistencia

Judith Martínez
Missouri State University

Resumen

El enfoque de esta discusión está basado en el análisis de los procesos de la vida en ciudades fronterizas como Tijuana y sus representaciones en la literatura contemporánea. El texto principal que se ha considerado pertinente para este trabajo es la poesía de Omar Pimienta en *El álbum de las rejas* (2016) así como su traducción *Album of Fences* (2018) por José Antonio Villlarán. El presente trabajo espera proporcionar una reflexión crítica acerca del papel que juega la literatura para contribuir a la apertura de espacios de resistencia política que desarticulen procesos de mediación simbólica. Asimismo, se examinará específicamente el conjunto de elementos que el autor utiliza para la creación del poemario como reflejo de agenciamiento del sujeto que reside en la frontera en el presente contexto global.

Abstract

This discussion will focus on the analisis of the procesess of the everyday life in border cities such as Tijuana as well as its representations in contemporaty Literature. The primary text that has been selected for this purpose is the collection of poems *El álbum de las rejas* (2016) by Omar Pimienta and its translation *Album of Fences* (2018) by José Antonio Villlarán. This work seeks to offer a critical reflection on the role of Literature and wether or not it continues to facilitate espcaces for political resistance that envision a different narrative than the offcial discourse. It will also examine the set of elements the author choses to create his work as a reflection of agency of the border resident within the global context.

Fenómenos de la frontera norte de México: Despolitización o procesos de resistencia

> Los libros bellos están escritos en una especie de lengua extranjera. Cada cual da a cada palabra el sentido que le interesa, o al menos la imagen, imagen que a menudo es un contrasentido. Pero todos los contrasentidos son bellos.
>
> Proust[99]

En las últimas décadas la frontera norte de México ha capturado la atención a nivel internacional debido principalmente a los fenómenos de migración masiva, narco cultura y feminicidios. Estos procesos, que sin duda alguna son inherentes de la modernidad compulsiva se hacen presentes como temas recurrentes y populares en diferentes artefactos culturales, incluyendo la literatura. La influencia de la llegada de una política neoliberal a esta área ha impactado a los habitantes del norte de México influyendo su cultura, su lenguaje y su estilo de vida diaria. Este ensayo se propone entablar una discusión que analice las formas en las que la frontera norte se ha transformado desde principios de los noventa, particularmente a partir del Tratado de Libre Comercio. El enfoque de está discusión está basado en el análisis de los procesos de la vida en ciudades fronterizas como Tijuana y sus representaciones en la literatura contemporánea. El texto principal que se ha considerado pertinente para este trabajo es la poesía de Omar Pimienta en *El álbum de las rejas* (2016) así como su traducción *Album of Fences* (2018) por José Antonio Villlarán. El presente trabajo espera proporcionar una reflexión crítica acerca del papel que juega la literatura para contribuir a la apertura de espacios de resistencia política que desarticulen procesos de mediación simbólica.

El autor Omar Pimienta es originario de Tijuana. De acuerdo con Jesús García Mora, "…su obra explora cuestionamientos de identidad,

---

[99] Proust: Contre Sainte-Beuve, Ed. Gallimard, P. 303.

transnacionalidad, poéticas de emergencia, paisajes sociopolíticos y memoria" (6); estos son los principales temas que aborda el autor en su libro *El álbum de las rejas* y su versión en inglés *Album of the Fences*. Por su parte, Ofelia Montelongo escribe en su entrevista a Omar Pimienta y a José Antonio Villarán que el libro no es solo una biografía, sino que va más allá e incluye dos lenguajes y las imágenes. Las palabras exactas de Ofelia Montelongo para describir la obra señalan lo siguiente: "Pimienta's biographical book not only includes the exquisite usage of two tongues but also documents his experiences with images" (Pimienta, *Borderland Poetry*, 1). Por lo tanto, es imprescindible tomar en cuenta en el análisis del libro la categoría de texto biográfico, para tener presente como dato clave la vida y experiencias del autor dentro de su respectivo contexto sociopolítico cultural puesto que influyen desde diferentes ángulos no solo en la creación, sino también en la producción y distribución de su obra. Asimismo, se tomará en cuenta no solo la escritura en dos lenguajes y las imágenes como la cita de Montelongo, sino también el uso del "Spanglish" y de un cierto grado de ilegitimidad lingüística que el autor construye en el libro como recurso literario. El autor utiliza sus experiencias de vida para la composición de su obra y de ahí se desprende su escritura, y consecuentemente su arte. O sea que la escritura, en este caso, el poemario de Pimienta-Villarán, tiene como finalidad la vida, coincidiendo con las palabras de Deleuze en cuanto a que "[l]a única finalidad de la escritura es la vida, a través de las combinaciones que saca" (10). Pimienta alcanza esta conexión de vida y obra consolidando un conjunto de elementos que se constituyen en la totalidad de una obra en lo inconcluso de la posibilidad de dar cuenta de los procesos de desplazamiento y fluidez en el presente contexto fronterizo. *El álbum de las rejas*, y *Album of the Fences* utiliza una hibridez de materiales, no solo en cuanto al uso de dos lenguajes como lo explica Montelongo, sino que además de incluir fotografía, añade un espacio alterno en su poesía, es decir el uso de un lenguaje extranjero en el que libera su experiencia creativa mientras que a su vez ofrece al lector la posibilidad de involucrase de manera activa en la interpretación de este. Esta relación de obra-lector misma incrementará o disminuirá según las experiencias culturales, las intersecciones y las exterioridades de cada receptor.

Escenario fronterizo e hibridez

Es importante recalcar lo esencial del lugar geográfico desde dónde se crea la obra, puesto que esto define y redefine de manera constante las diversas intersecciones que influyen de manera directa en el proceso de creación y producción de devenires del libro, del autor y de los lectores de la obra. Tijuana, que hace un tiempo fue catalogado como el "laboratorio posmoderno" según García Canclini (*Culturas híbridas* 233), ahora redefine esta postura y califica a la ciudad fronteriza como "…un laboratorio de desintegración de lo político y social de México como consecuencia de una calculada ingobernabilidad" (*Tijuana*, 733). Tijuana también funciona como lugar geográfico de los "expulsados", según la investigación de Albicker y Velasco, Tijuana, "[e]n la última década ha cobrado importancia como lugar de espera para miles de personas que son expulsados de Estados Unidos como consecuencia de la deportación…" asimismo explican que es común que "…se estacionen… [en Tijuana] para intentar un nuevo cruce o mantener cercanía con la familia" (100). Por otro lado, se encuentran los que han migrado hacia el norte desde zonas rurales del sur país para buscar mejores condiciones de empleo en las empresas transnacionales que se han asentado en las ciudades mexicanas fronterizas. En otras palabras, la definición de "cultura" de Tijuana se encuentra en constante fluidez. En este contexto, la migración y el flujo son características que influyen en la construcción de identidad de la ciudad y de sus habitantes. No pudiera ser un concepto estático, sino que continuamente es afectado por políticas de exclusión que generan y regeneran procesos de adaptación y readaptación persistente como mecanismos de supervivencia. No puede pensarse Tijuana sin reflexionar en su estatus fronterizo con el país vecino, y ésta debe entenderse desde ambas perspectivas del lado norte y del lado sur y las interrelaciones hegemónicas que norte y sur implican. La frontera, que según Valenzuela Arce alude a "…ruptura, la pérdida, la traición, el puente, el muro de contención, los intersticios, la transnacionalización o los rizomas" (33).

El Proceso y estructura del libro:

La composición material del libro se constituye con el texto en español en su parte izquierda, la traducción al inglés en la parte derecha y fotografías distintas en cada idioma. Lo importante es el entender que la obra estaría incompleta sin alguna de estas partes. Es en la producción de lo que parecieran fragmentos de inconclusos pedazos de vida, de memorias, de lenguaje en los que se refleja la hibridez. Sin embargo, es precisamente dentro de esta misma hibridez en la que se constituye "el todo" de la complejidad de la obra. Me interesa centrarme primeramente en el proceso de creación del libro. Considero que es en este mismo proceso en el que se encuentran dos procesos importantes que merecen la reflexión de estudio. En primer lugar, está el devenir del autor que reclama su espacio en el contexto fronterizo. Y, en segundo lugar, el trabajo político que alcanza mediante la estética que construye culminado en su obra. En la entrevista por Montelongo, Omar Pimienta describe el proceso de escritura:

> Most of the book was written the same way – out of two photographic sources, my family's photo albums and my own photographic archive. From a select image, I would write whatever came to mind. I knew that I didn't want to create a text that would be read as a caption for the image but a text that could expand the photograph. I basically tried to [create] out of two elements – photograph and text – a third field of understanding in the reader/viewer, a place in which she/he could have an active creative participation in understanding the final product (*Borderlands Poetry*, 2)[100].

---

[100] Mi traducción: "[l]a mayoría del libro fue escrito de la misma manera- de dos fuentes fotográficas, mi álbum de fotos familia y mi archivo personal de fotos. De una imagen seleccionada, escribía lo que viniera a mi menta. Sabía que no quería crear un texto que se leyera como subtítulos de la imagen, sino un texto que expandiera la fotografía. Básicamente traté de crear de dos elementos- fotografía y texto, una tercer área de entendimiento en el lector/espectador, un lugar en el que él/ella tuviera una participación y creativa para entender el producto final" (Pimienta, *Boderlands Poetry*, 2)

Este proceso nos indica primeramente que el objetivo de la creación no era contar la historia de los personajes de las imágenes que pertenecían al autor y su familia. O sea que la relación entre la escritura y la imagen es parte del proceso de la combinación de la intersección de tiempos, espacios e identidad del autor. Estos símbolos se transforman al momento de su recepción por lector. Por lo tanto, el común denominador del conjunto de estos elementos es la constante fluidez que emana de ellos en tiempo, espacio, creación, producción y recepción. El autor está consiente de la imposibilidad del poema que escribe inspirado en cada imagen para describir la exactitud de la fotografía, y mucho menos la experiencia, así que alineado a la teoría de Deleuze el autor deja en claro que "[l]o único que existe son palabras inexactas para designar algo exactamente" (7) que en este caso lo designado exactamente se traduce precisamente a la exactitud de lo inexacto de las representaciones literarias del sujeto en que habita en una hibridez que se renueva y se ajusta de manera constante en el actual contexto fronterizo del capitalismo tardío. Es en este contexto geopolítico en donde nace la obra. El libro se conforma de tres partes: "La herrería de don Marcos" donde se origina la historia; "La invasión gradual", en la que se hace presente el concepto de transnacionalidad y la constante negociación, aprendizaje de identidad y agenciamiento cultural y, por último; "Me gusta dormir en casa de mis amigos": en el que se constituye una comunidad que habita constantemente en la periferia de la exclusión, buscando lo común en el fútbol, la poesía, la diversión y la reflexión.

La pérdida y el origen

En la primera parte del libro "La herrería de Don Marcos", que data de 1976 al año 2006, cuenta la historia de su padre, don Marcos, doblemente migrante, o, mejor dicho, constante migrante, "Por años en dos países, el mismo día" (Pimienta, *Album* 12). Don Marcos originario de Jalisco, México emigró a Tijuana. Esta parte relata la vida don Marcos como foráneo en la ciudad de Tijuana. La historia comienza a raíz de la expulsión del padre del autor hacia la periferia de la urbanidad a la que no pertenece. Pimienta relata en su poema la vida de un desplazado, de sur a norte y de norte a sur de manera persistente para sobrevivir y mantener a su familia. En esta sección del libro existen tres puntos a resaltar en este ensayo. Primero, el autor regresa a su origen, es decir a su progenitor y a las raíces de este; a su forma de vida y a su forma de valerse en la vida. El autor reflexiona en las experiencias de vida de su padre que han impactado la identidad cultural de Pimienta. Don Marcos emprendé una herrería en la frontera, cruza la frontera para trabajar en "el otro lado". Don Marcos personifica al sujeto desplazado que no encuentra un lugar en su propia tierra, que es extranjero en su país y que adquiere un nombre falso, o que pierde cada día su identidad para cruzar a trabajar de manera legal e ilegal. El autor escribe los versos utilizando distintos elementos como fragmentos de anécdotas, entrevistas a su padre para de alguna manera darle voz no solo al sujeto desplazado que representa su padre, sino para reconocer la pérdida que precede para que pueda originarse lo que ahora es. Montelongo pregunta en su entrevista a Omar Pimienta cuál sería su poema favorito de su obra. A esta pregunta el autor respondió que sería el número 9 puesto que no tuvo que hacer mucho, "I just asked my father a couple of questions and in his answers, I found the bittersweet story of his life" (*Borderlands Poetry* 3)[101]. El poema 9 que escribe o transcribe de las experiencias de su padre, Pimienta resalta la complicidad del arte con la vida, y la conexión constante del dolor y arte.

A continuación, el poema 9:

don Marcos ¿cuántas veces lo deportaron?
Una o dos
¿Perdió la cuenta don Marcos?
Mijo perdí todo (42)

El autor captura el sentimiento de perdida que su padre lleva consigo, lo que se pierde al migrar, lo que se pierde en el camino, lo que nunca que se recupera, lo que deja de ser. Pero también por medio de la obra el

---

[101] Mi traducción: "Solo le pregunté a mi papá un par de preguntas y en sus respuestas encontré la historia agridulce de su vida" (3).

autor levanta un puente con su construcción y reconstrucción de identidad, con lo que crea y con lo que produce, de ninguna manera para romantizar o justificar los procesos económicos que generan los desplazamientos, sino que busca exponer la desconexión de cualquier discurso eufórico de multiculturalismo o globalización, puesto que no hay suma, sino resta, falta, ausencia y pérdida.

La segunda parte es "La invasión paulatina". El autor relata su propia experiencia de vida en la periferia de Tijuana, en lo urbano. Tijuana incrementa su población compulsivamente desde 1950 para el trabajo en las maquilas (*Culturas híbridas*, García Canclini 233). Sin embargo, lo que se precisa recalcar no es el discurso de oportunidad de empleo, sino la falta de estructura de la ciudad para recibir olas de desplazados que salen y llegan sin flujo económico al emigrar al norte. Por lo tanto, como lo teoriza Saskia Sassen, este tipo de migraciones forzadas no resultan en una mejor vida, sino que la mayoría de esas personas expulsadas de sus tierras natales muy probablemente terminarán viviendo en basureros o en las afueras de la ciudad (82), en lugares marginados donde el crimen y la vulnerabilidad imperan para los nuevos residentes de Tijuana. Desde aquí, Pimienta presenta fragmentos de su crecimiento desde la exterioridad de lo urbano, de sus años formativos, de su entorno. El escritor hace alusión a la tecnología como íconos de modernidad que se imprimen en la ciudad fronteriza. En los poemas encontramos menciones de la VHS, la cámara, el cable, la señal televisiva, el radio, los autos, entre otras alusiones a la modernidad. Así como los componentes de la rapidez y movimiento que caracterizan lo urbano, las carreteras, el tráfico, las máquinas, etcétera. Sin embargo, Pimienta interrumpe el discurso que equipara modernidad con prosperidad, sobre todo en las ciudades fronterizas con la inclusión en el poemario de recuentos en los que intenta representar las experiencias de vida de la frontera sur:

> llegaron los tratados políticos
> la militarización de la frontera
> ....

regresaron por miles los héroes vencidos
....
deportados/refugiados/repatriados
marcados de la piel y la memoria
....

tenemos un hermoso mar de mierda
gente parada perpendicular a la orilla vigilando un muro
a la espera de un cambio de turno
un tsunami que nos arrastre gasta San Diego
   ....

cárcel y deportación
golpes y electricidad
la única verdad es muerte
    ....

y la verdad más real es ésta:
    hay gente que muere a manos de otra gente
    que cree que matar es parte de su oficio (52, 54,62, 66, 68)

Estas experiencias que el autor puntualiza en esta segunda sección de su libro están permeadas de violencia y fungen no solo como recuerdos que forjan las negociaciones de identidad del autor, sino que reflejan el escenario de la ciudad. Exhiben el contexto de la disparidad y asimetría de la frontera de un lado y del otro. Estos versos interrumpen el discurso de inclusión y modernidad, y así como el sistema los incluye en teoría, Pimienta los escribe en sus versos dejando en evidencia las prácticas de exclusión.

En la tercera parte, "Me gusta dormir en casa de mis amigos", Pimienta relata sus experiencias como adulto joven. La universidad, la creatividad, las fiestas, los amigos, la nostalgia y reflexiones son la esencia de esta sección. De igual forma es en esta parte en la que el autor presenta su vida del otro lado de la frontera. Ahora en el norte, y es aquí en esta sección en la que toma sentido el impacto del tiempo y espacio en la construcción de culturas, pero específicamente en la constante negociación de identidad, particularmente del devenir artista. Se toma como precedente el comprender devenir desde el punto de vista de Deleuze, "[d]evenir nunca es imitar, ni hacer como, ni adaptarse a un modelo, ya sea el de justicia o el de la verdad. Nunca hay un término del que se parta, ni al que se llegue o deba llegarse" (6). En esta etapa el autor se encuentra en tránsito, en constante reflexión, en búsqueda, como parte del origen, pero sin partir de ahí, y como origen de la partida, pero sin llegar y sin irse. La muerte que ha sido constante en el escenario de las dos partes previas del libro continúa en esta tercera. El autor es por la conciencia del conocimiento de la muerte como única constante. Esto se refleja en los siguientes fragmentos del texto:

> ...Para explica la vida...
>   se alimenta
>   reproduce
>   y muere
>   ....
>   Los blogueros muertos...
>   ....
>   Pero la memoria no muere (96, 90, 92)

Pimienta construye una la comunidad, por lo menos en lo imaginario, con los fragmentos de la memoria, con la hibridez de elementos, de experiencias de lenguaje. Con lo heterogéneo que coexiste en la geografía, en la frontera, en la identidad y en esta obra Pimienta reclama y crea su propio espacio. Le gusta dormir en casa de sus amigos, como describe el título de esta parte; aunque dormir implique soñar y aunque al soñar el mismo se cuestione el "cómo soñar puede ser tan destructivo" (106), pero es en este sueño de redefiniciones en el que el autor conquista un espacio alterno en el que la hibridez es parte del proceso de empoderamiento para una totalidad que rebaza cualquier entendimiento de pureza como concepto hegemónico. Pimienta utiliza la poesía como Octavio Paz lo explica, puesto que con su poesía el escritor "...revela este mundo; [y] crea otro...Niega a la historia: en su seno se resuelven todos los conflictos objetivos y el hombre adquiere al fin conciencia de ser algo más que tránsito" (1). Pimienta nos muestra el devenir del concepto de hibridez alejándose de la impureza, el pastiche o lo faltante y abre un lugar en el que lo global se intersecta con lo local en el que la perspectiva multidimensional es indispensable para la supervivencia.

El lenguaje, la traducción y el otro lenguaje

El álbum de las rejas no escribe ni describe su obra con un solo lenguaje, y también sería un error pensarlo como un trabajo bilingüe. El trabajo de Pimienta-Villarán es una obra escrita en "una nueva lengua-la lengua de la frontera..." (Azaldua 20). Pimienta construye su libro con un nuevo lenguaje, pero no solo al referirnos al uso de la mezcla del inglés y el español, spanglish, sino que, en la hibridez del contexto cultural fronterizo, además de la mezcla lingüística incluye el elemento fotográfico que implica el aparato y la reproducción de imágenes. Es relevante recordar la definición de Azoulay de fotografía, como "... apparatus of power that cannot be reduced to any of its components: a camara, a photographer, a photographed environment, object, person or expectator. [It...] designates an ensemble of diverse actions that contain the production, distribution, exchange, and consumption of the photographic image" (686)[102]. Así que, la incorporación de la fotografía como fuente principal de la idea para el escritor, como origen de las letras pudiera servir como alegoría de la subsunción de las letras ante el ensamblaje del aparato. El autor escribe al final del libro que el objetivo de la obra es "...detonar un texto a partir de una imagen..." (Pimienta, *Album* 130), así que a la letra la precede el

---

[102] Mi traducción: "...aparato de poder que no puede se reducido a ninguno de sus componentes: cámara, fotógrafo, ambiente fotografiado, objeto, persona o espectador. [Es...] un término que designa un ensamblaje de diversas acciones que contienen la producción, distribución, intercambio y consumo de la imagen fotográfica" (686).

aparato para que pueda surgir. El elemento fotográfico, además de contribuir a la construcción híbrida del libro como parte de distintos elementos trae a colación el papel de la memoria, la representación y la historización como reproductores de subjetividades y límites que estos elementos presenta. En referencia esto Kracauer explica los límites de la memoria puesto que indica que "[m]emory encompasses neither the entire spatial appearance of a state of affairs nor its entire temporal course. Compared to photography, memory's records are full of gaps" (267)[103]. El texto de biografía y autobiografía del autor se basa no solo en la memoria de Pimienta, sino en la interacción fotografía-memoria y texto-contexto cultural para seleccionar meticulosamente las imágenes para un lector monolingüe que no podría comprender la vida de la frontera del lado sur a pesar del dominio de dos idiomas. Este proceso de selección de fotos suspende la temporalidad puesto que no existe una línea crónica para relatar los procesos de personajes desplazados o fragmentados que habitan en la exterioridad de dos culturas. Y aunque la fotografía logre captar más detalles que la memoria suele perder con el tiempo, estas fotos presentan el reflejo de un fragmento de memoria del pasado pero que parte de un sujeto presente que vislumbra en retrospectiva el momento que la imagen intentaba capturar con el aparato, o sea de lo que se capturó cuando fue, y lo que se percibe en el presente con las experiencias del ahora escritor y del futuro lector ha mutado en significado. La poesía de Pimienta entonces surge desde dos líneas temporales distintas, del pasado, del presente y de los afectos distintos que se intersectan en el texto. Es en esta intersección en la que se abre una línea alterna sin tiempo ni espacio desde donde el autor crea la obra o desde donde como diría Deleuze se "[traz[a] una línea de fuga" (8) en la que radica el escritor, la obra y el potencial lector.

---

[103] Mi traducción: "La memoria no encierra ni la apariencia del espacio espacial entero del estado de las cosas ni la entera temporalidad en curso. Comparado con la fotografía, la memoria está llena de huecos" (267).

La imposibilidad de traducción

En el momento de la traducción al inglés el proceso es a la inversa texto-imagen y no imagen-texto. En otras palabras, Pimienta busca fotografías que ilustren el texto previamente traducido del español para proporcionar una experiencia similar al monolingüe anglo:

> On the other hand, I had to translate the images, if that's possible, I had to find alternative images for the English version and that image-translation process was really interesting. The images on the Spanish side of the book are not the same images on the English side of the book. Villarán translated my text from Spanish to English, then I had to translate Villarán's translations into an image (*Borderlands Poetry*, 2)[104]

Esta parte del proceso creativo de la obra es el punto crucial en donde surge la "fuga". El autor se da cuenta de los límites de traducción. Aquí Pimienta encuentra el lugar preciso en el que se fractura toda posibilidad de traducir de un idioma a otro, de una cultura a otra, de historizar la experiencia de constante fluidez del sujeto fronterizo, particularmente del lado sur. Aunque existe una conciencia de los límites culturales de cada lengua y se busca recrear el significado abstracto compartiendo las fotografías que ilustren cada los textos, estas imágenes se agregan como accesorios de la experiencia fragmentada, de los fragmentados en un contexto fragmentado.

Las imágenes rompen los límites de las barreras de la lengua y fungen como puente para la intersección, pero solo hasta cierto punto. Las imágenes, en otras palabras, las experiencias ilustradas con el lenguaje

---

[104] Mi traducción: "Por una parte, tuve que traducir las imágenes, si es que eso es posible, tuve que encontrar imágenes alternativas para la versión en inglés y ese proceso de traducción de imágenes fue muy interesante. Las imágenes en el lado de español del libro no son las mismas que en el lado de inglés. Villarán tradujo mi texto de español a inglés, después yo tuve que traducir la traducción de Villarán a imagen" (Pimienta, *Borderlands Poetry*, 2)

visual alcanzan lo que la cultura limita, mas no subsanan la incapacidad del receptor monolingüe, ni del bilingüe para entender la complejidad de los procesos del sujeto global que habita en la frontera de manera constante y en todos los sentidos. La fotografía, al escogerse después sienta el precedente de asincronismo, no hay tiempo lineal, ni seriado en las imágenes ni en la poética, así que la obra se suspende de cualquier atadura de orden histórico. La imagen certifica la veracidad de estos cuerpos extraños, con nombre o sin nombres, suspendidos en el espacio del cuerpo literario.

En la primera parte del proceso de creación escoge primero después escribe, pero en la traducción el proceso se invierte, o sea que no hay subtítulos para las fotos, sino fotos para los subtítulos. Pimienta muestra la exterioridad de la experiencia a la lengua y la fractura entre una y la otra, la cual no puede reconstruirse por la lengua misma, sin importar el género, pero tampoco se pueden reconciliar. En otras palabras, el lenguaje pudiera describir en parte la imagen mas no recapitular la totalidad de la experiencia. El autor pone en duda cualquier concepto de descripción fiel de la memoria y descubre aun más lejano el concepto de traducción fiel, puesto que exhibe los huecos en los que la realidad se pierde en un sin espacio fronterizo atemporal.

Una lengua extranjera

Como ya se señaló anteriormente, el autor escribe en los dos lenguajes, inglés y español, pero también hace uso de Spanglish, Además del uso de estos tres componentes y las fotografías. Pimienta cruza y escapa de las fronteras y límites del lenguaje, la cultura y de cualquier categoría binaria apelando a la fluidez e hibridez en todo sentido. El autor imprime en su obra el dominio de lo multifacético para la supervivencia misma, que se haya engranada en el sujeto global y que busca reclamarlo en su arte. Pimienta plasma el uso de Spanglish como un contexto completo y no como dos fracciones. Asimismo, se aleja de cualquier teoría de pureza para en búsqueda de un agenciamiento constante. Así el autor aprovecha este espacio para innovar, crear y personificar mediante su obra los alcances, límites y dinámicas de poder que el lenguaje comprende. Pimienta incorpora en su poesía otro elemento muy particular; la transcripción del ruido u oralidad del habla de los desplazados como don Marcos que componen la mano de obra del país vecino, e inscribe en forma inteligible los logos de la oralidad en su literatura. Este argumento encuadra en el poema 11, cuya única posibilidad de traducción es posible en su oralidad, al leerse en voz alta. Este poema exhibe los límites de la traducción y problematiza lo intraducible de las experiencias del migrante obrero de la ciudad fronteriza.

Poema 11

    güi meid guindo rac for yu
ay nou guindo rac lucs a bit big
bat ay achur yu dat is sequiur   firme   estrong

if yu don laik-i   wi teik-i bac
meik-i esmol bring-i fast tu or tre deis
instol-i sequiur firme estrong

güi wurk
yu pei as
güi go bac
ol japy señor (46-47)

La imagen de la versión en español muestra a don Marcos junto a una reja con guantes de herrero. En la versión en inglés solo muestra la cara de Don Marcos, con la mirada hacia la cámara y en su camisa de trabajo se percibe la bandera americana un poco desgarrada. Finalmente, este simbolismo reafirma la identidad del desplazado que se reduce a su mano de obra y de su orfandad ante cualquiera de las dos patrias. Así, en este espacio de un idioma distinto inteligible para algunos el autor nos permite no solo cruzar la frontera del inglés y el español con un "bilingüismo radical"[105] que solo pudiera ser entendido si se dominan ambos idiomas, sino que se exhibe que el déficit no está en la falta de logos o de un lenguaje u otro, sino en la falta de categorías para traducir o interpretar el día a día de la vida de un residente fronterizo que personifica al desplazado constante que busca reclamar nuevas o viejas raíces, no solo geográficas sino culturales. Pimienta y Villagrán dejan en claro la dinámica de exclusión y mecanismos de poder que ejerce el lenguaje y es desde está zona de alteridad desde donde el escritor busca inscribir al excluido iletrado y excluir al letrado que no podría alcanzar a comprender los procesos del desplazado constante cuya nacionalidad no tiene ningún sentido.

La ilustración de la fotografía valida a las letras, más las letras no validan la ilustración, existe una desarticulación que no puede ser reconciliada. La creación de este espacio, con idiomas, dialectos, traducciones, falta de traducciones y fotografías implica la imposibilidad de historizar al sujeto desplazado, al sujeto fronterizo y los procesos a los que se le somete en su desarraigo. Pimienta crea una grieta, un verdadero espacio en el cual conjunta los dos lenguajes legibles para comprobar su mismo fracaso de la producción de legitimidad de un meta-relato global. En otras palabras, el lenguaje con sus reglas legítimas excluye, o contribuye o la producción de ilegitimidad de la vida. Sin embargo, el autor se coloca en un punto más allá, se disloca conscientemente de lo legible, utilizando precisamente lo inteligible, que, desde una posición ilegal, exterior a las normas de la lengua genera lo inteligible que solo puede ser legible desde la ilegitimidad de lo fragmentado. Lo que queda corto, lo que no siempre está en estado incompleto es la posibilidad de crear una reproducción de la historia fidedigna a una realidad de exclusión, puesto que el lenguaje y las imágenes siempre quedaran cortas para describir las dinámicas de expulsión. En otras palabras, el agenciamiento y la actividad política del autor que consolida en su obra como lo teoriza Rancière recae en el "hace[r] entendible como discurso lo que alguna vez fue escuchado solo como ruido" (30).

---

[105] Lourdes Torres utiliza este concepto para identificar secciones que solo pueden ser leídas por audiencias bilingües.

Conclusión

La obra nos muestra el proceso de un círculo de aquel que se origina en la pérdida, del que toma y se transforma, y del que forma. *El álbum de las rejas/Album of the Fences* es precisamente el devenir del nuevo sujeto que nace y se reinventa en los procesos de agenciamiento para reclamar su espacio, no en aculturación, ni transculturación sino en un devenir; "[l]os devenires, es lo más impredecible, son actos que sólo pueden estar contenidos en una vida y que solo pueden ser expresados en un estilo" (Deleuze 7), en el estilo que Pimienta lleva más allá de la hibridez dislocándose del orden jerárquico del lenguaje y la historización. El autor presenta una obra integral de un ente transnacional que *es* porque reclama su espacio local y global en todo lo que implica la fluidez fronteriza. Pimienta borra la imposición binaria de la frontera del nosotros y los otros. El poeta desarticula cualquier categoría de organización hegemónica que existe entre un lenguaje mayoritario sobre la minoría, y asimismo se deslinda inclusive del concepto de bilingüismo o biculturalismo, de pureza o hibridez para encarnar al sujeto que se ha liberado de la subjetivización de cualquier encasillamiento que se le busque asignar.

El texto en su complejidad de componentes cruza los límites de lo común que emergen de la diversidad del lenguaje, y busca su comunidad con la concientización de que no hay traducción alguna sin la experiencia. Es por esta razón que hace uso de imágenes distintas en cada uno de los idiomas. Asimismo, el autor incorpora la oralidad en su poética, en la que su variedad de versos y el uso de spanglish y transcripciones fonéticas del inglés a los logos de representación del español reclaman su lugar en el espacio transnacional y en el canon literario. El libro emerge en lo local y en lo global, sin embargo, se reúsa a subordinar lo local a lo global y se integra mediante lo estético en un plano visible ya que ofrece un multilenguaje que apela una audiencia polisémica. El relato y la representación se quedan cortos, el lenguaje se queda corto, las traducciones se quedan cortas, lo testimonios se quedan cortos, las memorias se quedan cortas y las imágenes se quedan cortas. Todos estos fragmentos no están siendo utilizados como meros recursos literarios sino como interrupción misma del discurso global. No subordina una lengua a otra, pero sí deja en claro que el lenguaje legítimo es capaz de silenciar más que de visibilizar, de producir un discurso peligroso que silencia voces subalternas, ya sea en español, en inglés o en ambos. Pimienta presenta la continuación de jerarquías hegemónicas de una cultural dominante sobre la otra, que se refleja en el dominio de la lengua, no obstante, va más allá exhibiendo cualquier lenguaje ya subsumido a los procesos de historicismo que responden a un mismo sistema de exclusión opuesto a lo que aparentan incluir. En todo caso, lo que registra este conjunto de elementos en esta obra no es la totalidad de una historia sino la imposibilidad de representarla y el peligro de la historicidad. Los personajes de la obra son integrados a esta comunidad que el artista crea en la vida de la obra y en consecuencia, *El álbum de las rejas/ Album of the Fences* validan la existencia de aquellos fotografiados que existen o existieron bajo un sistema de exclusión que impera como orden global.

Bibliografía

Anzaldúa, Gloria, et al. *Borderlands / La Frontera: The New Mestiza*. 4th ed., Aunt Lute Books, 2012. Print.

Albicker, Sandra Luz, and Laura Velasco. "Deportación y Estigma En La Frontera México-Estados Unidos: Atrapados En Tijuana." *Norteamérica*, vol. 11, no. 1, 2016. *Crossref*,doi:10.20999/nam.2016.a004.

Azoulay, Ariella. *Picture Industry: A Provisional History of the Technical Image;* "The Civil Contract of Photography" *(1844–2018)*. Edited by Walead Beshty, JRP | Ringier, 2018. Print.

Deleuze, Gilles, et al. *Diálogos (Ensayo) (Spanish Edition)*. 1st ed., Editorial Pre-Textos, 1997.

García Canclini, Nestor. *Cultura híbridas: Estrategias para entrar y salir de la modernidad*. MN: University of Minnesota Press, 1995. Print

García Canclini, Nestor. "Tijuana: Hybridity and Beyond: A Conversation with Néstor García Canclini." *Entrevistado por Fiamma Montezemolo. Third Text*, vol. 23, no. 6, 2009, pp. 733–50. *Crossref*, doi:10.1080/09528820903371156. Print.

García Mora, Jesús. "Selección de Poemas de Omar Pimienta, Del Libro *El álbum de las rejas*." *Vozed*, 6 Oct. 2016, vozed.org.

Kracauer, Siegfried. *Picture Industry: A Provisional History of the Technical Image (1844–2018)* "Photography". Edited by Walead Beshty, JRP | Ringier, 2018.

Manuel, Valenzuela Arce José, and Fondo de Cultura Economica. *Por Las Fronteras del Norte. Una Aproximación Cultural a La Frontera México-Estados Unidos (BIBLIOTECA MEXICANA) (Spanish Edition)*. 1st ed., Fondo de Cultura Económica, 2003.

Paz, Octavio. "Poesía y Poema, Un Ensayo de Octavio Paz." *Mal Salvaje*, 15 July 2020, malsalvaje.com/2020/07/15/poesia-y-poema-un-ensayo-de-octavio-paz.

Pimienta, Omar, y Jose Antonio Villarán. *Album of Fences*. Translation, Cardboard House Press, 2018. Print.

Pimienta, Omar, y José Antonio Villarán. "Borderlands Poetry: Living and Writing on the   Mexican-American Line." *Entrevistado por Ofelia Montelongo. PHOENIX Magazine*, 30 Mar. 2018, www.phoenixmag.com/author/ofelia-montelongo

Proust, Marcel. *Contre Sainte Beuve*. Gallimard Education, 1987.

Ranciere, Jacques. *Disagreement: Politics and Philosophy*.Minneapolis: University of Minnesota Press, 1999. Print.

Sassen, Saskia. *Expulsions: Brutality and Complexity in the Global Economy*. Cambridge: The Belknap Press of Harvard University Press, 2014. Print.

Torres, L. "In the Contact Zone: Code-Switching Strategies by Latino/a Writers." *MELUS: Multi-Ethnic Literature of the United States*, vol. 32, no. 1, 2007, pp. 75–96. *Crossref*, doi:10.1093/melus/32.1.75. Print

Transgresiones en las letras iberoamericanas

Las formas del país en *Cartas de renuncia* de Arturo Gutiérrez Plaza

Luis Mora-Ballesteros
Monmouth University

Resumen

El presente trabajo explora las diversas formas de representación del *país*, en términos del exilio, el desamparo, la pérdida y la fractura familiares, manifiestas en el poemario *Cartas de renuncia* (2020) del escritor venezolano Arturo Gutiérrez Plaza. Asimismo, este ensayo procura desvelar las estrategias poético-compositivas que ilustran a Venezuela, como uno de los temas relevantes en la poesía del autor publicada en fecha reciente. Un evento que, a nuestro ver, exhibe a este tópico como uno de los argumentos nucleares de una parte de la poesía venezolana de inicios del Siglo XXI, que alude a la proyección poética del hogar, la patria, y al oficio de la escritura. Una tríada que convoca a la hondura, al detenimiento, y a la mirada lateral, tal y como parece atestiguarlo la producción poética venezolana de las últimas dos décadas.

Abstract

This work explores several patterns of the country's depiction, as exile, abandonment, loss, and family fracture, manifested in the poems *Cartas de Renuncia* (2020) by the Venezuelan writer Arturo Gutiérrez Plaza. Likewise, this essay tries to reveal the poetic-compositional strategies that illustrate the category «Venezuela» as one of the relevant matters in the author's poetry published recently. In our view, an example of the subjects that integrates the core issues within Venezuelan poetry at the beginning of the XXI century, which refer to the poetic projection of the home, the country, and the craft of writing. A triad that summonses depth, attention, and lateral gaze, as the Venezuelan poetic production of the last two decades seems to attest.

Laura López Fernández y Luis Mora-Ballesteros

Las formas del país en *Cartas de renuncia* de Arturo Gutiérrez Plaza

Luis Mora-Ballesteros
Monmouth University

Mi patria es un país extranjero, en el Sur,
en el que vive una parte de mí
y sobrevive una imagen.
Hace tiempo, el país fue invadido
por fuerzas extrañas
que aún siento venir en las noches
a poblar otra vez mis pesadillas.
Pedro Lastra

En el país de la infancia voy a encontrar
todos los objetos que perdí:
mi capa azul, el libro de grabados,
el retrato de mi hermano muerto
y tu boca fría, tu boca fría.
Ledo Ivo

1. Liminar
a. Expediente del *país*

Durante su discurso de aceptación del Premio Nobel de Literatura, el escritor Kazuo Ishiguro afirmó que, después de algunos años, empezó a aceptar que los recuerdos del Japón de su infancia, probablemente no se correspondían "con ningún lugar al que pudiera ir tomando un avión" (8); de allí, entonces, que le resultase perentorio revisitarlo en cada una de sus ficciones. Es decir, darle cuerpo y vida, como lo ha hecho patente en las páginas de sus novelas para preservarlo. Esta cita del nobel nipón, podría ilustrar una de las primeras aproximaciones derivadas de la lectura de *Cartas de renuncia* (2020), el trabajo más reciente del poeta, ensayista y profesor universitario, Arturo Gutiérrez Plaza (Caracas, Venezuela, 1962). Un libro en donde la composición poética oscila entre dos puntos extremos sobre los cuales dirigir la atención: la *añoranza* y el *estoicismo*. Todo ello con miras a la preservación de la memoria del país alegórico, cuyo topónimo parece remitir al país natal del poeta. Un hecho que, además, da lugar a pensar que la poesía de este autor caraqueño se corresponde con la idea de la rememoración. Gutiérrez Plaza apunta al *decir*, en un afán por *nombrar el mundo* para que este no desaparezca, aunque no lo hace de modo artificioso. Muestra significativa de ello es el poema "Vengo de un lugar", en donde el *yo* poético hace gala de una afirmación rotunda cuya firmeza no da lugar a vacilaciones: "Vengo de un lugar que ya no existe" (8), se declara sin ambages. Aseveración que sirve de antesala para continuar hilvanando los detalles de la ausencia del espacio y dar fe concreta de tal pérdida: "Yo sé que habité ese lugar, / lo juro, pues de allí vengo, / desde allá traje conmigo este cuaderno. (8).

Movido por la solidez de las pruebas que atestiguan la fractura, el tránsito del *yo* poético por los paisajes urbanos del país simbólico inspira pensar en lo agreste y lo violento que surgen ante el único encuentro posible con sus locaciones: "Una bala ensangrentada contra el asfalto / Pudo haber sido mi hijo el hijo asesinado" (30). Una inserción para nada deliberada y una posible trampa del contrato de lectura entre el lector y el poema de título homónimo: "El único encuentro".

Resaltamos esto último puesto que, como señala el poeta Joseph Brodsky, la muerte, "por regla general, es para el autor no sólo un medio para expresar sus sentimientos en relación con la pérdida, sino también una ocasión para una discusión más general sobre el fenómeno de la muerte como tal" (s. p.). De modo que, gracias a la resonancia de esta doble constatación sobre la factible pérdida del hijo, que se suma como otra grieta en la relación filial del sujeto del poema, se confirma la necesidad de reparar cómo en este, el más reciente de los poemarios del autor, el país es poetizado y representado. Aseverar esto último es legítimo, debido a que nos encontramos de súbito frente a tres tópicos que giran en torno a la familia y al hogar. Hablamos de la pérdida familiar, la memoria del lugar y la muerte (¿del país?), como ejes que conforman el articulado de estas *cartas de dimisión*, las cuales reaccionan ante el tiempo pasado y persiguen esbozar los escenarios de un presente desolador y el advenimiento de un oscuro porvenir, en sus intentos por referir a un *país* cuyos rasgos principales apuntan hacia la desaparición y la ruindad.

Nada de ello, no obstante, desmerece la calidad y hondura que el poeta propaga en cada uno de los versos que integran estas *cartas*. La entrega de estas fue posible gracias al encomiable esfuerzo de Fundación La Poeteca, ente que ha tenido a bien en inaugurar su Colección Contestaciones, con la publicación multiplataforma de este repertorio de poemas que suma en el palmarés de Gutiérrez Plaza, cuyos antecedentes incluyen los títulos: Al margen de las hojas (1991), De espaldas al río (1999), Pasado en limpio (2006), Principios de contabilidad (2000) y Cuidados intensivos (2014). Algo que además nos obliga a rastrear, dentro la poética y trayectoria del autor, el surgimiento del *topos* concerniente al espacio, en términos empobrecidos, resquebrados o fragmentados. En este sentido, apostar por tal revisión permite formular la pregunta capital de este trabajo: ¿cuáles son las *formas del país* manifiestas en *Cartas de renuncia* (2020)?

b. Trazos y trazas del *país*

Como se aprecia, más que material o estrategia creativa, la nostalgia, la desesperanza, la infancia y los afectos, son, en cierta manera, los orígenes propios del poema. Por ejemplo, el cuaderno, mencionado en "Vengo de un lugar", se constituye en un expediente. Asimismo, la fuente de la que se alimentan los versos recopilados en este poemario de inmediato alude a los afectos más caros y dirige la atención a esos recuerdos gratos que se encuentran en la memoria de los niños producto de los intercambios orales con sus mayores. En "Vengo de un lugar" se insiste en ello y el registro oral de una voz lejana así lo comprueba:

> Mi abuela acostumbraba contarnos
> que a poco de llegar a esos parajes,
> al bajar la neblina de la tarde,

> adormecida la luz insumisa,
> se afantasmaba la mirada. (8)

En este punto de la práctica escritural, es significativo destacar que la franja de la poesía de Gutiérrez Plaza, la cual aborda el exilio, la fractura o el abandono del país, comenzó a asomarse en *Cuidados Intensivos* (2014). Dos de los textos contenidos en este libro, "Dos patrias" y "Un país", dan noticia de esta aparición. Por su utilidad, reproducimos aquí una muestra de este último:

> Cuando el forastero llegó
> ya todos se habían ido.
> Cuentan que solo tuvo entre sus manos
> acuarelas de niños que pintaban un país
> donde la nieve era apenas un tacto imaginado. (17)

De manera similar, durante las horas de abstracción por las que reclama el tipeo de estas *cartas,* el oficio de quien dibuja sobre la página en blanco, cual artista que afina el grafito protagonista del poema "La punta de un lápiz", descubre un *país* en el cual, por ejemplo:

> La gente muere por la patria,
> por la honra que jamás claudica.
> Se exoneran las deudas.
> En mi país mueren también,
> cada treinta minutos lo hacen de frente o
> de espalda.
> No importa. Siempre una bala los atraviesa. (16)

Visto así, tanto la escisión literaria aludida, gracias al encomio de Kazuo Ishiguro como la pertinencia de los epígrafes de Lastra y Ledo Ivo, configura un universo poético que atestigua que el ejercicio artístico del poeta no se restringe al retoque, al préstamo o al *juego* con finalidades efectistas. De hecho, en nuestro caso, como el lector podrá comprobar, este libro testimonial y premonitorio viene a ser la confirmación del lugar que ocupa la poesía de Arturo Gutiérrez Plaza dentro del ámbito de las letras hispanoamericanas por la actualidad de sus poemas. Asimismo, habría que señalar, una vez más y sin equívocos, que el *país* expuesto en sus páginas es uno que emparenta tradiciones, junta voces y contrasta geografías distintas. Locaciones, registros y lenguas que podrían resultarnos, en apariencia, disímiles. Bastaría con traer a colación el poema "La capa", del poeta brasileño Ledo Ivo marcado al inicio.

> En el país de la infancia, mi capa azul
> cubre objetos y alucinaciones.
> Es una capa azul, de un azul profundo
> que alguien, alguna vez, podrá encontrar.
> Azul como el que no existe más. (10)

Se desprende de aquí la imagen de una tierra añorada, caracterizada por la extrañeza y la evocación que, de forma similar, se hace presente en *Cartas de renuncia*, en el poema "Bajo un viejo samán (o la historia de mi país)". La fauna allí reunida rinde testimonio sobre el devenir del territorio y de sus tragedias. Registra la abundancia al tiempo que pasa revista sobre lo hendido:

> Ahora los topos, que alguna vez confiaron en sus prédicas,
> ciegos por herencia y por costumbre,
> buscan con angustia alguna salida
> hacia el oxígeno.
> Mientras tanto, sus hermanas, las hienas,
> ríen afuera
> con sus colmillos afilados
> y la panza henchida,
> mirando al sol.
> Ríen y ríen

> y riendo culpan a los lobos
> de las desventuras de las ovejas,
> y de los que siguen abajo.
> Los culpan a ellos
> y a la poca frondosidad de los viejos samanes. (10)

En forma recurrente, Gutiérrez Plaza ausculta la naturaleza del país representado y conmina a los habitantes de esa morada a que declaren sus desavenencias, nombra a los residentes del bosque y les exhorta a que reparen sus culpas. De modo que la unidad cultural y estética de este poemario tiene, incluso, un singular potencial para trascender las fronteras continentales de la literatura considerada *nacional* y sus temáticas. Dicho esto, a propósito de que *Cartas de renuncia* posee un referente que lo relaciona con voces y prácticas venidas de otros mares y otros tiempos, cuyo poder ostenta la capacidad de surcar continentes y abrir caminos para el encuentro y el regocijo, para la reflexión y la lectura significativa de sus sociedades y sus actores políticos. Esto, por supuesto, se debe a que el autor se ha apropiado de una voz aguda, profunda y cálida que dibuja, personifica, humaniza y esboza al reino de lo animal-humano. Todo lo cual genera una oportunidad sin bridas, derivada del contenido de su obra, que suele remitir a escenas donde lo humano y lo sensible se funden en términos de la creación y la poesía.

De allí que sea lícito pensar que, como contrapeso a esta deriva totalitaria anunciada en "Bajo un viejo samán (o la historia de mi país)", el sujeto poético sugiera la creación de un universo donde habitan seres pertenecientes a la raza "de esos viejos constructores de lupa" (30), que nos informa sobre esos herederos "de una estirpe de miopes entre sombras / empeñados en agrandar el misterio del mundo" (30). El poeta es partícipe de un escenario en el que se tienden, con la eficacia y ductilidad de las más útiles de las bisagras, puentes en los que se hermanan la oralidad y la escritura. A la par, el poeta ha trazado terrenos en los que coinciden la herida y la cura, ha hecho uso de una poesía del *habla* (Cadenas, 2020) y ha elegido un derrotero en el que se dialoga con la brevedad. Una instancia en la que opta por la precisión y escoge apostar por la sencillez de las palabras.

c. Doble comprobación

Uno de los principales intereses que dirigen el análisis de la representación o *formas* del *país*, manifiestas en *Cartas de renuncia*, radica en mostrar que el poeta asume bajo estas categorías una estampa de la sociedad contemporánea. Del mismo modo, nuestro cometido estriba en poner de manifiesto que la licencia con la que Gutiérrez Plaza procede permite maquetar un ambicioso dibujo de Venezuela. País del sur de América que goza de una vasta tradición poética en la que destacan figuras como Andrés Bello, Vicente Gerbasi, José Antonio Ramos Sucre o, recientemente, plumas laureadas como las de los poetas: Rafael Cadenas, Eugenio Montejo, Juan Calzadilla o Yolanda Pantin, por mencionar algunos. Algo que, a nuestro ver, suma en la empresa de exponer que la *ars* poética de Gutiérrez Plaza se incorpora a este corolario de voces locales, aunque trasciende las fronteras de la nación y del territorio del país real. Esa imagen y toponimias de la nación caribeña, que incluyen la pérdida y la ruptura, no son exclusivas de la sociedad venezolana actual y, por el contrario, traerían a colación una frecuencia que reúne la idea del extranjerismo, la migración, la ruina, la decadencia y el desarraigo experimentado en la sociedad moderna. A propósito de la compatibilidad de estos tópicos con las consideraciones que hechas hasta ahora.

d. Estructura de las cartas

En otro orden de idas, es oportuno advertir que las partes, títulos y versos dispuestos en *Cartas de renuncia* han sido ordenados meticulosa y matemáticamente atendiendo, tal vez, al enigma poético (Scarano 2007). Esa ilusión de familiaridad y albedrío que los libros, entes hechos unas veces de papel, otras de dígitos binarios u otras veces de ondas acústicas, nos ofrecen. La contratapa del libro fue firmada por el poeta Rafael Cadenas, quien considera que, en este poemario: "A través de su aparente sencillez, palabras que suelen llamarse corrientes tienen realces inesperados que las transfiguran" (s. p.).

Por otra parte, el epílogo del texto es tarea del también poeta Alexis Romero (2020), quien sostiene que, en este poemario, "confirmamos que un hogar se habita desnudo, con la fragilidad y los temores del tiempo; con los asedios de las sombras cuya función es *esencializar* nuestro oficio de persona provisoria" (43). Según nuestra hipótesis de lectura, este hecho rinde testimonio de una *poesía de la brevedad*. Esa misma que estamos acostumbrados a leer cuando accedemos, de modo selecto, a la producción artística de poetas de la talla de Charles Simic, Jorge Luis Borges, Mark Strand o Joseph Brodsky, aun con el riesgo de restringir demasiado esta brevísima lista de figuras de las letras universales.

2. De la dimisión y su resonancia
a. Tópicos y temas

En *Cartas de renuncia*, se reúnen temas e isotopías que son comunes y parecen cohabitar de continuo en las literaturas universales. El libro, en efecto, convoca a estas voces en apariencia lejanas. Así pues, bien sea sobre la piel del papel, la pantalla del dispositivo de lectura o mediante la emisión del registro de la onda sonora, el país y sus bemoles, el extranjerismo, la reflexión sobre la poesía o el oficio de poeta, emergen para dar cabida a un *yo* transfigurado que se apropia de voces en tránsito —ajenas y propias, antiguas o por venir—, cuyos ecos asisten a comunión para que, por ejemplo, en el poema "Hogar" se enuncie: "Vivo en esta ciudad, en este país despoblado, / avergonzado por sus propios fantasmas, / confinado a cuatro paredes hurañas" (6).

Declaración que acompaña a la memoria y confesión que asiste al siempre inefable desamparo. Tal vez, retorna al hogar, a los afectos y, por ventura, a las tribulaciones como temáticas patentes en cada uno de los versos del libro. Esos mismos trazos que manan por las afluentes, mientras cruzan fronteras y vastos territorios, como el río que no cesa en su fluir. Algo que, además, anticipará el carácter esotérico del poema. Se afirma esto porque la configuración y el diseño del *topos*, que sirve como escenario en el que se suceden los rasgos constitutivos del *hogar* (léase también: casa, guarida, cueva, cubil o cuartel de invierno), inspira la posibilidad de efectuar una lectura sígnica. En otros términos, de forma gradual, se elabora un *trazo* que asume leerlo desde los pliegues de unas paredes, galerías, portales, láminas o cobertizos, que llaman al encierro y emplazan a la resignación de aquellos que se sienten presos, prisioneros o a la deriva. Nada más sugerente que la imagen de un molusco que aguarda paciente, temeroso y sensible, que se haya oculto entre los pasajes de su cueva en espera del siguiente tránsito del astro, de la llegada del divino o del inevitable destino:

>Vivo como el cangrejo ermitaño,
>como un decápodo errante,
>refugiado en conchas vacías,
>atrapado, impenitente, esperando
>la bondad de alguna ola que me arrastre
>o termine de ocultarme en la arena. (6)

También son visibles muchas de las meditaciones que han ocupado el hacer de esta peculiar *dimisión*; una que, aún, y pese a los periplos, las geografías y los ensueños subrayados en toda la extensión de la morada que es, también, este libro, verbigracia, a manera de "Cuestionario", se rememoran las escenas de familia:

>¿Qué es el tiempo, papá?:
>Una niña que era mi memoria
>y cruza mi vida
>¿Papá, mañana va a ser puro sábado?
>Sí, hijo, de comienzo a fin.
>¿Pa, las nubes también tienen calles?
>A veces, mi niño, cuando la neblina está
>muy baja. (39)

Esta es una clara evidencia de las imágenes que podrían legitimar al propietario del recuerdo de sus vástagos cierto uso del olvido o hasta validar su resguardo, en su afán por sortear el padecimiento del desarraigo de la historia propia y del país. Sin embargo, en *Cartas de renuncia*, parece suceder todo lo contrario, aquí no parece existir tregua; la voz del poema "La valija" increpa y advierte:

> Pero temes, sobre todo, por sus páginas
> en blanco.
> Ellas, en su silencio ya perdido,
> son las verdaderas señales de tu rendi-
> ción,
> las cartas de renuncia al único país que te
> quedaba. (11)

Esto ocurre como si se buscase ser fiel al principio revelado del recogimiento en el trabajo sosegado en las sombras, tan mencionado en la entrega hecha al lector de estas *Cartas*. Algo que es quizás comprobable al constatar la frecuencia de aparición de las palabras *casa*, *país*, *silencio* o *ruina* —por mencionar solo algunas— y que deviene en un signo que rememora la huella del origen: detenido y al acecho. Una suma de ausencias incurables que augura una especial predilección por esta pieza particularísima en la obra de este poeta caraqueño.

De hecho, el destinatario de este libro sea que lea el archivo digital, sea que tenga una versión impresa, o sea que escuche a través de la tesitura y el color propios de la voz del autor quien recita cada uno de los poemas, apreciará que es notable que, en los mismos, se arriesgue por una poesía trascedente; se elija un derrotero que alcanza un clímax que roza el desahucio y el quebranto. Todo ello tratado con una sutil maestría que tiene determinado espacio para la ternura, el tormento o el perdón. Uno tan particular que trae de vuelta ocultas o presentes heridas y propicia que se asomen deudos de indisoluble condición, como lo expresan los versos del poema "Borrador en tres actos":

> Mi muy ~~querida~~,
> ~~detestada~~,
> estimada:
> Han pasado los días
> y ahora le escribo
> desde el sosiego.
> Pienso en su bienestar
> e invoco la prudencia,
> el refreno del deseo.
> Privilegiemos el olvido. (31)

O como lo manifiesta la pieza "Reunión": "Vine a este lugar acompañado de voces / provenientes de un mundo anterior a las ideas" (36).

3. Al cierre

La construcción laboriosa de cada una de las fórmulas que integran el sistema ordenado y el universo poético de *Cartas de renuncia* hace oportuno estimar que el autor apuesta, unas veces, por el minimalismo y la economía para trazar un dibujo de lo íntimo y, en otras instancias, opta por los recursos que le ofrecen la ironía y la sorna, con la finalidad de graficar las falencias de una sociedad en las que se persiguen proyectos de corte totalitario y personalista. Muestra de ello es el poema "Tierno discurso de un tirano frente a su espejo", en el que se describe, casi a calco exacto, la imagen de un ser luciferino que forma parte de la construcción estereotípica del caudillo latinoamericano:

> Yo sanaré tus heridas para que no sufras
> y te daré el amor,
> muy lentamente
> Soy el incomparable,
> este será mi último nacimiento.
> Ven a mí,

> somos uno,
> te amo. (29)

Como se ha podido apreciar, la voz poética de Arturo Gutiérrez Plaza ha hecho distintas declaraciones en su dimisión al país, ha intentado conciliar a esas dos instancias sobre las que pivota el péndulo de sus categorías, como si precisamente estas fueran las más evidentes señales de su supuesta rendición:

> Mis hijos me hablan de sus vidas
> desde lejos,
> desde abstrusos idiomas.
> Yo también desde lejos les escribo,
> frente a una catedral
> imaginando una verde montaña.
> Les escribo desde un lugar donde no existen catedrales,
> ni existen montañas
> (en el medio de la nada). (40)

Cartas de renuncia evidencia, entonces, la confluencia de temas de variada índole. Muchos de los cuales convergen en un punto de inflexión: el país, el hogar y el oficio. Tríada que convoca a la hondura, al detenimiento, a la mirada lateral. Ellos son innegables entre los contenidos globales de sus cuarenta y ocho páginas, entre el poderío y la resonancia desplegadas; entre la fuerza que se desprende a cada inicio y a cada caída de un verso. Algo que podría despertar en el lector una extraña mudez que corteja a la recitación de Arturo Gutiérrez Plaza, quien, en el último de los poemas, "Tierra de gracia", sentencia:

> Hablamos luego, más luego.
> Destinados a la errancia,
> somos también los hijos de Babel.
> Adiós. (40)

Bibliografía

Brodsky, Joseph. "Por un poema". Joseph Brodsky. https://brodskiy.su/proza/ob-odnom-stihotvorenii/?lang=es.

Cadenas, Rafael. Contratapa. *Cartas de renuncia*, por Arturo Gutiérrez Plaza, Fundación La Poeteca, 2020.

Gutiérrez Plaza, Arturo. *Cartas de renuncia*. Fundación La Poeteca, 2020.

Ishiguro, Kazuo. "Discurso del Premio Nobel de Literatura", 2017. https://www.nobelprize.org/uploads/2018/06/ishiguro-lecture_sp-4.pdf

Ivo, Lêdo. *Material de lectura. Serie Poesía Moderna*. Universidad Nacional Autónoma de México, Coordinación de Difusión Cultural, UNAM, 1998.

Lastra, Pedro. *Poesía completa*. Valparaíso: Universidad de Valparaíso, 2016.

Romero, Alexis. "La memoria: el hogar de la renuncia". Epílogo. *Cartas de renuncia*, por Arturo Gutiérrez Plaza, Fundación La Poeteca, 2020, pp. 42-44.

Scarano, Laura. *Palabras en el cuerpo. Literatura y experiencia*. Biblos, 2007.

Otras publicaciones de Argus-*a*:

María Natacha Koss
Mitos y territories teatrales

Mary Anne Junqueira
A toda vela
El viaje científico de los Estados Unidos:
U.S. Exploring Expedition (1838-1842)

Lyu Xiaoxiao
La fraseología de la alimentación y gastronomía en español.
Léxico y contenido metafórico

Gustavo Geirola
Grotowski soy yo.
Una lectura para la praxis teatral en tiempos de catástrofe

Alicia Montes y María Cristina Ares, comps.
Cuerpo y violencia. De la inermidad a la heterotopía

Gustavo Geirola, comp.
Elocuencia del cuerpo.
Ensayos en homenaje a Isabel Sarli

Lola Proaño Gómez
Poética, Política y Ruptura.
La Revolución Argentina (1966-73): experimento frustrado
De imposición liberal y "normalización" de la economía

Marcelo Donato
El telón de Picasso

Víctor Díaz Esteves y Rodolfo Hlousek Astudillo
*Semblanzas y discursos de agrupaciones culturales
con bases territoriales en La Araucanía*

Sandra Gasparini
*Las horas nocturnas.
Diez lecturas sobre terror, fantástico y ciencia*

Mario A. Rojas, editor
*Joaquín Murrieta de Brígido Caro.
Un drama inédito del legendario bandido*

Alicia Poderti
Casiopea. Vivir en las redes. Ingeniería lingüística y ciber-espacio

Gustavo Geirola
*Sueño Improvisación. Teatro.
Ensayos sobre la praxis teatral*

Jorge Rosas Godoy y Edith Cerda Osses
*Condición posthistórica o Manifestación poliexpresiva.
Una perturbación sensible*

Alicia Montes y María Cristina Ares
*Política y estética de los cuerpos.
Distribución de lo sensible en la literatura y las artes visuales*

Karina Mauro (Compiladora)
*Artes y producción de conocimiento.
Experiencias de integración de las artes en la universidad*

Jorge Poveda
*La parergonalidad en el teatro.
Deconstrucción del arte de la escena
como coeficiente de sus múltiples encuadramientos*

Gustavo Geirola
El espacio regional del mundo de Hugo Foguet

Domingo Adame y Nicolás Núñez
Transteatro: Entre, a través y más allá del Teatro

Yaima Redonet Sánchez
Un día en el solar, expresión de la cubanidad de Alberto Alonso

Gustavo Geirola
Dramaturgia de frontera/Dramaturgias del crimen.
A propósito de los teatristas del norte de México

Virgen Gutiérrez
Mujeres de entre mares. Entrevistas

Ileana Baeza Lope
Sara García: ícono cinematográfico nacional mexicano, abuela y lesbiana

Gustavo Geirola
Teatralidad y experiencia política en América Latina (1957-1977)

Domingo Adame
Más allá de la gesticulación. Ensayos sobre teatro y cultura en México

Alicia Montes y María Cristina Ares (compiladoras)
Cuerpos presentes. Figuraciones de la muerte, la enfermedad, la anomalía y el sacrificio.

Lola Proaño Gómez y Lorena Verzero / Compiladoras y editoras
Perspectivas políticas de la escena latinoamericana. Diálogos en tiempo presente

Gustavo Geirola
Praxis teatral. Saberes y enseñanza. Reflexiones a partir del teatro argentino reciente

Alicia Montes
De los cuerpos travestis a los cuerpos zombis. La carne como figura de la historia

Lola Proaño - Gustavo Geirola
¡Todo a Pulmón! Entrevistas a diez teatristas argentinos

Germán Pitta Bonilla
La nación y sus narrativas corporales. Fluctuaciones del cuerpo femenino en la novela sentimental uruguaya del siglo XIX (1880-1907)

Robert Simon
To A Nação, with Love: The Politics of Language through Angolan Poetry

Jorge Rosas Godoy
Poliexpresión o la des-integración de las formas en/desde La nueva novela *de Juan Luis Martínez*

María Elena Elmiger
DUELO: Íntimo. Privado. Público

María Fernández-Lamarque
Espacios posmodernos en la literature latinoamericana contemporánea: Distopías y heterotopíaa

Gabriela Abad
Escena y escenarios en la transferencia

Carlos María Alsina
De Stanislavski a Brecht: las acciones físicas. Teoría y práctica de procedimientos actorales de construcción teatral

Áqis Núcleo de Pesquisas Sobre Processos de Criação Artística Florianópolis
Falas sobre o coletivo. Entrevistas sobre teatro de grupo

Áqis Núcleo de Pesquisas Sobre Processos de Criação Artística Florianópolis
Teatro e experiências do real (Quatro Estudos)

Gustavo Geirola
El oriente deseado. Aproximación lacaniana a Rubén Darío.

Gustavo Geirola
Arte y oficio del director teatral en América Latina. Tomo I México - Perú

Gustavo Geirola
Arte y oficio del director teatral en América Latina. Tomo II. Argentina – Chile – Paraguay – Uruguay

Gustavo Geirola
Arte y oficio del director teatral en América Latina. Tomo III Colombia y Venezuela

Gustavo Geirola
Arte y oficio del director teatral en América Latina. Tomo IV Bolivia - Brasil - Ecuador

Gustavo Geirola
Arte y oficio del director teatral en América Latina. Tomo V. Centroamérica – Estados Unidos

Gustavo Geirola
Arte y oficio del director teatral en América Latina. Tomo VI Cuba- Puerto Rico - República Dominicana

Gustavo Geirola
Ensayo teatral, actuación y puesta en escena. Notas introductorias sobre psicoanálisis y praxis teatral en Stanislavski

Argus-*a*
Artes y Humanidades / Arts and Humanities
Los Ángeles – Buenos Aires
2021

www.ingramcontent.com/pod-product-compliance
Lightning Source LLC
Chambersburg PA
CBHW021807220426
43662CB00006B/210